社区矫正

社会工作实务研究

李全彩　于海平　著

華東理工大學出版社
EAST CHINA UNIVERSITY OF SCIENCE AND TECHNOLOGY PRESS
·上海·

图书在版编目(CIP)数据

社区矫正社会工作实务研究/李全彩，于海平著.
—上海：华东理工大学出版社，2018.10
(司法社会工作丛书)
ISBN 978-7-5628-5527-9

Ⅰ.①社… Ⅱ.①李… Ⅲ.①社区-监督改造-研究
-中国 Ⅳ.①D926.7

中国版本图书馆CIP数据核字(2018)第155238号

内容提要

本书基于徐州市社区矫正社会工作实务相关数据概括提炼而成。基本理论部分由前言、研究意义、研究方法、社区矫正的发展概况构成；实务部分包括社区矫正实务调研状况分析、社区矫正社会工作实务实践介入路径、社区服刑人员家庭社会工作介入案例和矫正社会工作者能力提升等内容；第三部分是基于徐州市社区矫正社会工作实务情况，就专业社会工作嵌入社区矫正进行的观察和思考。本书可供社区矫正社会工作从业人员、司法等政府部门和机构的行政人员、社会组织中从业人员及社会读者选读。

策划编辑 / 刘 军
责任编辑 / 刘 军 牟小林
装帧设计 / 徐 蓉
出版发行 / 华东理工大学出版社有限公司
地址：上海市梅陇路130号，200237
电话：021-64250306
网址：www.ecustpress.cn
邮箱：zongbianban@ecustpress.cn
印 刷 / 江苏凤凰数码印务有限公司
开 本 / 710 mm×1000 mm 1/16
印 张 / 17.5
字 数 / 240千字
版 次 / 2018年10月第1版
印 次 / 2018年10月第1次
定 价 / 88.00元

纪念中国矿业大学创办社会工作专业

前　言

研究缘起。社区矫正是20世纪70年代发源于欧美的一种社会化行刑制度。21世纪初，我国在北京、上海、江苏、浙江等省市启动社区矫正试点，积极探索在行刑社会化趋势下的刑罚制度改革。社区矫正是将管制、缓刑、假释、暂予监外执行的罪犯置于社区内，以社区为平台开展的罪犯矫正模式，这种模式的显著特征是社会力量的广泛参与。除了罪犯所在单位、学校和家庭成员要积极投入对罪犯的矫治工作外，目前社会工作者、志愿者以及社会组织等社会力量是国家特别重视组织、引导、鼓励的参与力量，为此，司法部、中央综治办、教育部、民政部、财政部和人力资源社会保障部专门颁布了《关于组织社会力量参与社区矫正工作的意见》(司发〔2014〕14号)。其中，社会工作者及社会工作专业理论与方法的引入，对于我国罪犯矫正理论和实务是一个值得特别关注的关键点。

作为一名从事社会工作教育教学和实务十余年的高校教师，我很欣喜地看到社会工作事业在我国的发展形势越来越好，国家对于社会工作的认可和需求也越来越广泛。党和国家领导人对社会工作的发展也给予越来越多的重视，“发展专业社会工作”在2015年第一次被写进国务院政府工作报告；为“切实保障改善民生，加强社会建设”，2016年国务院政府工作报告要求“支持专业社会工作、志愿服务和慈善事业发展”；2017年国务院政府工作报告再次提出“促进专业社会工作发展，志愿服务发展”。“专业社会工作”连续三年被写进国务院政府工作报告，措辞分别从“发展、支持到促进”的演变，这对于指导国家的社会工作发展意义是重大的。由此，我们认为社会工作被载入政府工作报告，标志着专业社会工作发展已经进入国家决策层面，并成为保障改善民生、加强社会建设和创新社会治理的重要手段。社会工作的应有价值被充分彰显，社会工作的应用领域得到很大的扩张和推进。社会工作在济贫救困、扶弱帮扶等方面也已经积累了比较丰富的经验，但还有很多需要完善或者待开发的实务领域需要实践探索。在社区矫正中引入社会工作，就是一个亟待被重视并进入实践研究的重要社会工作实务领域。

众所周知，社区矫正在我国发展已十多年，2003 年 7 月，“社区矫正”概念首次出现在我国政府的规范文件中，这是司法部社区矫正制度研究课题组与相关国家职能部门认真研究、考虑了国际社会的做法和中国的实际情况之后提出的。同年 7 月 10 日，最高人民法院、最高人民检察院、公安部、司法部联合颁布的《关于开展社区矫正试点工作的通知》，对社区矫正的概念进行了官方的界定。社区矫正在十多年发展中，从试点到推广，经历了萌芽、起步、普及、成型等阶段。其间重大的事件是《中华人民共和国刑法修正案(八)》(2011 年 2 月 25 日，由全国人大常委会通过)把“社区矫正”这一刑罚方式作为一项制度确定下来。2012 年 1 月 10 日，由最高人民法院、最高人民检察院、公安部、司法部联合颁布《社区矫正实施办法》，进一步明确了社区矫正的管理体制、执行机关、执法权限、执法责任，规范了矫正措施和执行程序，明确了各部门的分工和配合制度等一系列问题。这是一个很典型的自上而下的刑法改革路线，这种行政主导的改革最大的优点就是保证了时间效率和规模效益，满足了刑法改革的国家和世界趋势，值得肯定。实践才是检验真理的唯一标准，目前社区矫正制度需要在各项社区矫正政策的实施以及评估过程中不断完善和修正，因此，对于社区矫正的实践研究就显得尤为重要。

由于《社区矫正社会工作》课程教学的需要，笔者从 2008 年开始主动联系江苏省徐州市司法、公安、检察等部门，试图寻找师生可以去见习的场域，由于行政部门担心安全等问题，当时并没有安排我们的师生见习实习。但两年后，我们再次提出见习请求时就得到了有效的回应，司法部门给我们提供了见习的司法所，这可能就是本书研究的缘起。之后，我们不仅做课程见习，还安排专业实习，在不断的实践中，我们开始从理论到实践走向社区矫正这个领域，逐渐积累了丰富的感性经验，对社区矫正有了专业的想法，对社区服刑人员也有了专业情怀。但这些还仅仅停留在碎片化的思考阶段，因为见习、实习的时间分散，我们没有形成一个完整认知的机会。后来，中央财政支持的“社区矫正人员家庭增能社工服务示范项目”①让我们中国矿业大学社会工作专业师生真正参与到社区矫正的实践过程中。项目实施周期为一年，实施范围是徐州市的社区矫正（服刑）人员②及其家庭。项目服务要求是专业社会工作服务，所以，专业社会工作介入徐州市社区矫正工作就成了必然。该项目组的主要成员是中国矿业大学社会工作专业师生。项目按照基本的执行程序，主要分为评估需求、开展服务、服务内容及其效果评估。首先是对社区服刑人员的需求进行了全面的评估，继而用个案、小组、社区等专业社会工作方法对服务对象有序开展各种专业社工服务活动。在深入社区矫正工作一线的过程中，我们鲜活地感知了这些平时不为大众所知的群体。在与社区服刑人员的一次次接触中，我们感受到了这个群体对于教育、社会支持和帮扶等的渴求，他们中的很多人通过参与服务过程而产生了变化，这促进了社区服刑人员的自律意识和良好行为习惯的形成。在项目效果评估的调研中，绝大多数的社区服刑人员表示了对社工介入的认可和喜爱。在一些个案辅导中，受访对象与社工成为朋友，活动结束后还邀请社工去其家中做客。这一幕幕的场景让我们每一个社工都有一种巨大的成就感和满足感，它充分体现了社会工作专业介入的效果。其实，项目的受益者从一开始就不仅仅是社区服刑人员及其家庭，社区矫正管理人员、社区矫正官员、社区矫正社工、社区矫正志愿者，以及参与项目活动的相关人员

---

① 徐州市鹏程社会工作服务中心是由中国矿业大学社会工作专业师生共同建立的市级首家社会工作专业机构。中央财政支持的“社区矫正人员家庭增能社工服务示范项目”是徐州市社会组织第一次获得的社会工作服务示范项目（项目编号：C051）。

② 说明：按照我国司法部门对社区矫正人员的统一规定，司法部门统一称社区矫正人员为社区服刑人员，为了与相关概念区分，本书把社区矫正人员统称为“社区服刑人员”。

都因此受益，或者说是互益，特别对于那些社区矫正的社工，项目组还针对他们开展了广泛的需要评估，并采用了小组的方法实施系统的能力提升培养工程。除此之外，在与各市县区社区矫正机构合作开展的活动中，我们对徐州市的社区矫正工作有了一定的认识和思考，因为思考所以就有了表达的愿望。这也契合了 2014 年 11 月 14 日由司法部、中央综治办、教育部、民政部、财政部、人力资源社会保障部六部门联合出台的《关于组织社会力量参与社区矫正工作的意见》的精神。由此，在中国社区矫正大背景中，在江苏省社区矫正政策指引下，一本基于徐州市社区矫正工作中关于社会工作介入的实践研究成果——《社区矫正社会工作实务研究》，就是我们希望呈现的社区矫正与社会工作相结合的一个本土化样本。

研究方法。作为“敢于吃螃蟹的”探索者，我们在研究中虚心向先贤学习，向社区矫正实际工作者学习，向社会学习。借用荀子的一句话“君子生非异也，善假于物也”，文献法是一个重要的也是基本的研究方法，它通过查阅文献来间接获取研究对象的信息。在整个研究过程中，文献法贯穿始终。首先是网络中的文献整理，我们对社区矫正、社会工作、矫正社会工作核心的概念，通过万方、维普、中国知网等中文学术文献数据库进行查阅，从中知道了在矫正社会工作实务方面业内专家学者研究的程度，还有哪些地方没有做，我们能不能做，是否值得做，从中也能看出自己从事研究的价值，以及可能带来的学术收获。同时，在查阅文献中也经常受到启发和积极影响，诸如研究逻辑、思路、方法，甚至语言表达都使我们极大受益。其次是书籍的阅读。我们研究团队浏览了或精读图书馆中馆藏的全部相关图书，对密切相关的书籍《社区矫正评论》(刘强、姜爱东)(1—6 卷)、《社区矫正比较研究》(吴宗宪)(上下)、《社区矫正制度适用与执行》(吴宗宪，蔡雅奇，彭玉伟)等进行了广泛而有选择的钻研，对为数不多的专业理论书籍《矫正社会工作》(张昱)和《社区矫正社会工作案例评析》(张昱)进行了反复阅读，对相关的专业书籍如《社区矫正管理模式研究》(武玉红)、《社会工作概论》(王思斌)、《犯罪心理学》(李玫瑾)、《社区社会工作》(周沛)等进行了有针对性的浏览。

这些书籍对本书写作的指导价值是巨大的，比如在写作中经常会迷失在感性的文字描述当中，因为既是研究者也是实践者，身份经常会游离，文字也就经常在工作总结、实务反思与理性表述间徘徊，每每被拽回理性的是这些放置案边的书籍，这些书籍就像一个个精灵一样，陪伴着我们写作。再次，是在中华人民共和国司法部官网、中华人民共和国司法部司法矫正局官网、江苏省司法行政网、徐州司法行政网等网站搜集的信息，主要是政策法规的整理、各地做法和理论研究等，在此基础上，我们从国家、江苏省和徐州市三个层面对相关政策法规进行了梳理。同时，我们也对江苏省和徐州市的经验进行了梳理。最后是在徐州市司法局社区矫正科和各县区矫正科以及乡镇司法所搜集的材料。这部分材料是丰富的、鲜活的，基本上属于第一手资料，也正是这部分材料保证了我们作品的独创性。牛顿说："如果说我看得比别人更远，那是因为我站在巨人的肩膀上。"这些文献就是本书立足的"巨人肩膀"，是它们奠定了本书的基础。

本书采用的重要研究方法还有问卷调查法、深度访谈法和社会工作实践研究等。关于矫正社会工作者的数据来源是我们于2015年4月至6月赴徐州市、区(县)司法局及下属司法所的社区矫正工作科针对143名矫正社会工作人员进行问卷调查所得。关于社区服刑人员的有关数据来源系于2015年1月至4月期间，以徐州市各县、区、乡、镇司法所的社区服刑人员作为调查对象，通过填写或勾选的形式分别从社区服刑人员的基本信息、社会支持和服务需求三部分收集资料，并对回收的2 019份社区服刑人员调查问卷进行科学的数据生成与分析所得。深度访谈法则是我们获取直接数据的另外方式，调研团队的访谈对象主要是徐州市各级司法行政机构负责人，从宏观层面了解徐州市乃至全国的社区矫正、社区矫正社会工作的基本状况，了解徐州市以及各区县的独特做法，整理出访谈记录，在本书的研究分析中发挥了很重要的作用。另外的访谈主要是对徐州市各乡镇街道司法所司法行政人员和矫正社会工作者的访谈。在访谈中，我们也收集了大量有用的信息与资料，获得了本书研究所需要的很多有价值的数据，特别是对社区矫正社会工作的社区现状、存在的问题以及矫正社会工作者的境况都有了全面的了解，这对于我们研究徐州市的社区矫正社会工作实务和矫正社会工作者的能力提升有非常大的帮助。关于社会工作实践研究方法，主要基于香港学者古学斌的构想，他认为实践研究的步骤一般包含基本部分，从实践开始发现问题、理解问题形成的因素，反思当下实践的问题，制订新的行动方案及推动行动，对自己的实践行动进行观察和记录，进一步反思评估推动的实践行动，提出改变和改善的方法，推动新一轮的实践。在实践研究中，研究、行动、反思、评估互相联系，是一个循环的过程，是一个螺旋的周期，并非一个线性过程。本书认为的实践研究正如前文所述，虽然没有完全遵照学界的社会工作实践研究的意涵实施，但我们认为在社区矫正社会工作实务领域开展的实践研究工作是理论的具体化，是实践研究方法灵活性的运用。

研究问题。自2003年开始社区矫正试点工作以来，由司法机关牵头，组织公安机关、监察机关、审判机关等有关单位和社区基层组织开展社区矫正试点工作，会同公安机关对社区服刑人员进行监督考察、教育改造和帮扶工作。社区矫正试点经历了地方探索、全国试点、全国试行、法律确认阶段。2011年2月全国人民代表大会常务委员会第十九次会议通过的《中华人民共和国刑法修正案(八)》，正式确立了社区矫正制度，社区矫正正式成为《中华人民共和国刑法》规定中刑罚制度的组成部分，从刑事立法精神上有力地回应了国际社会行刑社会化的要求，确立社区矫正与监狱矫正相辅相成的两大矫正体系。此后，北京、天津、上海、江苏等25个省(自治区、直辖市)制定了社区矫正工作办法或实施细则，形成了较为规范的工作制度，保障了社区矫正工作依规开展。

尽管我国社区矫正工作取得了很大的成绩，从国家立法、经费保障、队伍建设、制度完善等方面开展了一些保障措施，但由于全面推开的时间较短，仍然存在一些问题。且随着社区矫正工作的开展，社区矫正已成为我国法学以及社会学等学科的一个重要理论研究领域，近些年来研究成果不断涌现。

随着我国社会转型的加剧，改革开放的深化，社会的流动性、多样性不断增加，社会利益格局不断复杂化，原有的单位制度逐渐解体，这使得建立在单位制度基础上的社区服刑人员管理制度面临挑战。传统意义上的服刑人员的管理是由政府相关部门负责的。在《中华人民共和国刑法修正案（八）》颁布之前，对服刑人员的管理均由公安部门负责，公安部门作为执法主体，依托单位制开展管理工作。但随着单位制的弱化，新时期对社区矫正工作提出了解放思想、更新观念、探索社区矫正新理念的要求。其中2002年上海首先试点，便是对这种挑战的回应。上海司法部门探索出一条上海市社区矫正的实践路线，这也成为全国各省市开展社区矫正的学习榜样。江苏省作为首批试点的省份之一，一直在探索和创新社区矫正的形式。而徐州市作为江苏省的重要城市，承接了全省近三分之一的社区矫正任务。近年来徐州积极探索社区矫正创新形式，以招聘和公益岗位招聘司法社会工作者进入社区矫正工作。虽然存在一些岗位、学历、管理模式等方面的不足，但这对于社区矫正而言，不失为一种创新尝试和进步。

社区矫正是一种刑罚执行活动，而社会工作是一项助人活动，两者有明显的区别。前者是将罪犯置于社区内进行改造，使其重新回归社会的刑罚执行活动，而后者是帮助人们解决个人、群体（尤其是家庭）和社区的问题，以调整社会关系，促进社会福利，巩固社会秩序。因此社区矫正具有法律的严肃性和执法的严格性，它要求主体具备执法资格，刑罚执行必须符合相关的法律规定。而社会工作贯穿以人为本的人道主义，承担着帮助、教育和辅导的功能，它要求社会工作者具备专业知识和方法，通过帮助和服务实现工作目标。

社区矫正除了拥有刑罚和改造功能外，还有一项重要的功能，即向罪犯提供帮助和服务。伴随社区矫正的推广，已经不能仅仅依靠政府机构这一单独的力量，还需要社会力量尤其是具有专业知识和技术的社会工作者的介入。社会工作者可以以其特有的助人自助理念和专业方法，充分利用专业资源，在社区内为罪犯提供帮助和服务。

基于国家政策和司法改革的需求，同时也是社区矫正工作的内容及对象面临扩大化的现实，以及在我国进行社区矫正的社区服刑人员大部分是缓刑假释人员，把他们安置在家庭所在社区，有助于对他们进行改造。而伴随社会发展，社区矫正的对象（司法部统一称为社区服刑人员）的需求被弱化和边缘化，他们除了因触犯法律要接受刑罚外，更是一个家庭的核心人员。他们改造得好坏，很大程度上影响着一个家庭的完整性，也是社区、社会和谐的重要因素之一。因此，由专业人员引导，动员社会力量参与其中，对其形成一种矫正的合力，便是我们做项目时的初衷与思考。我们以项目为引导，从社会工作者的专业角度去考量当前社区矫正的工作内容，结合具体的环境和案例，评估社区服刑人员的需求及对其后期展开的服务。同时对从事一线社区矫正的工作人员的服务进行分析和评价，通过理论与实践结合，达到一种先服务社区服刑人员，再示范或引导社区矫正工作人员，自觉运用社会工作理论与方法对服刑人员进行矫正活动。

研究框架。本书基本的思路是理论梳理、实务提炼及总结反思。共分为六章：第一章社区矫正社会工作的发展及其相关理论，对社区矫正的发展状况、国内外社区矫正和矫正社会工作发展概括及借鉴，并对江苏省社区状况进行介绍。第二章社区矫正实务调研状况分析。首先介绍了徐州市社区矫正工作现状。重点介绍了徐州市司法部门这些年来，在社区矫正领域所做的努力与创新，同时对其中存在的问题进行了分析。其次徐州市社区服刑人员基本情况介绍。通过大量问卷和走访，对徐州市社区服刑人员的需求进行普遍性的调查，发现了他们普遍存在经济问题、就业问题、家庭问题、心理问题。这是徐州市乃至江苏省首次展开的调查，具有非常重要的现实意义和学术价值，对于分析和解决社区矫正的问题具有重要的指导作用。第三章社区矫正社会工作实务实践介入路径。重点介绍社会工作介入社区矫正的方法与路径及一般过程。第四章社区服刑人员家庭社会工作介入案例。通过介绍项目服务过程中的典型案例，总结了在社区服刑人员家庭开展社会工作服务的有益尝试。第五章矫正社会工作者能力提升案例。此部分是在项目服务过程中，对于从事社区矫正工作的一线社会工作者的能力提升，是项目服务过程中的“一体两翼”。“一体”指的是紧密围绕社区服刑人员开展社会工作介入服务，这是项目的主体；“两翼”分别是社区服刑人员家庭和社区矫正社会工作者。类似于飞机平衡因素，两翼平衡使社区矫正能达到事半功倍的效果。第六章观察和思考：专业社会工作对社区矫正的嵌入。首先对社区矫正工作的当前状态“严与宽”专业社会工作对社区矫正的嵌入背景进行总结性的概述，其次重点论述了专业社会工作与社区矫正关系呈现的理论上的高契合度，最后是对专业社会工作嵌入社区矫正当前状态与努力方向的思考。

研究意义。我们知道，社区矫正是社会文明发展到一定历史阶段的必然产物，也是社会不断进步、刑事政策日趋理性化的重要标志。与监禁矫正相比，社区矫正更人性化，兼顾了被害人、社区和犯罪人三方的利益，有利于化解社会矛盾，减少社会敌对情绪，更有利于实现创建和谐社会的目标。社区矫正所采用的是开放型的、更注重效果的矫正方式，把犯罪人置于由多种良性社会关系所构成的特定社会环境中，从事多方面社会关系的体验，使犯罪人在社会关系中找到自己的归宿。同时也通过对犯罪人施以一定的救助、矫正和改造措施而使其复归社会。[①] 社区矫正对于犯罪人恢复社会功能、再社会化，成为一个正常的社会人，减少再次犯罪有着极为关键的意义和作用。然而社区矫正的实践证明，这种行刑制度在实施过程中还存在很多不尽如人意之处，效果并没有充分体现出来，特别是社区矫正社会工作的功能因为种种的制度、措施保障不到位，致使对犯罪人的矫治效果不佳，这是一个普遍问题，在中国内地尤为严重。因此，对当前的社区矫正实务现状进行研究，总结经验教训，发现问题，寻找对策，不仅是社区矫正实务工作者的义务和责任，也是理论工作者责无旁贷的使命。

本研究的意义价值主要体现在理论和实际两个方面。

理论意义表现为以下几点：第一，社会工作实务领域拓展和社区矫正社

---

① 孙保华：“我国社区矫正的困境及出路的思考”，苏州大学 2010 年硕士学位论文。

会工作实务经验总结的需要。作为舶来品的社会工作在中国内地是基于学科建设需要而发展起来的。在短短的几十年内，全国数以百计的高校开设了社会工作专业或者相关专业，除了按照教育部规定开设十多门主干课程外，部分高校还开设了社会工作实务课程，集中在社会工作基本服务对象领域，如儿童社会工作、青少年社会工作、老年社会工作、妇女社会工作和残疾人社会工作。此外，还有高校开设了与基本社会设置或社会制度相关的课程，例如家庭社会工作、学校社会工作和医务社会工作。至于矫正社会工作和戒毒社会工作课程，较少有学校开设。伴随社会治理的不断深入，我国的社区矫正已经作为普遍的行刑制度被推广，矫正社会工作不仅是学科建设的需要，也是一种实务和职业的必需。国内既有实务经验又有研究基础的学者主要集中在上海。上海自2002年先行先试社区矫正后，2005年，华东理工大学的张昱和费梅苹出版了《社区矫正实务过程分析》一书，从社区矫正过程的视角，对上海社区矫正社会工作的实践经验进行了分析和总结，这是国内第一部本土化的矫正社会工作实务著作。2008年，中国社会工作教育协会组织编写了一套“面向21世纪课程教材”，张昱教授及其团队编写了《矫正社会工作》。作为后续社区矫正实务及其研究的最新成果——《社区矫正社会工作案例评析》在2013年再次由华东理工大学出版社出版发行，本书以社区矫正性质为理论基础，以一线社区矫正社会工作者开展的工作案例为实践基础，以社区矫正对象面临的社会适应、观念、心理、行为、家庭、就业、社会支持等问题为核心，通过案例详述了社区矫正社会工作实务操作过程，较为全面地论述了矫正社会工作的相关知识、方法和技术，反思了社区矫正社会工作的基本理念，并讨论了社区矫正资源整合问题。

与上海相比，国内其他地方的矫正社会工作实务不仅落后，有针对性的研究成果也比较零散。虽然江苏省是2003年首批试点地区之一，在社区矫正制度建设、机构和资金保障、人员队伍培育、矫正实务等方面积累了丰富且对其他地区有引领作用的经验，在矫正社会工作实务方面也做出了非常多的有益尝试，但既有经验也有需要完善的地方，在社会工作等社会力量引入方面还有很大的努力空间。如何超越、发展和完善已有的成绩，全面梳理既有的做法，总结经验、发现规律，以地方经验为样本，考察社会工作介入社区矫正这一特殊领域的过程，对丰富中国社区矫正社会工作实务领域不失为一种可行的路径。本书就是在江苏省社区矫正的大背景下，选取全省社区服刑人员规模最大的徐州市为实务探索区和研究样本，尝试总结本地化的社区矫正社会工作实务经验。

第二是矫正社会工作实践研究的需要。本研究团队首先基于学科建设、课程学习等需要，对徐州市社区矫正工作早有接触、参与，特别是在2015年承接中央财政支持项目后的全面参与，让我们对于社区矫正工作、矫正社会工作有了全面的认识，无论在情感上还是责任上，认为要为这样一个制度安排、这样的一种工作去倡导，为徐州社区矫正工作提炼经验，尤其是在收集与社区矫正相关数据的过程中，江苏省相关的经验被经常推广，而徐州市作为全省社区服刑人员最多的区域，工作强度之大并力争先进，在环境评估、教育培训、社区服务和矫正社会工作实务的推进方面做出了自己的特色。基于徐州矫正社会工作实践，放眼江苏省政策指引，我们对社区矫正社会工作实务进行梳理，既是对我省我市的情怀，也是作为一个社会工作实践研究者的义务。我们知道，发端于西方的社会工作首先就是一种社会实践，是基于社会实践的专业性需要而产生的职业、专业、学科，其首要特征是实用性，所以对社会工作的研究要坚持实用和实践优先原则。社会工作被引入中国后，尽管发展的路径不同，但对社会工作的实用性、实践性的价值取向是肯定的。只是在很长一段时间里，在学科、教育、实务、研究等领域没有互相融通，或者在很多方面没有实现耦合。这造成社会工作的本土化进程缓慢，社会工作实务领域缺乏效率和效果，形式化、行政化现象严重。这再次证明基于社会实践需求产生的社会工作，只有通过实践才能找到理论与实际服务的适切性，没有实践的理论是没有生命力的理论，理论只有在实践中才能彰显生命活力。因此，对社会工作进行实践研究既是社会工作理论者和教育工作者的责任，也是社会工作实务工作者的义务。

关于社会工作内部的实践研究如何界定，我们比较赞同香港理工大学古学斌(2015年)的观点：实践研究就是实践与研究结合起来，达到"实践亦研究"合二为一。做实务并不意味每一个实务者都在做实践研究，或者每个人进行的研究都是实践研究。实践研究必然是从实践者真实的社会位置进行观察、搜集资料和分析。[①] 按此理解，古学斌认为要澄清"谁在做"的问题。因为存在"谁在做"的不同情况，所以实践研究存在四种类型，即隔墙观察的实践研究类型、外来者实践研究类型、协同实践研究类型和实践者研究类型。[②]按照此种分类，我们的研究属于最后两种。一方面，有对其他实践者的实践进行了研究。比如我们的很多数据来源于徐州市和各县区的社区矫正机构的工作总结报告以及我们对一线矫正社会工作者的工作观察。其间，我们对从事社区矫正的工作人员进行了深度访谈，从某种程度上讲，被研究对象参与了我们的研究讨论、数据梳理和某些思想的形成。另一方面，也有我们的亲力亲为。比如在社区开展社会工作实务，做个案服务、开展互助小组、组织社区文化活动，就是在这样的协同实践的过程中，我们不知不觉中进入了"实践者研究"类型之中。"实践者是对其自我，对自我所处之社会位置、情境、社会经济政治的环境结构，对自己在某一社会情境下的行动或实践，以及对自己行动和实践所产生的影响所进行的自主研究。"[③] 正是因为达到了这样的境界，所以才有了撰写本书的初衷，它既是我们在矫正社会工作实践领域的研究成果，也是基于徐州市社区矫正及矫正社会工作实践的总结提炼。

在实际意义上，本研究首先是犯罪人矫正的需要。李玫瑾在《犯罪心理研究——在犯罪防控中的作用》一书中指出：每当一起刑事案件发生时，老百姓最关心的是"犯罪人是否被绳之以法"，因为只有抓住犯罪人并予以法律惩罚，一起案件才算结案。但是，"绳之以法"是否就是解决犯罪问题的唯一有效方式？[④] 尽管刑罚处罚在某种程度上可以起到隔离、教育和改造犯罪

①②③ 古学斌："为何做社会工作实践研究"，载《浙江工商大学学报》2015年第4期。
④ 李玫瑾：《犯罪心理研究——在犯罪防控中的作用》，中国人民公安大学出版社2010年版，第1页。

人的作用，但真正杜绝重新犯罪似乎并不那么简单。[①] 显然，似乎是结局的法律惩罚并非真正解决犯罪问题的结局，反而可能成为另一些社会问题的开始。因此，我们在治理犯罪问题上必须注意政治的高度和社会的广度。政治的高度意味着犯罪防控不仅仅是刑事司法领域之事，更重要的是社会政策和社会关系的调整；社会的广度意味着犯罪防控不仅是法律之事，还需要有社会学、心理学等角度的研究。只有从多学科的角度研究犯罪问题才能完整并准确地认识犯罪现象，从而提出一个完整的犯罪预防对策，建立一个整体的犯罪防控体系。早在19世纪末，西方社会就有了行刑社会化思想，许多近代学派的大师们认识到监狱刑罚的缺陷和不足，提出了非监禁刑罚措施和对罪犯人格的改造，这就是监狱矫正与并列的社区矫正。监狱矫正的主要功能是对罪犯实行惩罚和改造相结合、教育和劳动相结合的原则，将罪犯改造成为守法公民。但实际上这种功能更多只是一种愿望。因为监狱在承担监禁刑罚执行的过程中，监狱服刑人员长期困于狭小的空间，其弊端越来越凸显。大量的观察研究发现，该弊端主要体现在：一是监狱矫正容易使罪犯交叉感染，坏人更坏；二是犯罪人容易产生各种各样的心理问题、心理障碍甚至心理疾病；三是监狱环境造成犯罪人最基本的、最普遍的社会功能的极端弱化或者丧失，社会关系和社会支持网络严重受损，罪犯的生活能力、生产能力不足，社会适应能力低下，生存需要获得存在问题，所以刑满释放人员再次选择犯罪的概率较高，成为“二进宫”“三进宫”人员，如此循环往复，使得社会管理成本增加，不稳定因素加大，“监狱亚文化”状态客观存在。而社区矫正的初衷就是为了矫正监狱对犯人矫正的不足，根本目的就是使犯罪人在一个正常的社会人生活环境里接受矫正，矫正其犯罪心理和行为恶习，自力更生，不再对他人和社会实施犯罪行为，成为一个正常的社会人。但实践证明，社区矫正的效果也绝非理想的状态，不尽如人意之处很多。尤

① 李玫瑾：《犯罪心理研究——在犯罪防控中的作用》，中国人民公安大学出版社2010年版，第2页。

其是，“谁去做?”“如何做?”这里涉及社区服刑人员素质和专业工作方法，如果没有专业人员和专业的工作方法作保证，那么社区矫正要实现对服刑人员的犯罪心理和行为的矫正，使其成为正常的守法公民，并非轻而易举。特别是我国从2003年试点，2005年扩大试点范围，2009年在全国全面试行，2014年全面推进，在这一进程中必然会带来不可避免的问题，如制度衔接、部门协调沟通，特别是专职人员队伍的建设很难到位，其中的专职人员专业化、专业人员的专职化问题又是影响社区矫正效果的关键因素。我们在实践和研究过程中发现，由于人力资源问题，对服刑人员的矫正工作缺乏精准性，并没有形成与矫正对象“一对一”或“多对一”的帮教关系，使社区矫正工作流于督促，导致刑罚执行形式化，矫正、教育等执行刑罚工作的严肃性也不足，监督力度也不够。不仅如此，这种矫正模式也存在着局限性，比如由于社区矫正法没有出台，当前的社区矫正其实处于一种无法可依状态。同时，由于我国目前的刑罚执行体制障碍、操作水平较低，导致社区矫正工作“雷声大雨点小”，与西方社区矫正工作的差距较大，给人以水土不服的印象，影响了刑罚执行的发展进程。

综上所述，作为一种行刑制度的社区矫正归根结底是对罪犯的犯罪心理和行为进行矫正，社区矫正工作的特色就是引入各种社会力量，其中最重要的是专业社会工作者的引入。在我国社会工作者主要的介入阶段是司法裁决前的矫正社会工作，即裁决前调查和社区中的矫正社会工作，监禁过程中的矫正社会工作目前还较少涉及。对于这两个环节社会工作介入的现状、获得的经验，以及存在的问题进行梳理，既是对犯罪人实施有效矫正的需要，也是矫正社会工作实务更加有序开展的需要。从客观上说，徐州市在裁决前调查工作是有特色的，社区中的社会工作介入各个区县也已形成独特的模式，全市社区矫正工作效果是明显的。因此，以徐州市作为逻辑起点，对矫正社会工作实务进行研究的实际意义就在于更有效地开展社区矫正工作，对服刑人员的犯罪心理和行为进行更专业的、精准的矫正。

第二是地方性社区矫正工作模式提炼的需要。国内真正意义的社区矫正工作的开展是基于上海、北京等地的试点，2002 年中国司法部专门成立了社区矫正制度研究课题组，对国内外社区矫正制度进行了调查分析和比较研究，形成了《关于改革和完善我国社区矫正制度的报告》，[①]为我国推行社区矫正制度的改革和试点提供了理论基础。2003 年，经中央批准，社区矫正开始全国试点工作。自此开始的社区矫正工作都是在相关国家机关联合发布的一些规范性文件指导下进行的。截至目前，我国没有专门的社区矫正法，只有 2012 年 1 月 10 日“两院两部”联合印发的《社区矫正实施办法》(以下简称“实施办法”)(2012 年 3 月 1 日实施)，关于该部文件的地位和价值，司法部法制司和社区矫正管理局在《社区矫正实施办法解读》中是这样表述的：《实施办法》将各地在实践中形成的行之有效的工作体制机制、矫正方法和模式等固定下来，上升为统一的制度，使之成为社区矫正工作的操作规范和基本依据，为社区矫正工作提供了制度保障。无论是 2003 年 7 月 10 日最高人民法院、最高人民检察院、公安部、司法部联合颁布的《关于开展社区矫正试点工作的通知》(司发〔2003〕12 号)，还是 2012 年联合颁布的《实施办法》，关于社区矫正工作的具体管理和工作程序等方面的规定，仍然是比较原则的，各地在实际操作中需要因地制宜，创造性地探索解决具体问题的方法。作为首批试点的江苏省，不仅为《实施办法》提供了很丰富的探索经验，而且在《实施办法》颁布两周年之际，即 2014 年 3 月 1 日，出台了全国首部社区矫正地方性法规《江苏省社区矫正工作条例》，标志着社区矫正工作地方性法规实现了零的突破，使得江苏省社区矫正工作执法有据、有法可依，为社区矫正工作提供了更加有力的法制保障。

毛泽东在《实践论》中指出：“如果要直接地认识某种或某些事物，便只有亲身参加于变革现实、变革某种或某些事物的实践的斗争中，才能触到那种或那些事物的现象，也只有在亲身参加变革现实的实践的斗争中，才能暴

① 司法部社区矫正制度研究课题组：“改革和完善我国社区矫正制度之研究(上、下)”，载《中国司法》2003 年第 5－6 期。

露那种或那些事物的本质而理解它们。这是任何人实际走着的认识路程。”[①]社区矫正是西方化刑罚制度变革的产物，是西方在长期刑罚实践中认识到的一种刑罚方式，是经过实践检验证明有效的行刑制度。这是毋庸置疑的。然而，对我们来说，只是间接的认识，暂不说我们认知这种“间接经验”需要一个很长的过程，而且接纳一种新生事物又因人而异，不同的角色、不同的认知水平会影响对这个新生事物的态度和执行力度。从一般意义上进行推论，这种制度首先要经过我们自己的实践去验证，在验证中实现对它的认知和再认识，在一定认识的基础上再实践，再认识。反反复复，这是一个不断发现问题、总结经验的探索过程。其中的关键是实践，但对实践经验怎么总结，什么人来总结也很重要。如果是工作人员做一般的工作汇报式的总结，这样可能更多倾向于行政化，好大喜功，优点一大堆，缺点一点点；如果是做经验提炼、规律发现的总结，那么这个人一定应该是学者型的人员，那么谁会有这样的机会呢？就当前的情况来讲，一种是购买服务的社会组织，一种是购买岗位的社工，还有一种就是高校师生因学术研究需要而主动研究。在首先试点的北京、天津和上海三个直辖市，江苏、浙江和山东三个省都有了自己的经验总结，而且各个省市各有特色，据不完全统计，社区矫正研究成果尤其是矫正社会工作方面的研究成果，上海是比较丰富的，而且上海在社会力量参与方面的经验是全国比较成熟的，特别是政府购买服务和社会工作介入的经验被及时总结出来，这对于上海市自身的反思提高是有益的，对于国内其他地方学习效仿也是有效的。在这方面，上海市高校社会工作专业的师生发挥了巨大的作用。上海市高校充分发挥了“引领社会，服务社会”的功能，他们不仅利用专业实习、课程见习等机会积极参与了社区矫正的很多实践环节，还承担了各级政府研究课题和项目。上海的做法对于我们的启发，作为首批试点省份，江苏省的很多经验值得浓重一书，本书虽然是基于徐州市的实践研究，但是立论实在不能偏离全省的大背景。

---

① 毛泽东：《实践论》，人民出版社 1976 年版，第 287 页。

三是社会力量参与社区矫正的有效路径探索的需要。治理犯罪如同治病,医生治病不能只看病情而不看病人。治病过程必然了解病人的生活习性、病人的家庭病史、病人本人的生理情况等才能真正确定医疗的方案。[①]就是说,无论监狱矫正还是社区矫正,要精准才能有效。如何精准,人力资源是关键因素。对此,2003 年"两院两部"在《关于开展社区矫正试点工作的通知》就规定,"社区矫正是积极利用各种社会资源、整合社会各方面力量"。[②] 11 年后,司法部、中央综治办、教育部、民政部、财政部、人力资源社会保障部联合发布《关于组织社会力量参与社区矫正工作的意见》(司发〔2014〕14 号),再次明确"社会力量的参与则是健全社区矫正制度、落实社区矫正任务的内在要求","社区矫正把符合法定条件的罪犯放在社会上监督管理和教育改造,社会力量广泛参与是其显著特征"。没有社会力量介入矫正,也就没有所谓社区矫正制度的存在。我们面对的曾是社会危险人群,不能有半点疏忽。服刑人员的罪犯人格、行为动机非同常人,在社区矫正工作领域引入社会力量参与有其特殊要求。扶弱救残服务的对象是弱势群体,属于正常的社会人,他们或者贫困,或者弱小,运用社会力量去满足其需要就可以了。但服刑人员是特殊的,曾经对社会和他人带来伤害。社会力量介入矫正工作,首先自己要过一个坎:"我要帮助一个罪犯?"这是很朴素的公民意识。因此,社会力量参与社区矫正工作的前提是要对"社会力量"进行组织管理培训,这是一个需要去摸索、花费人力物力的工作。因为需要增加额外的人力成本,而且有时候一些社会力量好心办坏事,导致社会力量在很多地方只是一个文件条文。也有的地方这样的社会资源很薄弱,或者没有,又或者根本就不知如何调动资源。故而在社会力量参与的有效路径上进行经验总结也是我们研究的实际意义。

人类在经过相当长的时间后才认识到一个道理,即减少或控制犯罪现

① 李玫瑾:《犯罪心理研究——在犯罪防控中的作用》,中国人民公安大学出版社 2010 年版,第 11 页。

② 最高人民法院、最高人民检察院、公安部、司法部关于开展社区矫正试点工作的通知(司发〔2003〕12 号)。

象需要理性，需要将犯罪现象视为与人类社会并存的一种社会疾病。只痛恨这类疾病并不能解决问题，需要冷静并客观地面对，同时进行认真和耐心地研究，观察其病变的由来，包括发病区域的背景调查，从而才能真正找到有效的治理对策①，这就是社会工作者的工作理念。我们知道，在发达国家和地区，社会工作无论作为教育领域的专业还是社会职业，都已经制度化了。社会工作的介入作为一种科学的工作方法，具有康复、预防和发展的功能。社会工作在社区矫正的过程中能够完整地介入并提供支持，使矫正对象重组社会资源，提升矫正对象能力，从而实现矫正发展。社会工作既是一门科学和专业的工作方法，又是一种有效的社会管理、社会保障和社会服务制度。其工作对象涉及所有需要社会支持和社会帮助的人群，尤其是各种社会弱势群体、边缘人群和特殊问题人群。其本质功能是预防和解决突出的社会问题，提升社会福利与社会保障水平，促进社会的和谐、稳定与进步。

改革开放40年来，我国一直处于加速经济增长的阶段，也伴随着相应的社会结构的深刻变动、社会政策的深刻调整，以及社会管理制度的创新过程。面对大量的新生社会问题，以及原有的社会矛盾和社会问题，如何科学、高效地应对和化解，毫无疑义政府首先必须履行相应的社会管理和公共服务的职能和责任。但在目前政府人力、物力、财力有限的现实条件下，发挥民间社会力量是一种必要的选择。正是在这种社会转型的现代化时代背景下，职业化、专业化、社会化的社会工作制度应运而生，作为最重要载体的社会工作机构应运而生。

徐州市作为江苏省社区矫正工作开展的试点城市，在制度设计、机构建设和实务操作方面做了大量的工作，在探索介入专业社会组织力量方面也做出了有益的尝试。实践也证明，徐州的一些实践和尝试是走在社区矫正社会工作前列的，社区矫正社会工作不仅创新了城市的社会管理体制，也为徐州市和江苏省在社区矫正社会工作方面做出了典范，为社会稳定与和谐作出了重要贡献。

① 李玫瑾：《犯罪心理研究——在犯罪防控中的作用》，中国人民公安大学出版社2010年版，第4页。

目　录

第一章　社区矫正的发展及其社会工作相关理论

社区矫正是社会文明发展到一定历史阶段的必然产物，也是社会不断进步、刑事政策日趋理性化的重要标志。自 2003 年社区矫正开始试点工作以来，由司法机关牵头，组织公安机关、监察机关、审判机关等有关单位和社区基层组织开展社区矫正试点工作，会同公安机关对社区服刑人员进行监督考察，组织协调对社区服刑人员的教育改造和帮助工作。社区矫正试点经历了地方探索、全国试点、全国试行、法律确认阶段。2011 年 2 月全国人民代表大会常务委员会第十九次会议通过的《中华人民共和国刑法修正案（八）》，正式确立了社区矫正制度，从刑事立法精神上有力地回应了国际社会行刑社会化的要求，确立了社区矫正与监狱矫正相辅相成的两大矫正体系①。此后，北京、天津、上海、江苏等 25 个省（自治区、直辖市）制定了社区矫正工作办法或实施细则，形成了较为规范的工作制度，保证了社区矫正工

① 高铭暄："社区矫正写入刑法的重大意义"，载《法制日报》2011 年 1 月 5 日。

作依规开展。①

第一节 社区矫正的发展概况

一、相关研究概述

(一)关于社区矫正性质的讨论

关于社区矫正的性质,最高人民法院、最高人民检察院、公安部和司法部在2003年发布的《关于开展社区矫正试点工作的通知》将社区矫正定性为"非监禁刑罚执行活动"。多数学者也认为社区矫正是一种刑罚执行活动。但也有学者不同意将社区矫正定性为非监禁刑罚执行活动。张建明(2008)等认为,社区矫正应当是刑种、量刑与行刑制度的结合。② 王顺安(2004)认为,社区矫正不仅具有刑罚执行的性质,而且具有矫正、社会福利和社会保障的性质,应将我国的社区矫正定性为由社区矫正组织针对非监禁刑和其他非监禁措施罪犯行刑与矫正的活动,是与监狱矫正相对应的更倾向于矫正与福利性质的矫正制度与方法。③ 刘守芬(2005)等认为,将我国社区矫正的性质界定为一种刑罚执行方式,这一做法将社区矫正局限于一个非常窄小的范畴,导致概念外延狭小、适用对象范围狭窄,必然限制其将来进一步发展的空间。④ 程应需(2006)认为,社区矫正措施是对犯罪人的保护管束和保护观察措施,具有限制人身自由的保安处分的性质。在大陆法系,对缓刑、假释服刑人的监督措施,如保护管束和保护观察,都属于保安处分。⑤ 张昱(2005)认为,社区矫正不仅具有刑罚执行的属性,还具有刑罚执行和社会

---

① 司矫轩:"齐心协力实现'社区矫正'新跨越'十一五'期间全国社区矫正工作回眸",载《法制日报》2011年3月8日。

② 张建明:《社区矫正理论与实务》,中国人民公安大学出版社2008年版。

③ 王顺安:"社区矫正的法律问题",载《政法论坛》2004年第3期。

④ 刘守芬、王琪、叶慧娟:"社区矫正立法化研究",载《吉林大学社会科学学报》2005年第2期。

⑤ 程应需:"社区矫正的概念及其性质新论",载《郑州大学学报(哲学社会科学版)》2006年第4期。

工作的双重性质，单一地从刑罚执行或矫正的角度思考社区矫正的属性都是片面的，必须超越和整合社区矫正的二重性，从有利于社会稳定、公众安全、与社区特性相符合的原则出发确定社区矫正的属性，以促使服刑人员回归社会这一根本目标的实现。[①] 对此，学者们也进行了不同程度和不同角度的概括，如非监禁刑罚执行论、刑罚执行论、双重属性论、教育改造方法论、矫治帮扶论，等等。[②] 经过梳理后可以发现，关于社区矫正性质的讨论主要集中在社区矫正是以“惩罚性”为主还是以“恢复性”为主这一议题上。从社区矫正宽严相济的理念来看，无论是惩罚性还是恢复性，在社区矫正的本质中兼具。例如，上海政法学院的刘强教授认为，社区矫正的首要任务是惩罚犯罪，教育矫正并非是社区矫正的根本任务和核心任务，而是在社区刑罚执行中派生出来的任务。[③]郑艳认为，社区矫正的性质是刑罚性和恢复性并重，而且刑罚性是为恢复性服务的[④]，武玉红认为，惩罚性明显偏低。本书倾向于把惩罚性而非恢复性作为我国社区矫正的第一个性质，这符合我国当前的国情和社会背景，在短期内，有利于确立社区矫正的权威性，促进社区矫正工作的开展。但从长远来看，社区矫正的最终目标是实现服刑人员的再社会化，从这一目标来看，必须重视社区矫正的恢复性性质。[⑤]所以，我们将社区矫正定义为“一种在宽严相济理念的指导下，通过监督管理与教育帮扶，对服刑人员采取惩罚和恢复措施，达到惩戒和教育罪犯的效果，并在此基础上以实现犯罪预防和服刑人员再社会化为最终目的的非监禁行刑方式”。

（二）社区矫正社会工作与矫正社会工作、社区矫正工作、司法矫正工作

社区矫正社会工作是指在社区矫正这一刑罚执行过程中开展的，运用专业的知识和方法，帮助社区服刑人员恢复社会功能、融入社会的职业

① 张昱：“试论社区矫正的理念”，载《上海政法学院学报（法治论丛）》2005年第1期。

②③ 刘强、姜爱东：《社区矫正评论（第四卷）》，中国人民公安大学出版社2014年版，第57－62页。

④⑤ 社区矫正十周年“回顾与展望”研讨会会务组：“社区矫正十周年‘回顾与展望’研讨会综述”，载《河南司法警官职业学院学报》2014年第2期。

活动。

矫正社会工作是指在矫正体系中开展的，由专业人员或志愿人士运用社会工作专业理论和技术，为罪犯或具有犯罪危险性的违法人员，在审判、服刑、缓刑、刑释或其他社区处遇期间，提供思想教育、心理辅导、行为纠正、生活照顾等，使之消除犯罪心理，修正行为模式，适应社会生活的一种福利服务。① 这里的“社区处遇”指的就是社区矫正。由此可见，矫正社会工作包含社区矫正社会工作，或者说社区矫正社会工作是矫正社会工作的组成部分。

社区矫正工作是指在社区矫正中开展的工作，可以包括社会工作的内容，也包括社区矫正过程中的其他工作，比如服刑人员的档案管理工作、社区矫正的宣传工作，等等。所以，社区矫正工作不等同于社区矫正社会工作。

司法矫正工作是指司法社会工作者综合运用社会工作专业知识和方法，为社区服刑人员、安置帮教对象及边缘青少年等弱势群体提供心理疏导、职业技能培训、就业安置等服务，以提升其自我机能，恢复和发展社会功能，最终达到预防犯罪、稳定社会秩序的专业服务过程。② 司法矫正社会工作属于社会工作的一种，包括矫正社会工作和社区矫正社会工作。

（三）矫正社会工作的分类

矫正社会工作可以从多个角度进行分类，在此，我们根据司法程序把矫正社会工作分为两大类，即司法判决前的矫正社会工作和司法判决后的矫正社会工作③。司法判决后的矫正社会工作又可分为监禁中的矫正社会工作和社区中的矫正社会工作。

1. 司法判决前的矫正社会工作

根据犯罪嫌疑人本人及其家庭的介入情况，司法判决前的矫正社会工

① 程乾：“浅议社区矫正工作现状”，南京大学 2013 年硕士学位论文。

② http：//baike. baidu. com/view/3359947. htm，百度百科司法社会工作。

③ 张昱：《矫正社会工作》，高等教育出版社 2008 年版，第 8－12 页。

作分为针对犯罪嫌疑人的社会工作介入和针对犯罪嫌疑人家庭的社会工作介入。

针对犯罪嫌疑人的社会工作介入是从司法判决前的案件审理阶段开始的，这时的主要工作对象是已经被拘押或保释的、尚未被判定有罪的犯罪嫌疑人。矫正社会工作者在案件审理过程中的主要工作职责是通过了解服务对象及其家属和周围社区的情况，写出一份有关服务对象背景的调查报告，提交法庭做审判参考。矫正社会工作者在司法审判前提交调查报告的目的不是像律师一样为被告做无罪或轻罪辩护，而是以事实的基础为法庭判决提供参考。在一些国家和地区，法庭对矫正社会工作者的调查报告是十分重视和尊重的，因为法庭调查一般注重犯罪事实本身，以此作出是否有罪和罪行严重程度的判断。而矫正社会工作者的调查报告所呈现的罪犯的社会背景和性格特征等资料，有助于法庭作出适用何种刑罚处置的判定，有利于犯罪嫌疑人改过自新。例如，许多犯罪嫌疑人免于处罚、缓刑、社会服务等判决，都是法庭在充分考虑矫正社会工作者的建议基础上作出的。这就是矫正社会工作者在司法审判前为犯罪嫌疑人提供的服务。

针对犯罪嫌疑人家庭的社会工作介入。犯罪嫌疑人被拘押等待审判期间，其家庭会因此受到冲击和拖累，尤其是犯罪嫌疑人家中年迈的父母和年幼的子女，其生活会因此事件发生而陷入困境。矫正社会工作者此时的主要任务是为这些陷入困境的犯罪嫌疑人的家人提供帮助：一是为因此事件发生而陷入经济困难的犯罪嫌疑人的家人寻找社会资源以维持生计，如帮助申请社会救济、帮助寻找临时工作等；二是为因此事件发生而失去依靠的儿童、少年安排生活照料，如寻找替代家庭或收养机构、与学校老师联系以关注学业等；三是为因此事件发生而产生心理困扰的家庭成员提供辅导。

2. 监禁中的矫正社会工作

监狱是对罪犯判处自由刑或生命刑以后的执行或待执行场所，是司法矫正体系的重要组成部分。因为监狱兼有惩罚、隔绝和威慑的功能，所以会对服刑犯人的心理产生震撼作用。这种震撼作用可能造成两种相反的引导：抗拒或改过。

社会工作者主要是挖掘在监服刑人员自身的潜能，以及链接社会资源，引导他们向积极的方向转化，以达到改过自新、重新回归社会的目的。

由于监狱使罪犯与社会和他人隔绝，在监狱中又存在各种罪犯混杂居住、容易“交叉感染”的危险，所以为在监服刑人员开展社会工作服务时，应以消除或减弱罪犯思想和行为上的负面因素，加强其与社会的联系沟通，以恢复其社会功能为主要目标。具体工作内容包括以下几个方面：

(1) 进行个案辅导。通过接待受助者，与之面谈，一方面了解其过去行为产生的原因及当前思想状况；另一方面使其不满情绪得以宣泄，能较冷静地面对现实。对收集到的有关资料进行分析、判断，找出原因，并制订矫正方案，再根据个别化原则对不同对象施以不同的矫正方法。

(2) 开展团体治疗。通过组织具有相同经历、问题与困难的罪犯在一起，分享不同的经验和感受，来认识自己思想行为上问题的症结，并找到改变现状的途径与方法，以达到再社会化的目的。

(3) 联系社会。可以通过开通电话、组织家属探访、走访罪犯家庭、倡导放假制度等方式，尽可能增进罪犯与外部社会的联系，避免因监狱封闭环境而造成罪犯社会化过程被阻断现象的发生。

(4) 职业辅导。组织服刑罪犯参加各种职业技能培训，为刑满释放后的就业做准备。

(5) 评估报告。用科学的指标体系和方法对服刑罪犯的心理、行为状况进行评估，随时注意罪犯改善的情况，发现有所改善时应及时向监狱的工作人员报告，使罪犯的累进处遇能获升级甚至获得假释。

3. 社区中的矫正社会工作

社区是人民生活和交往的基本场所，人民参与社会公共事务也是从社区开始的。社区内有一套社会参与体系，能促进社区内居民相互交往与互动，提高社区的价值整合。

社区矫正是以社区为平台，以科学的价值观念为指导，通过多种工作方法，恢复服刑人员的社会功能，促使服刑人员顺利回归社会的刑罚执行过程。社区矫正的场所是社区，其基本特点是立足社区、依赖社区，强调社会力量的参与，使服刑人员在不与社会隔离的环境中实行再社会化。从目前的情况看，社区矫正已经成为世界发达国家中占据主导地位的刑罚执行方式，因此，社区矫正也已经成为矫正社会工作的主要内容。

我国社区矫正起步晚。最早开展社区矫正社会工作探索的是上海市。2002 年 8 月，上海市就已经开始探索在社区矫正中运用社会工作的理念和方法，为服刑人员提供服务，并探索了组建专业社会工作者团体、政府购买专业社会团体的服务开展矫正社会工作的制度——社区矫正制度。2003 年 7 月 10 日，最高人民法院、最高人民检察院、公安部、司法部下发了《关于开展社区矫正试点工作的通知》，决定在北京、天津、上海、山东、江苏、浙江等省市开展社区矫正试点工作。至今，社区矫正工作已陆续在上海、北京、浙江、江苏等省市开展，这些地区组建了专业矫正社会工作者队伍，并对矫正社会工作者队伍进行了培训。

社区中的矫正社会工作包含了十分丰富的内容。根据我国社区矫正社会工作开展的实际情况，主要包括：

(1) 提供生活辅导。社区是个人生存和休息的场所，它为社区居民提供的服务是综合性的、复杂的、琐碎的、多方面的，主要包括经济生活功能和服务功能。可以通过发动和组织本社区的力量，为社区居民解决困难和提供各项福利。社区服刑人员的活动场所大部分是其家庭所在的社区。他们往往因为社区服刑人员的身份，生活难免会受到影响。尤其是刚从监狱获释的人员，往往缺乏社会适应能力，又受到社会歧视、家庭成员拒绝、同伴疏远、就业困难、学业中断等多重压力的困扰，所以，这部分人能否顺利度过释放后的最初阶段，对于其今后的生活及社会安定关系重大。社区服刑人员往往缺乏生活、工作的物质条件，为帮助其尽快建立起正常的生活、工作秩序，社会工作者应挖掘和利用社会资源对其进行物质援助。

(2) 提供就业、就学辅导。寻找工作或继续求学是社区服刑人员回归社会的重要途径和手段。社会工作者可以通过链接资源,为他们提供工作技能培训,帮助未成年人就学等。此外,社会工作者还要通过多种方式,培养社区服刑人员积极参与社区事务、主动学习的意识和习惯。

(3) 鼓励社区参与,助力社会融入。社会工作者利用社区的各项参与机制,为服刑人员的再社会化创造良好的条件,通过参与社区活动使服刑人员逐步适应社会、融入社会。社区服刑人员在参与社区事务的过程中,会从心理上产生一种被接受和被认同的满足感,这有利于在社区共同生活中消除其自卑感,使其与社区的联系更加密切。

二、国外社区矫正发展概况及借鉴

社区矫正是国际社会非犯罪化、非监禁化思潮和趋势的主要表现。自20世纪中叶以来,主要西方国家已形成了比较完备的社区矫正法律体系,社区矫正已成为这些国家社区矫正措施的主流。而我国刑罚的整体思想受到欧美发达国家的较大影响,引入社区矫正概念,经历了从试点到全面铺开的发展历程。

(一) 国外社区矫正的发展

现代性质的社区矫正,其萌芽可以追溯到18世纪后期。英国监狱改革家约翰·霍华德提出了反对监狱非人道化刑罚的监狱改革理论①,促进了对罪犯的人道化待遇。1879年,英国制定了《略式裁判法》(*Summary Jurisdiction Act*),对轻犯适用社区矫正,这是英国最早的社区矫正法。② 1841年,美国公民约翰·奥古斯都(John Augustus)主动向波士顿法庭申请以指导、监督的方法援助一位酗酒犯罪者,之后法院对该酗酒者处以1分钱的罚金并撤销了本应执行的监禁。此后,由奥古斯都保释、扶助的犯罪者达

① 姜祖桢:《社区矫正理论与实务》,法律出版社2010年版,第42页。
② 侯国云:《刑罚执行问题研究》,中国人民公安大学出版社2005年版,第282页。

2 000 多人，成为民间志愿者参与社区矫正的典范。1876 年，美国马萨诸塞州正式制定社区矫正法，凡具有迁善可能的犯罪者，均可适用该项法案，进行社区矫正。至此，社区矫正制度在美国正式确立。此后明尼苏达州、伊利诺伊州、密苏里州等都先后制定了社区矫正立法，建立了社区矫正制度。目前，美国的 37 个州都已经使用了社区矫正制度的所有方式，如缓刑、假释、暂时释放、社区寄宿等，28 个州已拥有全部社区矫正方案。[①]

除了英美国家之外，当今世界其他许多国家都建立了社区矫正制度，并制定了相应的法律。这些法律虽然表现形式不同，但都为社区矫正制度提供了支撑。

自 20 世纪下半叶以来，社区矫正已经成为一项重要的司法制度，在西方发达国家以及我国香港、台湾等地区，得到了多样的普及和发展。20 世纪 90 年代之后，社区矫正的国际化发展趋势明显，如通过了国际性的社区矫正立法、联合国的呼吁及建议、《欧洲社区制裁与措施规则》等地方性宣言及建议，推动了许多国家在社区矫正方面的发展。[②]到 2000 年时，许多发达国家和地区纳入社区矫正的非监禁人数已大大超过监狱中的监禁人数，完成了由以监禁刑为主向非监禁刑为主的历史性转变。

（二）矫正社会工作的发展概况

早在 2003 年关于社区矫正试点的通知中就指出："社区矫正制度是当今世界各国刑罚制度发展的趋势。"在此后推进社区矫正不断发展的过程中，我们以课题研究、研讨会、交流会的形式，将美国、日本、英国、德国等国家行之有效的社区矫正方法和理念介绍到我国。[③] 联合国和国际组织通过的一些文件和决议，如《联合国非监禁措施最低限度标准规则》[④]《开展国际合作，

①② 姜祖桢：《社区矫正理论与实务》，法律出版社 2010 年版，第 43、52 页。

③ 王锡豪：《社区矫正社会工作现状、问题与对策研究——以山东省 J 市为例》，山东大学 2016 年硕士学位论文，第 19－22 页。

④ 联合国大会于 1990 年 12 月 24 日通过，又称为《东京规则》。

求减少监狱人满为患和促进替代性刑罚》[①]《卡多马社区服务宣言》[②]，也都是呼吁和号召最大限度地减少监禁刑罚在各国的使用，这在一定程度上促使各国审视自己的刑事政策制度，促进了非监禁性的创设和使用。

1. 美国社区矫正的发展概况

美国社区矫正发展的高潮在二十世纪六七十年代，在此期间，美国社会经历了民权运动，为目前的社区矫正规模奠定了基础。早在2008年底，美国社区服刑人员的总数占全部服刑人员总数的70%[③]，实行非监禁刑的人数已经远远超过实行监禁刑的人数。

在美国，已经习惯将非监禁刑罚执行活动称为社区矫正，社区矫正指的是对社区服刑人员执行刑罚活动的总称。社区服刑人员主要由缓刑人员和假释人员组成。因此，对其管理包括如下内容：

(1) 对服刑人员履行惩罚的职能。依法监督、考查社区服刑人员，限制其部分人身自由和活动范围，监督部分社区服刑人员资格刑的限制和剥夺，监督部分社区服刑人员罚金和赔偿的执行进度，监督服刑人员的社区服务以及其他法定义务的履行，对特别危险的服刑人员行使拘留的权力，以确保社区的安全和满足公众对犯罪实施适量惩罚并伸张正义的要求。

(2) 对服刑人员进行矫正和更新。针对服刑人员的犯罪原因和重新融入社会的需求，有针对性地开展必要的矫治和更新，包括个性化矫治和小组形式的矫治。在开展矫治的过程中，可聘请教育、心理、咨询等方面的专业人员开展工作，同时，注意充分利用社区资源，调动社区民众参与的积极性。

---

① 联合国经济和社会理事会于1998年7月28日举行的第44次全体会议上通过了该决议。

② 1997年11月24日至28日在津巴布韦卡多马召开的非洲社区服务裁决国际会议上，与会者发布了《卡多马社区服务宣言》。宣言宣称：被监禁的大多数囚犯对社会并不构成什么实际的威胁；监狱是对稀有资源和人的潜力的一种浪费；利用监狱应严格限制为最后不得已的措施；社区服务是一个积极而又节省费用的措施，只要有可能就应该首先采用这种方法而不判处徒刑；请各国政府、捐助者和民间社会组织支持这一重要领域的研究、试办方案和其他活动；已经实行社区服务的国家应考虑到其他国家的经验并相应地审查自己的办法；鼓励还没有这样做的国家采取替代判处监禁的办法。

③ 刘强：《社区矫正组织管理模式比较研究》，中国法制出版社2010年版，第2-3页。

（3）对服刑人员提供帮助。主要围绕服刑人员的就业和解决生活、家庭方面的困难和问题而开展相关工作，包括提供就业培训、应聘指导、家庭生活辅导、与用人单位和就业基地联系，解决基本生活困难、调节家庭矛盾和社区邻里关系，等等。

（4）进行缓刑、假释前的调查。为法院准备使用刑罚和假释委员会准备确定假释提供比较翔实的调查资料。

（5）根据恢复性司法执法的理念，搭建犯罪人与被害人沟通的平台，弥合因犯罪而被破坏的社区社会关系。[①]

美国社区矫正的管理形式多种多样，随着社会的发展，其管理形式也不断发展创新。但其社区矫正的首要考虑因素是公众安全，尽可能少地限制犯罪人的自由，鼓励社会公众参与矫正工作。美国的社区矫正模式的核心是保护公众的安全，在公众安全能够获得合理保障的前提下，鼓励社会公众参与，在法律所规定的范围内，促进服刑人员更好地改变心理和行为，掌握生存技能，在社区矫正刑期结束后能够顺利地融入社会，实现社区矫正的预期目的。

美国是联邦制国家，各州都有独立的立法权。各州在社区矫正组织管理机构上都充分体现了专业化管理的特点，但在具体形式上表现出了多元化。在目前社区矫正机构中，既有政府的管理机构，又有非政府的管理机构，在设置精简、高效的行政管理机构（不直接管理社区服刑人员）的同时，又设置了大量的社区矫正工作机构（直接管理社区服刑人员）。

美国的官方管理机构分为联邦和州两个层次。从联邦一级的管理情况看，对社区服刑人员的管理由联邦法院承担，而不是由法务部承担。联邦法务部是一个联邦层面的部门，与我国司法部的职能有很大的不同。[②]而实行联邦制的美国，各州有各州的宪法和立法机关，各州政府管理机关的组织结构也并非完全一致。从州一级的管理情况看，目前成人社区矫正多数由州

①② 刘强：《社区矫正组织管理模式比较研究》，中国法制出版社2010年版，第3－7页。

一级的政府部门(主要是矫正局)管理,而少数州是由法院管理。[①]

为了提高效率和降低刑罚成本,非政府组织也积极参与社区矫正工作。所谓非政府组织参与管理是指国家机关通过签订合同或购买服务的形式,让非政府的组织、机构及有一定能力的个人承接对社区矫正服刑人员的管理,在管理过程中,非政府组织及承接人要严格遵循有关的法律法规,不断提高社区矫正工作的质量。国家有关部门,如矫正局需要对非政府组织的工作进行指导和检查。其参与形式有两种:一种是对社区矫正服刑人员进行全程管理,包括对服刑人员的接收、分类、监督实施各种矫正项目,提供各种不同的服务,指导服刑期满回归社会;另一种是非政府组织或社团与官方的组织或机构通过签订合同的形式承担部分的社区矫正工作,如为社区矫正服刑人员提供戒毒、控制酗酒等服务。

2. 英国社区矫正的发展状况

英国是近代将刑事执行活动予以法律规范化最早的国家。如英国出现了最早的矫正机构——矫正院,用来收容流浪汉、懒汉及生活放荡者,运用强制纪律和感化训练来培养他们的"劳动习惯"。1557 年,伦敦感化院成立,1576 年,英国议会通过一项法律,号召各郡都建立自己的感化院。因此,一些监狱史学家认为,英国的感化院是欧洲现代监狱的起源。[②]

非监禁刑思潮的萌芽于近代监狱改革运动。英国人约翰·霍华德是 18 世纪世界监狱改革运动的主要倡导者,被誉为近代最伟大的监狱改革家。在监狱改革运动的推动下,西方国家尝试了矫正罪犯的各种措施,如累进制、分类制、犯人自治制、假释、文化教育、职业培训,等等。[③] 19 世纪初,英国的 Edward Cox 推行对初犯少年以誓约方式代替徒刑的执行,并任命特别调查官负责监督。到 19 世纪末,改由一般民间团体负责监督,这些措施已具备了现代社区矫正的基本形态。1879 年,英国制定了《略式裁判法》,对轻犯适

① 刘强:《社区矫正组织管理模式比较研究》,中国法制出版社 2010 年版,第 8 页。
②③ 姜祖桢:《社区矫正理论与实务》,法律出版社 2010 年版,第 39 - 40 页。

用社区矫正，这是英国最早的社区矫正法案。①

在英国，对非监禁性的执行一般不称为社区矫正，而称为社区惩罚（community penalties，punishment in the community）和缓刑服务。近代资产阶级革命后，英国实行君主立宪制度，其政治制度以议会内阁制度为核心，以两党制、常任文官制、一级地方自治为主要特点。英国社区刑罚执行工作机构的主要任务和矫正措施由国家缓刑局及其分支机构、地方假释委员会和全国未成年人司法委员会共同完成，其主要任务包括：一是判决前介入；二是监督和考察被判处社区刑罚和假释的社区服刑人员；三是管理缓刑集体宿舍；四是领导和管理监护中心；五是为社区服刑人员提供帮助和服务；六是定期将社区服刑人员的表现情况，向法院做书面汇报。②

英国社区惩罚和缓刑服务的管理体制呈现如下特点③：

(1) 专业化、垂直的管理体制。英国的非监禁刑执行管理的对象大多是缓刑人员，其次是假释人员。在中央一级，英国设立了缓刑局，下设42个地方缓刑局，每个地方缓刑局又下设若干缓刑工作机构，实行专业化的垂直管理体制。缓刑管理主要由中央财政出资。

(2) 专业化的管理队伍。英国建立了一支素质较高的、相对稳定的缓刑官队伍。人员录用时有明确的准入标准，除了基本的学历要求外，申请人至少还需要两年的缓刑专业的毕业证书。同时还需要具备一些基本的能力。工作人员分为两部分：一部分是国家公务员；另外一部分是有一定社会地位的非正式工作人员，该类工作人员需要获得法务大臣的批准，类似日本的非全日制公务员，一般任期为三年。英国的公安人员（警察）对社区惩罚和缓刑服务予以积极配合，但不直接参与对社区服刑人员的管理，使得缓刑官的权责明确、统一。

(3) 建立适合犯罪未成年人特点的管理机构和队伍。英国设有属于非

① 姜祖桢：《社区矫正理论与实务》，法律出版社2010年版，第42-43页。

②③ 刘强：《社区矫正组织管理模式比较研究》，中国法制出版社2010年版，第140、151页。

政府组织性质的未成年人司法委员会，由负责缓刑的公务员、教师、警察和卫生部门的相关人员组成，从而保证对犯罪未成年在社区的管理有别于成人的社区惩罚和缓刑服务。

3. 日本社区矫正的发展状况

日本的更生保护（社会内处遇）体制中的保护观察制度，其中部分内容即为我国所称的社区矫正。该制度是在“二战”后逐步确立的，体现为1949年《犯罪者预防更生法》和1954年《缓刑者保护观察制度》等法律的实施。[①]

日本有健全的组织机构负责实施社区矫正工作。日本社区矫正机构分为三个层次：中央一级，在内阁的法务省设有矫正局和更生保护局，负责管理设施内的处遇和社区更生保护处遇两大领域。地方一级设有地方更生委员会。日本全国分为8个高等法院的司法辖区，与高等法院的司法辖区相对应，日本分为8个矫正管辖区。在8个管辖区内均设有地方更生委员会，以承担假释的审批、保护观察所的监督等职责。第三个层级是保护观察所。保护观察所设在全国50个地方法院所在地，承担依法实施保护观察、促进预防犯罪等职责。保护观察所的专业工作人员被称为保护观察官，他们是受过专业训练的国家公务员。[②]

充分发挥民间团体和志愿者在社区矫正中的积极作用是日本社区矫正的显著特色。这些民间团体包括保护司、更生保护法人、妇女更生保护协会、帮助雇佣业主协会等，许多普通公民也积极投身到对犯罪人的援助和监督工作中。民间团体和志愿者大多接受过专业训练，能在专门人员的指导和建议下，与社区服刑人员保持沟通与联系。他们不仅为社区服刑人员提供食宿、医疗、就业指导、职业训练、生活指导等，而且还使社区服刑人员得

---

① 鲁兰：《日本更生保护组织管理体制》，载刘强：《社区矫正组织管理模式比较研究》，中国法制出版社2010年版，第40页。

② 姜祖桢：《社区矫正理论与实务》，法律出版社2010年版，第47页。

到了尊重，增强了信心。

三、国内社区矫正及矫正社会工作发展概况

（一）社区矫正的发展历程

自20世纪70年代以来，社区矫正的发展和规模扩大代表着当今国际刑罚变革的主流方向。伴随我国社会转型和发展，司法部决定把社区矫正作为2002年度重点课题进行专题研究，其课题组形成的《关于改革和完善我国社区矫正制度的研究报告》，得到了中央政法委员会的充分肯定，并直接促成了社区矫正在全国范围内的试点、推广。

1. 京沪两地的研究探索性阶段

上海市于2002年8月发布了《关于开展社区矫治工作试点的意见》（以下简称《意见》），决定在上海市普陀区曹杨街道、徐汇区斜土街道和闸北区宝山街道开展社区矫治试点工作。该《意见》在很多方面都具有开创性意义，例如提出了“社区矫治”的概念。此外，还提出了“两个主体”的概念，即社区矫治工作的“法律主体”是公安机关，“工作主体”是承担主要社区矫正工作的司法行政机关。

北京市的试点工作与上海市类似。

2. 正式试点开始阶段

经过一年的京沪两地的试点，在总结经验后，最高人民法院、最高人民检察院、公安部及司法部联合发布了《关于开展社区矫正试点工作的通知》（司发〔2003〕12号），率先在北京、上海、天津、江苏、浙江、山东等六省（市）开展社区矫正的试点工作，共有591条街道及万余名社区服刑人员参与。此后，在2005年1月，又将河北等12个省（区、市）列为第二批开展社区矫正试点，由此，社区矫正试点工作扩大到18个省（区、市），包含了中国经济最发达的东南沿海地区、欠发达的中部部分省份以及不够发达的西部省（区、市），以便更全面地探索具有中国特色的社区矫正之路，广泛地积累经验，为全国性的社区矫正工作的开展打下坚实的实践基础。

3. 全国试点阶段

2009 年 9 月 2 日，最高人民法院、最高人民检察院、公安部、司法部联合发布了《关于在全国试行社区矫正工作的意见》(司发通〔2009〕169 号)，决定从 2009 年起在全国试行社区矫正工作。《关于在全国试行社区矫正工作的意见》在原有的规范性文件的基础上，就如何在全国全面试行社区工作提出了具体要求，其主要内容包括：全面试行社区矫正工作的重要性和必要性；全面试行社区矫正工作的指导思想、基本原则和适用范围；全面试行社区矫正工作的主要任务；加强对全面试行社区矫正工作的组织领导。

4. 法定进程开启阶段

2011 年 2 月 25 日，由全国人民代表大会常务委员会通过的《中华人民共和国刑法修正案(八)》规定，对判处管制的犯罪分子、对宣告缓刑的犯罪分子、对假释的犯罪分子，依法实行社区矫正。至此，“社区矫正”这一刑罚方式终于为法律所承认，这标志着社区矫正制度在我国已经基本成型，我国两大矫正体系——社区矫正与监禁矫正亦正式成立。

2012 年 1 月 10 日，最高人民法院、最高人民检察院、公安部、司法部联合发布《社区矫正实施办法》(司发通〔2012〕12 号)，进一步明确了社区矫正的管理体制、执行机关、执法权限、执法责任，规范了矫正措施和执行程序，明确了各部门的分工和配合制度等一系列问题。2012 年 1 月 17 日，最高人民法院发布《关于办理减刑、假释案件具体应用法律若干问题的规定》，对社区矫正人员减刑的条件、程序等问题进一步予以明确。2012 年 3 月 14 日，第十一届全国人民代表大会第五次会议通过《关于修改〈中华人民共和国刑事诉讼法〉的决定》，根据修正的《中华人民共和国刑事诉讼法》第二百五十八条规定：“对被判处管制、宣告缓刑、假释或者暂予监外执行的罪犯，依法实行社区矫正，由社区矫正机构负责执行。”该规定再一次确认了社区矫正制度，明确规定社区矫正由专门的机构负责执行，从而进一步完善了社区矫正制度。2012 年 5 月 25 日，司法部印发了《社区矫正执法文书格式》的通知，规范了“社区矫正宣告书”“社区矫正人员外出(居住变更)审批表”“警告决定书”“撤销缓刑建议书”“解除社区矫正证明书”等20种社区矫正执法文书的格式，满足了社区矫正执法工作的需要。①

（二）矫正社会工作发展概况

1. 社区矫正社会工作法律制度正在逐步建立

社区矫正在国家正式法律规范中的地位，是通过2011年《中华人民共和国刑法修正案（八）》，对刑法第三十八条（管制的执行）、第七十六条（缓刑的执行）、第八十五条（假释的执行）的修改，以及2012年《中华人民共和国刑事诉讼法》修正案中对第二百五十八条“对被判处管制、宣告缓刑、假释或者暂予监外执行的罪犯，依法实行社区矫正，由社区矫正机构负责执行”确定的。尽管这两个正式法律文本中，并没有专门表述社区矫正社会工作，但是也为社区矫正社会工作的开展和深入发展提供了法定的路径保障。②

在当前全面推进依法治国的背景下，在党和国家建设法治政府的努力下，在理论界的长期呼吁下，为了在社区矫正领域更好地做到有法可依、合法行政，党的十八届四中全会中提出了“制定社区矫正法”的要求。

虽然社区矫正法尚未正式出台，但是我们欣慰地看到，在之前司法部公布的《中华人民共和国社区矫正法》草案送审稿的第二章第九条第三款：社会工作者、志愿者在社区矫正机构组织下，协助开展社区矫正工作。这是司法部对社区矫正社会工作参与社区矫正予以明确化、法定化作出的努力，也让我们对即将出台的社区矫正法明确社区矫正社会工作的地位和职责充满期待。

2. 社区矫正社会工作相关政策和规范性文件逐渐完善

随着司法部一系列规范性文件的出台，社区矫正社会工作得以产生。2003年“两院两部”《关于开展社区矫正试点工作的通知》正式印发，社区矫正制度开始设立（并没有提及社区矫正社会工作）。2005年出台的《关于扩

① 高莹：《社区矫正工作手册》，法律出版社2011年版，第14—16页。

② 王锡豪：《社区矫正社会工作现状、问题与对策研究——以山东省J市为例》，山东大学2016年硕士学位论文，第15-19页。

大社区矫正试点范围的通知》首次提及社区矫正工作要运用社会工作方法。2009年《关于在全国试行社区矫正工作的意见》中规定:“建立健全社会工作者和社会志愿者的聘用、管理、考核、激励机制,切实加强社区矫正工作队伍的培训,提高队伍综合素质,提高做好社区矫正工作的能力和水平。”首次在正式的文件中指出社区矫正要发挥社会工作者的作用。2012年出台的《社区矫正实施办法》明确指出“社会工作者和志愿者在社区矫正机构的组织指导下参与社区矫正工作”,首次明确了社会工作者在社区矫正中的地位。可以预见的是,在我国社区矫正制度体系的逐步完善下,更多与社区矫正社会工作的相关政策和规范性文件也将陆续出台。

3. 社区矫正社会工作队伍建设初见成效

自2012年《社区矫正实施办法》正式确认社区矫正社会工作者参与社区矫正工作的主体资格以来,越来越多的专业社会工作者成为社区矫正专职社工并积极投身到社区矫正中来。据司法部的数据显示:截至2014年,全国从事社区矫正工作的社会工作者共有8.3万人。

在社工人员的配置比例方面:武汉市面向社会公开招聘了163名社区矫正专职社会工作者,达到了每个司法所各配备1名的目标;[①]江苏省专职社工3 247人,与社区服刑人员比例达到1∶15;[②]天津市努力实现招录社区矫正社工与社区服刑人员数量1∶15的比例,四川省的目标是达到社区矫正社会工作者与社区服刑人员1∶10的配备比例;内蒙古自治区各盟市、旗县(市区)社区矫正支队和大队基本达到了3名工作人员,司法所至少1名工作人员专职从事社区矫正工作。

进一步扩大社区矫正社会工作者招录人数已经成为各省(自治区、直辖市)司法行政部门的共识。地方各级司法局作为社区矫正社工的直接管理者,都普遍增加了社工的招聘人数:重庆市长寿区司法局在2015年招聘非

① 2012年4月2日在武汉市第十三届人大常委第二次会议,《武汉市人民政府关于社区矫正及安置帮教工作情况的报告》。

② 江苏社区矫正工作十年实践成效与启示,http://www.chjzxc.com/index.php/Article/info/id/2204.html。

在编社区矫正社会工作者 7 名；2015 年，杭州经济技术开发区管委会司法局招聘社区矫正社工 4 名；2015 年，安徽淮北烈山区社区矫正专职社会工作者招聘 15 人；等等。社区矫正社工的招聘已经成为各地司法局人员招聘的一项重要内容。

为促使新晋的社区矫正社工尽快适应工作角色，提升社区矫正社会工作的业务能力和水平，各地司法系统举办了大量的不同类别、不同层次的业务培训班，这使得社区矫正社工能够更好地对服刑人员提供专业性的服务。

4. 社区矫正资金投入增长迅速，资金来源逐步制度化

截至 2014 年，全国社区矫正经费达 11.38 亿元，比 2013 年增加了 1.44 亿元。[①] 充足的资金投入和相对确定的资金来源渠道是社区矫正社会工作顺利持续开展的前提。在国家层面，财政部、司法部制定了《关于进一步加强社区矫正经费保障工作的意见》，间接保障了社区矫正社会工作的经费来源。在地方层面，各地普遍通过制定政策，确保社区矫正资金能够专款专用，如江苏省财政厅、司法厅制定了《江苏省省级社区矫正专项资金管理办法》；陕西省财政厅、陕西省司法厅下发了《关于进一步加强社区矫正经费保障工作的通知》；等等。司法部 2016 年部门预算社区矫正经费为 356 万元，与 2015 年持平。各地司法行政部口已经开始将社区矫正经费作为司法厅(局)预算的独立部分，纳入地方财政年度预算，如 2016 年深圳市司法局社区矫正专项预算为 437 万元；北京市司法局 2016 年社区矫正专项预算达到 85.85 万元；江西省司法厅 2016 年社区矫正专项预算为 60.81 万元；广西壮族自治区司法厅 2016 年社区矫正支出预算为 100 万元。

地方各级司法行政部门普遍加大了对社区矫正的专项投入。对服刑人员的经费投入方面，如天津市的 11 区达到了按每名社区服刑人员每年不低于 2 500 元的经费标准；阜阳市司法行政部门社区矫正经费按照每名社区服刑人员每年 1 500 元标准落实；陕西省社区矫正业务经费保障标准按照社区服刑人

① 去年全国新收 48 万社区服刑人员，净增 5.1 万，http://legal.people.com.cn/n/2015/0421/c188502-26882365.html，人民网 2015 年 4 月 21 日。

员每人每年2 000元保障，且按照省级财政负担600元，市级财政负担400元，县级财政负担1 000元的三级政府共同保障的形式；河南省社区矫正经费财政预算最低保障标准由社区服刑人员每人每年1 600元提高至不低于2 000元；内蒙古自治区按照每名社区服刑人员每人2 000元的标准列入预算。在拨付专项资金方面，如湖北省财政厅拨付恩施土家族苗族自治州社区矫正专项资金70万元；内蒙古自治区司法局拨付社区矫正设备补助专项经费500万元；广西壮族自治区司法厅落实2014年、2015年自治区补助地方社区矫正工作经费共计4 000万元，2016年补助的2 000万元也已拨付到位。

5. 政府正逐步加大社区矫正社会工作服务购买力度

政府购买社会工作的专业服务日益常态化，但是最初主要集中在社区建设、居家养老、青少年发展、残障人士服务等诸多方面。近几年在购买社区矫正社会工作服务领域的投入普遍加大，全国专职社区矫正社工聘用预算经费达到3.43亿元。当前各省（自治区、直辖市）主要通过购买社区矫正社会工作服务，使大量的专业社会工作组织可以通过提供专业服务的方式参与到社区矫正中来。如上海市社区矫正管理局在2016年通过项目招标的方式，向上海市社会帮教志愿者协会购买150万元的社区矫正社会工作服务；广州市司法局制订了《广州市司法社会工作项目体系建设实施方案》，每年投入2 000万购买社会工作服务，每名社工的购买服务经费按每年10万元确定；浙江省在2015年共有11个地市48个县（市、区）试点政府向社会力量购买社区矫正服务，覆盖率达53.3%；湖南省司法厅依照《2014年政府购买社区矫正服务实施方案》，自2014年11月起在14个市（州）进行政府购买社区矫正服务的试点。

第二节　江苏省社区矫正发展概况

2003年7月，根据全国统一部署，江苏省成为首批开展社区矫正试点的

6个省(市)之一。江苏社区矫正工作历经了局部试点(2003年10月—2004年12月)、全面试点(2005年1月—2005年12月)、深化试点(2006年1月—2009年12月)和规范提升四个阶段,率先采用了电子定位监管、分类教育和心理矫正、社会化帮扶等措施,较好地完成了对社区服刑人员监督管理、教育矫治和帮扶回归的任务,实现了社区矫正执法程序规范、流程标准和制度完备,社区矫正工作组织领导、机构队伍、经费保障有力到位的目标。10年来,全省累计接收社区服刑人员23.4万人,解除矫正18.9万人,目前在册4.5万人,重新犯罪率始终控制在1‰以下,好于全国平均水平。①

一、局部试点(2003年10月—2004年12月)

(一) 概况

2003年7月,"两院两部"《关于开展社区矫正试点工作的通知》下发后,江苏省委、省政府于2003年10月以省两办的名义转发了省司法厅《江苏省社区矫正试点工作方案》,选择南京、苏州、连云港3个市的6个县(市、区)24个乡镇(街道)开始试点。同年12月又以省委、省政府名义召开了江苏省社区矫正试点工作部署会议,确立了"党政领导、政法牵头、司法为主、部门联动、社会参与、分工负责、相互配合"的试点工作思路,江苏社区矫正工作正式开始试点。

2004年江苏省社区矫正工作领导小组办公室印发《江苏省社区矫正教育工作规定(试行)》《江苏省社区矫正对象档案管理规定(试行)》《江苏省社区矫正工作者职责(试行)》《江苏省社区矫正工作纪律(试行)》,为全省社区矫正工作提供政策支持。

(二) 此阶段的主要经验

关于局部试点的经验总结,沈思新、沈峥嵘(2005)指出,各地在试点工作中要认真贯彻省委、省政府部署要求,切实加强组织领导,全面落实各部

① 丁国锋、袁诚、张全连:"江苏社区矫正工作十年实践成效与启示",载《法制日报》2014年7月8日。

门工作责任，加大对试点工作的责任考核力度，加强对试点工作的各项保障，加强工作队伍的建设，以求真务实的精神、脚踏实地的作风，切实抓好试点工作中组织、制度、保障等各个环节的落实，为试点工作提供后续发展的动力。必须以现行法律制度为规范，积极稳妥地推进社区矫正试点工作；以现行运作机制为基准，建立起公检法司等各部门共同推进，相关部门大力支持、密切配合、通力协作，全社会广泛参与的社区矫正工作格局；以加强队伍建设为根本，尽快培育一支职业化、专业化的社区矫正工作队伍；以成功的试点经验为引导，努力提高矫正质量，维护社会稳定。①

沈利、郇习顶(2005)指出，江苏省法院将社区矫正视作一种有别于传统监狱矫正的新的行刑理念和行刑方式，视作对现行的监禁刑为主执行方式加以变革的有力措施；更新刑罚理念，将尊重和保障人权的观念引入行刑领域，注重行刑的社会效果，并以此统一审判人员思想，指导刑事审判实践，稳妥推进社区矫正试点工作。江苏省法院对现有法律规定可以进入社区矫正的五种罪犯(即被判处管制、被宣告缓刑、被暂予监外执行、被裁定假释的、被判处剥夺政治权利并在社会上服刑的罪犯)，在试点中如何正确适用和把握，进行了调研和指导。②

齐学锦(2005)认为，江苏省积极构建多层面、宽幅度、覆盖所有试点地区、职能部门的社区矫正工作网络社区矫正的组织网络，已经初步形成政法委员会组织牵头，司法行政机关具体实施，公安、法院、检察院、司法紧密配合，各有关部门积极参与、共同运作的工作机制，并将制度建设作为重要的基础工作来抓，坚持以制度化规范试点工作，以规范化推进试点工作在制度设计上，确立了三项原则：一是对刑事法律的执行，全省高度统一；二是对矫正对象的管理监督，全省高度一致；三是对矫正对象的帮助教育，允许各地存在差异。鼓励各试点地区按照社会化、人性化的要求，运用当地资源，探

① 沈思新、沈峥嵘："依法探索江苏特色社区矫正之路"，载《新华日报》2005年2月26日。

② 沈利、郇习顶：《江苏省法院参与社区矫正工作之若干经验总结》，法律适用2005年版，第12—13页。(此文被刘强：《社区矫正评论(第一卷)》，中国法制出版社2011年版收录。)

索创新。[①]

综上所述，江苏省在局部试点的经验可以概括为：在社区矫正工作局部试点阶段，省委、省政府给予了大力支持，各试点积极配合社区矫正工作，运用当地资源探索创新，为全面试点工作打下良好基础。

（三）局部试点阶段出台的主要政策法规

《省委办公厅、省政府办公厅转发省司法厅关于〈江苏省社区矫正试点工作方案〉的通知》（苏办发〔2003〕22号），《江苏省社区矫正试点工作实施意见》（苏社矫〔2004〕1号），江苏省社区矫正工作领导小组关于印发《江苏省社区矫正工作流程（试行）》的通知（苏社矫〔2004〕2号），关于印发《江苏省社区矫正教育工作规定（试行）》等四个规章制度的通知（苏社矫办〔2004〕6号）（具体文件是《江苏省社区矫正教育工作规定（试行）》《江苏省社区矫正对象档案管理规定（试行）》《江苏省社区矫正工作者职责（试行）》《江苏省社区矫正工作纪律（试行）》）。

二、全面试点（2005年1月—2005年12月）

2005年2月，江苏省再次以省委、省政府名义召开了全省社区矫正扩大试点工作部署会议，在全国率先将社区矫正试点范围扩大至全省。同年3月，省两办转发省社区矫正工作领导小组办公室《关于在全省开展社区矫正试点工作的意见》，为全面试点拉开序幕。一是将社区矫正工作纳入当地经济社会发展的总体规划，纳入各成员部门总体工作规划，并由主要领导担任试点工作第一责任人；二是省委政法委已将社区矫正试点工作列入今年全省社会治安综合治理考核内容，通过目标考核机制，形成严格的责任追究制度；三是利用主流媒体全面、准确宣传社区矫正，为试点工作的开展营造良好的舆论氛围和社会环境；四是加大对社区矫正工作财力投入，将社区矫正经费列入年度财政预算，为社区矫正部门特别是司法所配备急需的办公、交

① 齐学锦："春华秋实——来自江苏省社区矫正试点工作的调查"，载《人民调解》2005年第1期。

通、通信等基础设施。这一年基本上参考局部试点的经验，在全省试点。

三、深化试点(2006年1月—2009年12月)

(一) 概况

2006年3月，江苏省社区矫正工作领导小组办公室、省司法厅在全省确立了20个省级社区矫正试点工作示范区。此后两年，各示范区共建立教育基地225个、公益劳动基地496个、就业基地114个，组织公益劳动296 357人次，帮困解难9 754人次，提供帮扶资金103万元。组织集中教育176 970人次，个别谈话教育237 046人次，共开展行政奖励1 935人次，探索性地开创司法奖惩工作，先后减刑49人、假释1人，形成了社区矫正工作的江苏特色，走在了全国的前列。① 从2006年起，江苏省就开始探索建立了刑事案件未成年被告人审前调查制度，由司法行政机关下属的社区矫正机构对拟判处缓刑、管制的刑事案件未成年被告人的危害社会行为背景因素进行调查分析，对其是否具有再犯罪危险性、是否适用非监禁刑罚措施出具评价意见，后推广到成年人。2009年开始江苏省又建立起罪犯假释前环境评价制度，对所有拟假释的罪犯进行评估，由地方社区矫正机构出具意见。这两项制度的推行，在一定程度上把住了社区矫正适用的"入口关"，有效降低了社区矫正工作风险。2013年，全省累计完成审前调查案件18 674件，假释前环境评估6 787件，法院采信率达到92%。

2008年《江苏省省级社区矫正专项资金管理办法》出台，把社区矫正工作经费纳入各级财政预算，明确并细化了社区矫正经费开支范围。从2008年建立社区矫正专项资金保障机制至今，省级财政已累计拨付3.27亿元，各市、县(区)按照相应比例进行配套，累计投入经费超过13亿元。

从2009年起，江苏省积极推动县(市、区)社区矫正管理教育服务中心互联网基础设施建设，用三年时间在98个县(市、区)全部建成信息中心，打造

① 郑弋、朱凤达："彰显社区矫正的江苏特色"，载《江苏法制报》2008年5月12日。

成一线实战平台。信息中心除了社区矫正工作人员外，还协调公安、检察院、法院派员，协同做好社区服刑人员监督管理、教育帮扶等工作，会同公安机关对脱管脱逃人员进行追逃，缓解了基层工作人员力量不足的困难。

（二）此阶段的主要经验

江苏省按照"增强矫正工作的整体力量、构建科学的矫正体系、推动矫正工作的理论研究、培育社区矫正的工作亮点"的要求，大力推进社区矫正工作"五大"体系建设：全面开展评审修订工作，构建社区矫正制度体系；以增强管控能力为重点，建成社区矫正安全保证体系；全面总结系统提炼，建立社区矫正方法体系；组织实施评估应用研究，逐步建立社区矫正评估体系，以及加大协调工作力度，完善社区矫正工作保障体系（蒋德，2006）。①

2006 年 3 月，江苏省社区矫正工作领导小组办公室、省司法厅在全省确立了 20 个省级社区矫正试点工作示范区。此后两年，各示范区共建立教育基地 225 个、公益劳动基地 496 个、就业基地 114 个，组织公益劳动 296 357 人次，帮困解难 9 754 人次，提供帮扶资金 103 万元。组织集中教育 176 970 人次，个别谈话教育 237 046 人次，共开展行政奖励 1 935 人次，探索性地开创司法奖惩工作，先后减刑 49 人、假释 1 人，形成了社区矫正工作的江苏特色，走在了全国的前列。各地进一步加强省级示范区建设，带动整个地区社区矫正工作平稳发展，逐步提高社区矫正工作的整体水平；各示范区要大力提高探索创新能力，对省一级课题研究成果率先进行试验、实践，形成具有江苏特色的社区矫正制度。②

综上所述，江苏省在深化试点的经验可以概括为：全面总结系统提炼，建立社区矫正方法体系，充分发挥指导管理社区矫正工作的职能作用，以社区矫正规范化建设为重点，全面推动社区矫正工作深入开展。着力加强社区矫正重大理论与实践问题研究，促进理论研究工作持续深入开展，认真研究社区矫正工作面临的热点难点问题，改革和完善社区矫正法制建设服务，

① 蒋德："江苏构建社区矫正五大体系"，载《法制日报》2006 年 11 月 12 日。
② 郑弋："彰显社区矫正的江苏特色"，载《江苏法制报》2008 年 5 月 12 日。

促进社区矫正进一步严格执法、健康发展。

(三) 深化试点阶段出台的主要政策法规

《江苏省财政厅、江苏省司法厅关于做好社区矫正经费保障工作》的通知(苏财行〔2006〕3号),江苏省财政厅、江苏省司法厅关于印发《江苏省省级社区矫正专项资金管理办法》的通知(苏财行〔2008〕31号),江苏省社区矫正工作办法(自2008年3月1日起实施)。

四、规范提升(2010年至今)

(一) 概况

2012年11月,江苏省专门发文要求县级以上地方人民政府建立社区矫正经费保障制度,按照社区服刑人员数量核定社区矫正经费;省财政对县(市、区)社区矫正工作进行补助;县(市、区)人民政府和乡镇人民政府、街道办事处为社区矫正工作提供场所、配备必要的设施和装备。

(二) 此阶段的主要经验

江苏省委、省政府高度重视这项工作,将其作为构建和谐社会的重要内容和创新社会管理的重要课题,积极构建完善的组织网络和经费保障机制,为社区矫正工作健康有序发展提供了有力组织保证和物质支持。截至2010年11月底,全省累计接收社区服刑人员131 849人,按期解矫87 365人,社区服刑人员重新犯罪率为0.8%,有力地维护和巩固了全省和谐稳定大局。[①](朱凤达,2010)

自2005年6月开展社区矫正工作以来,江苏省句容市积极探索对社区服刑人员实施监管教育的有效方法。为进一步提升矫正质量,强化社会效果,句容市于2006年11月启动了刑事案件被告人的审前调查工作,以供量刑时参考。刑事案件被告人审前调查工作,不仅为法院庭审量刑提供了参考建议,也增强了社区矫正的执行效果。[②](陈广念,2010)

---

① 朱凤达:“全国社区矫正研讨会推广江苏经验”,载《新华日报》2010年12月30日。
② 陈广念:“突出审前调查作用提升社区矫正质量”,载《人民调解》2010年第11期。

近几年来，江苏省级财政累计投入1.88亿元，为全省社区矫正工作的开展提供了强有力的财力支撑。到2011年底，全省所有县(市、区)司法局将全面建成并实现社区矫正管理教育服务中心的标准化建设、规范化管理和科学化运作。省级社区矫正专项资金的投入，促进了对社区服刑人员的监督管理。各地借助省级专项资金，创建了一批集监管、教育和帮扶为一体的新型教育矫正载体。目前，全省共建立警示教育基地1 468个，公益劳动基地2 323个，培训就业基地1 372个。特别是2009年以来，全省发挥省级专项资金的集中优势，在全国首创县(市、区)社区矫正管理教育服务中心建设，有效整合县(市、区)范围内的工作力量和社会资源，被司法部充分肯定并在全国推广。此外，专项资金有效促进了社区矫正工作队伍的建设。全省县(市、区)司法局和乡镇(街道)司法所借助省级专项资金，统一招聘了一批专门从事社区矫正工作人员，增强了社区矫正工作力量，提高了社区矫正工作整体水平。① (吴红萱，2011)

杨学农(2013)这样总结"江苏经验"：强化政策制度保障推进社区矫正工作法制化、把握刑罚执行规律推进社区矫正工作规范化、创新矫正方法载体推进社区矫正工作科学化、搭建专门机构队伍推进社区矫正工作专业化。②

丁国锋(2014)认为，江苏省社区矫正工作十年实践的成效包括充分应用好信息化科技手段彰显了对矫正对象实现有效管控技术优势，突出分类教育和心理矫治彰显了对社区服刑人员教育改造政策优势，适应性帮扶达到预期目标彰显了对社区服刑人员回归人文关怀优势。十年实践的启示包括制度规范政府保障部门配合成为保障江苏社区矫正工作可持续优势，制度建设地方立法为社区矫正工作提供法制保障，完善经费保障制度为社区矫正工作提供了坚强后盾，政法机关协同配合实现矫正执法工作无缝衔接，

---

① 吴红萱："江苏社区矫正工作勇当'排头兵'"，载《中国财经报》2011年7月28日。

② 杨学农：《江苏社区矫正的实践探索与创新发展》，江苏省第八届学术大会学会专场论文哲学社会类论文汇编，2014年，第4页。

加强机构队伍建设为社区矫正工作提供有力组织保障。

综上所述，江苏省在规范提升阶段的经验可以概括为：社区矫正在我国是一项新生事物，没有现成的经验可供借鉴，没有现成的制度可供效仿。在我国做好这项工作，必须立足现有的法律框架，党和政府重视、支持，结合实际情况，走法制化道路。

（三）规范提升阶段出台的主要政策法规

为了进一步规范社区矫正工作，江苏省陆续出台了《关于进一步推进县（市、区）社区矫正教育矫正中心（基地）建设的意见》（苏司通〔2009〕90 号）；《关于印发〈江苏省省级社区矫正工作示范区建设标准（试行）〉的通知》（苏社矫办〔2010〕2 号）；《社区矫正实施办法》（2012）；《江苏省社区矫正工作条例》（2014 年 1 月 16 日江苏省第十二届人民代表大会常务委员会第八次会议通过）；《关于组织社会力量参与社区矫正工作的实施意见》（苏司通〔2015〕64 号）等相关文件。《最高人民法院最高人民检察院公安部司法部关于进一步加强社区矫正工作衔接配合管理的意见》（2016）的颁布，这些政策法规对社区矫正工作的有序进行提供了制度保障。

第三节　社会工作介入社区矫正的相关理论

鉴于社区矫正这一特殊领域，给社会工作介入过程提出了挑战，我们采用理论与项目实践相结合的方式，配合大量项目经验翔实的案例，尝试用社会工作相关理论引领实务介入。主要涉及的社会工作常用理论有以下几个。

一、家庭治疗理论

家庭治疗以家庭为单位，从系统观入手，着重研究人际关系和互动对个体心理问题的影响，通过干预减轻或消除症状。家庭治疗有其适应征，可以弥补社区矫正个体心理矫治的不足。[①]

家庭治疗是以家庭系统观为前提实施心理治疗的方法，从症状者的身心问题入手，采取家谱图、循环提问等方式，分析症状的成因及其与家庭互动的关联，通过改变家庭原有不良模式等，探索减轻或治愈家庭成员心身及行为症状的方法。家庭治疗与个体治疗都是一种理解人类行为的方式，个体治疗更聚焦个体的心理成长与发展，虽然也强调来自家庭的深刻影响，但这些影响业已内化，故治疗应直接对应个体的内在动力；家庭治疗则致力于改变家庭内部组织结构，基于循环因果的理论前提，每个家庭成员的改变都会对整个家庭带来影响。

二、社会支持网络理论

社会支持网络指的是个人与社会之间的接触，通过这些接触，个人得以维持社会身份并且获得情感支持、物质援助和服务、信息与新的社会接触。根据社会支持理论，一个人所拥有的社会支持网络越强大，就能够越好地应对各种来自环境的挑战。个人所拥有的资源可以分为个人资源和社会资源。个人资源包括个人的自我功能和应对能力，社会资源是指个人社会网络中的人所能提供的社会支持功能的程度。以社会支持理论为取向的社会工作，强调通过干预个人的社会网络来改变其在个人生活中的作用。特别对那些社会网络资源不足或者利用社会网络的能力不足的个体，社会工作者致力于给他们提供必要的帮助，帮助他们扩大社会网络资源，提高其利用社会网络的能力。

社区矫正人员的社会融入存在着社会功能的弱化甚至消失、社会支持网络不足等问题。社会支持网络对矫正人员应对生活困难，解决生活中遇到的问题，摆脱心理困扰，减少社会排斥，促进身心健康和提高生活质量起着重要的调节作用。[②] 社会工作者帮助矫正人员挖掘社区资源，充分利用社

---

① 徐超凡："家庭治疗在社区矫正中的功能和实现"，载《河北法学》2017年第4期。

② 霍立珠："社区矫正对象的社会排斥与社会工作介入"，吉林大学2013年硕士学位论文。

区的便利条件，为矫正人员争取应有的权利。社会工作者组织社区居民和矫正对象共同参加社区活动，增强彼此了解，消除排斥心理，为社区矫正人员建立良好的社会人际关系支持网络。

三、生态系统理论

社区矫正是社会生态系统理论框架下的一种新的社会工作实践模式，该理论强调从人与环境的互动出发去解决实际问题。①

社会生态系统理论分析问题的出发点不是有问题的个人本身，而是聚焦个人与其生活环境之间的相互影响和相互联系，社会生态系统理论为我们深入理解人与社会环境的复杂联系提供了重要的理论参考，有助于我们从社会工作的视角逐步改变或完善使人类行为得以产生的各种微观、中观、宏观系统。社区矫正应该把个人与环境的构成状况作为介入的焦点，将矫正人员置于该群体形成、发展的整个系统中，以优势视角去整合各种社会资源，结合社会工作的基本理念，强调从人与环境的互动出发去构建新型的社区矫正介入模式。本书以社会生态系统理论视角来分析社区矫正的介入，以期为和谐社区的建设和发展提供有益的借鉴。

四、增能理论

“增能”一词的使用可以追溯到20世纪70年代，当时美国哥伦比亚大学的学者Solomon提出对被歧视的美国非洲裔黑人增能，从而把增能注入了社会工作甚至社区工作的议程。20世纪90年代以来，增能已成为社会工作领域提倡的重要价值观念和工作模式之一。增能是个人在与环境的积极互动过程中，获得更大的对生活空间的掌控能力和自信心，以及促进环境资源和机会的运用，以进一步帮助个人获得更多能力的过程。

在现实生活中，由于社会利益的分化和制度安排的原因，处于社会底层

① 付立华：“社会生态系统理论视角下的社区矫正与和谐社区建设”，载《中国人口·资源与环境》2009年第4期。

或社会边缘的弱势群体，总是缺乏维护和实现自我利益主张的能力。如果要改变这种状况，就必须增强他们的能力。社会工作所关注的能力发展不仅是指技术性能力，还指在现实社会中生活的能力。社区服刑人员属于特殊群体，被剥夺人身自由和权利。由于社区服刑人员身份的特殊性，导致他们无法享有公民的基本权利。社会工作的理念是助人自助，社会工作者不仅要帮助社区服刑人员解决困难，而且要帮助他们增强能力以应对各种挑战，即帮助他们增强战胜困难的能力，以达到自助。① 社区服刑人员能力的提高不但有利于解决现时的苦难，而且对于克服未来社会生活中的困难也有帮助，从而更好地融入社会。

① 霍立珠："社区矫正对象的社会排斥与社会工作介入"，吉林大学 2013 年硕士学位论文。

第二章　社区矫正实务调研状况分析

在第一章对国内外社区矫正总体梳理的基础上，本章针对我们进行本土化社会工作介入的实践落脚地——江苏省徐州市展开调研分析。如果说前一章内容在于知彼，那么这一章就意在知己。作为江苏省开展社区矫正工作的第二批试点单位，徐州市于2005年正式铺开社区矫正工作。徐州市司法局紧密围绕中央和省司法部门的相关要求，以社区矫正科为龙头，紧密围绕减少和控制重新犯罪的目标，积极探索、锐意创新，在开展社区矫正的实践中，摸索出调查评估听证和调查评估合议制工作方法，推进了社区矫正调查评估制度化，做好了社区矫正的入口工作。与此同时，市级和县（市）、区相继成立社区矫正工作机构，各级社区矫正机构严格执法，为社区矫正工作的开展提供了组织保障。在此基础上，徐州市采用岗位购买的方式将社会工作引入社区矫正中，专职社工协助社区矫正执法人员开展矫正活动，充分利用感化教育和公益教育等手段以促进社区矫正目标的实现。此外，徐州市司法部门积极引入社会力量服务社区矫正工作，并动员社区矫正人员建立起四支公益团队，在促进社区服刑人员思想矫正的同时，也取得了良好的社会效果。正是在此背景下，为了更好地服务社区矫正这一特殊领域，同时为了更加全面地了解徐州市社区矫正社会工作的发展现状，我们采用了文献研究法、深度访谈法、问卷调查法和参与观察法，对徐州市社区矫正工作及社区服刑人员的需求进行了前期调研及评估，一方面客观评估徐州市社区矫正工作的需求，另一方面评估社区服刑人员的需求，为后期开展社会工作服务奠定基础。

第一节　徐州市社区矫正概况

2003 年我国正式开始社区矫正工作的试点，[①]首先以北京、上海、天津、江苏、浙江、山东六个省市为试点省市。两年之后，再次发布《关于扩大社区矫正试点范围的通知》(司发〔2005〕3 号)，加大对社区矫正的推广力度。徐州市作为江苏省社区矫正的重点城市之一，承担了大量社区矫正的任务。在此后的发展历程里，徐州市在社区矫正工作方面做了许多尝试与创新，在社会工作介入社区矫正方面做出了新探索。

一、践行“宽严相济”的社区矫正理念

社区矫正工作不能等同于监禁刑中单一的“严”，应秉承“宽严相济”的社区矫正理念，明确社区矫正的目的是做好社区矫正工作的前提。社区矫正的目的与刑罚的目的有相似性，但也存在差异。社区矫正的目的具有层次性，直接目的是兼具惩罚和改造罪犯目的，更多是一般威慑和转变观念，预防犯罪和保护公众。

徐州市社区矫正工作秉承社区矫正“宽严相济”的理念，在惩罚和改造

① 2003 年 7 月，最高人民法院、最高人民检察院、公安部、司法部联合发布《关于开展社区矫正试点工作的通知》(司发〔2003〕12 号)，以下简称“两院两部”。

服刑人员、预防犯罪、保护公众的过程中做出了尝试性的探索。

1. “严”管理

2006年，徐州市司法局制定了《徐州市社区矫正对象处罚办法(试行)》，立场鲜明地表示社区矫正要以控减重新犯罪为首任，加强监督管理。

一是强化安全意识，做好预警防范。针对控减重新犯罪社区矫正首要任务，市级机关要求各级社区矫正机构，牢固树立安全是第一要务的刑罚执行意识。精心组织对重点人员监管状况专项排查，对职务、金融、涉黑三类人员减刑假释案件专项检查，以及对服刑人员特困家庭子女和残疾人服刑人员生活状况调查等，要求各地及时掌握易发生问题的家庭和服刑人员的监管情况和生活状态，并根据不同人员的情况做出预判，并制订应对方案和帮扶措施，确保帮扶救助到位和监管安全。二是落实分级管理，增强对社区服刑人员的管理和控制。利用重新犯罪风险评估机制对社区服刑人员划分风险等级，锁定重点人员，实施分类管理，增强监管措施的针对性。三是尝试在全市推广指纹考勤和面部识别系统，有效防止冒名顶替和脱管漏管现象发生。四是全面细致排查，加大追逃力度。

2. “宽”帮扶

一是实施心理干预，促进健康心理养成。其间，徐州市司法局与徐州市心理卫生协会签订社区矫正心理咨询服务战略合作协议，和徐州医学院联合开办社区矫正心理咨询师培训班，受训学员52人。同时，借助市心理卫生协会专业力量，跟踪记录社区服刑人员心理变化和心理转化过程，针对不同情况实施心理干预，预防偏激行为的发生。二是注重教育形式多样性。在教育上，采取集中教育、巡回教育与个别教育相结合，编写系列辅导教材，制作音频、视频及PPT教育资料，有针对性地开展教育矫正，取得了较好的效果。三是积极开展走访活动，掌握社区服刑人员的思想状况及家庭情况，针对家庭陷入困境的社区服刑人员，协调社会各部门，对其开展救助。四是以融入社会为目的，加大帮扶力度，促进实现安居乐业。通过开展黄丝带感化帮扶行动、春风行动、特困服刑人员子女救助向日葵行动等，实施“知识技能救助、法律救助、困难救助、心理疏导救助、行为形成救助”五项救助，解决服刑人员面临的实际困难。

二、合理的制度安排

1. 逐步完善组织机构

徐州市作为江苏省社区矫正的第二批试点城市，徐州市各级党委、政府高度重视，迅速成立了由党政领导组织，多部门参加的社区矫正工作领导小组，并相继在市级和县(市)、区成立社区矫正工作机构。徐州市司法局下设社区矫正处，负责指导全市社区矫正工作，承担市社区矫正工作领导小组办公室的日常工作，负责社区服刑人员的教育矫正工作。至 2014 年，为加大推进社区矫正管理教育服务中心规范化建设进程，全市 10 个县(市)、区，已经成立 7 个社区矫正局(均无独立列编)，建立 10 个社区矫正管理教育服务中心，基本做到面积 200 平方米以上，各功能室设置齐全，并全部实现了社区矫正机构和管理教育服务中心合署办公。①

2. 建立了一支社区矫正队伍

根据《社区矫正实施办法》《江苏省社区矫正工作条例》等相关规定，徐州市已建立起的社区矫正队伍，由社区矫正执法工作者、社区矫正社会工作者组成，主力队员即社区矫正工作人员，辅之以社区矫正志愿者。同时徐州市司法局在社区矫正队伍的建设中积累了很多经验：一是社区矫正工作人员正规化管理。在具体实施中，按照公务员招录标准为执法队伍充实人才；严格执行社区矫正社工录用制度；组建高质量社区矫正志愿者队伍，吸收社会上有激情、乐于奉献的“五老”、大学生等人员加入。二是强化制度管理，明确工作权责，先后制定《徐州市社区矫正工作责任追究实施办法》《徐州市社区矫正社会工作者管理办法》《徐州市社区矫正志愿者管理办法》，转发省厅社区矫正权利清单、责任清单等规范。并通过考试、竞赛等方式，确保制

---

① 该数据来源于徐州市司法局社区矫正科内部资料。

度深入人心，实现了队伍管理科学化和权责明确化，执法活动和工作程序规范化。同时实行准军事化管理，扎实工作作风，健全考核机制，保证奖罚分明。三是以履职能力为载体，推进工作队伍专业化。强化业务培训，注重知识更新，为执法人员与社会工作者配发统一服装，规范执法人员的行为及用语。四是以发展专业技能为突破，推进工作队伍职业化。加强心理咨询人才培养，增加社工人才储备，注重专业化人才技能训练，联合中国矿业大学、徐州师范大学、徐州心理卫生协会、徐州鹏程社工服务中心等高校和社会组织，为专职社会工作者提供专业的培训。

3. 明确了矫正社会工作者队伍建设任务

《江苏省社区矫正工作条例》第二章“社区矫正机构和人员”的第十条明确规定了社区矫正社会工作者的职责，明确由县（市、区）人民政府公开招聘的社区矫正社会工作者，或是通过政府购买服务方式接受委托的社会组织派出的人员，并要求县（市、区）人民政府应当按照规定配备社区矫正社会工作者，保证社区矫正工作需要；第十一条规定县级以上地方人民政府司法行政部门应当开展社区矫正工作培训，提高社区矫正工作水平。徐州市司法部门通过讲座、考试等形式对专职社会工作者开展了培训，且培训时长远远超过江苏省规定的20—30个学时。

4. 配备了专项资金

江苏省对社区矫正的重视程度高，还表现在专项资金拨付方面。江苏省财政厅与江苏省司法厅发布《关于做好社区矫正经费保障工作的通知》（苏财行〔2006〕3号），强调社区矫正工作经费必须专款专用。2008年，江苏省财政厅与江苏省司法厅发布《关于印发〈江苏省省级社区矫正专项资金管理办法〉的通知》（苏财行〔2008〕31号），第七条规定“2008年省级社区矫正专项资金分别按苏南地区、苏中地区、苏北地区社区矫正对象每人每年750元、1 000元、1 050元进行补助，以后年度专项资金分配根据检查考核情况一年一定”。徐州市根据省财政厅苏财行〔2008〕31号文件精神，财政拨付人均1 050元，要求县（市、区）配套450元，徐州市铜山区（原铜山县）已按照标准实现了按社区矫正人员人头进行补贴。其他县(市、区)执行不一。

三、创新工作形式,多元并举,推动社区矫正工作

1. 率先对社区服刑人员进行调查评估

社区矫正适用前调查评估制度是指县(市、区)社区矫正工作部门(以下简称"矫正办")受人民法院、监狱、公安机关委托,对被告人和服刑人员的个人情况、家庭情况、社会表现等进行调查,提交书面调查评估报告,提出对被告人是否适用社区矫正的建议和意见的工作。在欧美一些国家,适用前调查评估不限于拟判社区矫正者,而是扩展至所有刑事案件,又称为"人格调查",是量刑的重要依据。[①] 审前调查制度的主要目的是通过调查,全面分析犯罪人的人身危险性,使对犯罪人是否适用社区矫正的评判能够建立在和犯罪人有关的、体现其再犯可能性的所有因素的综合评价上,以降低社区矫正的适用风险,为预防犯罪和矫正犯罪提供科学依据。[②] 2009 年开始,徐州市司法局与市中级人民法院、市检察院、两所监狱共同尝试开展假释环境调查和入狱现场庭审听证,取得了成功,并于次年在徐州监狱召开全省现场会。徐州市司法部门首先倡导并对社区服刑人员进行调查评估[③],即评估服刑人员是否适合接受社区矫正。评估其将要回归的环境以及在社区进行教育改造对其将来能否有效融入社会并降低重新犯罪率。徐州市各县(市、区)在此基础上,根据自身的发展特点规范了调查评估制度,为社区矫正和矫正社会工作的开展把好入口关。

铜山区在规范社区矫正调查评估工作中坚持"四字诀":"深"走访,规范调查方式;"细"调查,规范调查内容;"广"宣传,扩大知晓程度;"严"评估,确保评估公正,推进社区矫正调查评估规范化、法治化,保证社区矫正调查评估意见的客观公正,实现社区矫正与审判工作的有效衔接。2016 年,铜山区

---

① 吴军:"对社区矫正适用前调查评估的思考",载《法制与社会》2018 年第 1 期。

② 叶梅、沈雯:"浅析新形势下的社区矫正审前调查制度",载《法制与社会》2018 年第 2 期。

③ 中国法院网,徐州法院率先实现假释与社区矫正大对接纪事,http: //www. chinacourt. org/article/detail/2010/11/id/433908. shtml,2010 年 11 月 2 日。

参与缓刑假释调查评估共136件，其中监狱假释调查评估44件，本地法院审前调查评估92件，总体采信率达到98%，参与社区矫正的服刑人员无一人重新犯罪。[①] 丰县以创新方式培训调查评估员、实现调查评估标准化作业、统一司法所调查评估意见书格式及充分发挥合议小组的监督作用等四个举措，有效推动社区矫正调查评估向精细化转变。截至2016年8月19日，当年共开展调查评估案件316件，被委托机关采纳311件，采纳率为98%。[②]

2. 积极培育社会组织，推动社区矫正工作

由于社区矫正工作的特殊性，对社区服刑人员需要组织化矫正服务。如2014年与徐州心理卫生协会建立合作关系，对社区服刑人员的心理进行长期跟踪调查。2015年初，徐州市铜山区茅村镇成立了全市首家镇级社区矫正协会，该协会共吸纳个人会员55名、单位会员40家，妥善安排32名社区矫正人员顺利就业，帮助11名社区矫正人员子女就学，扶助5名困难矫正人员就医，多次为各村、事业单位做好社区矫正对接、监督管理工作提供指导。2015年8月，新沂市成立徐州首家社区矫正工作者协会，该协会通过政府购买、社会出资、个人捐助等形式开展工作，对社区服刑人员开展精细化管理和服务，实现监督管理和疏导矫治相结合，在购买社会服务、中介组织培养方面进行了有益的探索。2016年，徐州市社区矫正协会在市民政部门登记注册，正式成立。然后又相继有6个县(市、区)成立了社区矫正协会，建立了矫正帮扶基金，先后协调救助社区服刑人员困难家庭316户，落实低保142人次，拨付救助资金5.7万元，组织社区服刑人员参加各类技能培训2 493人次。

3. 发动高校社会工作专业力量介入社区矫正

徐州市社区矫正管理教育中心设立心理咨询室，借助当地高校资源，如徐州医学院心理咨询中心、中国矿业大学社会工作系等专业力量，为社区矫

① 中国铜山网，铜山区司法局“四字诀”规范社区矫正调查评估，http://www.zgts.gov.cn/xwzx/bdxw/ck1100/2016/07/14093734227.html，2016年7月14日。

② 徐州司法行政网，丰县四举措推动社区矫正调查评估向精细化转变，http://sfj.xz.gov.cn/sfj/gzdt/20160819/007_6b2608e3-5b55-4f25-8ad0-f56e476356e1.htm，2016年8月19日。

正对象实施心理救助，对有心理问题或心理危机的服刑人员进行心理辅导和干预。此外，徐州市司法局还与武汉理工大学社会工作专业师生合作，针对狱外青少年开展帮扶救助“天使之翼”公益活动，通过开展献血、联欢会、运动会、去孤儿院看孩子等活动，让服刑人员感受到尊重、平等和自我价值，收到了很好的反响并成功入围“首届大学生微公益大赛”重点项目。这为高校社工专业的学生以志愿者身份介入社区矫正树立了良好的典范，也彰显了社会工作理念的独特优势。

4. 引入社会工作专业机构介入社区矫正工作

江苏省作为国家首先试点的省份之一，一直在探索和创新社区矫正的形式。而徐州市作为江苏省的重要城市，承接了全省近三分之一的社区矫正任务。近年来徐州市积极探索社区矫正创新形式，公开招聘司法社会工作者开展社区矫正工作。虽然存在一些岗位、学历、管理模式等方面的不足，但这对于社区矫正而言，不失为一种创新尝试和进步。

社区矫正是一种刑罚执行活动，而社会工作是一项助人活动。二者有明显的区别。前者是将罪犯置于社区内进行改造，使其重新回归社会的刑罚执行活动，而后者是帮助人们解决个人、群体(尤其是家庭)和社区的问题，以调整社会关系、促进社会福利、巩固社会秩序的活动。因此社区矫正具有法律的严肃性和执法的严格性，它要求主体具备执法资格，刑罚执行必须符合相关的法律规定。而社会工作贯穿以人为本的人道主义，承担着帮助、教育和辅导的功能，要求社会工作者具备专业知识和方法，通过帮助和服务实现目标。①

社区矫正除了拥有刑罚和改造功能外，还有一项重要的功能，即向矫正对象提供帮助和服务。伴随社区矫正的推广，已经不能仅仅依靠政府机构的力量。这需要社会力量，尤其是具有专业知识和技术的社会工作者的介入，社会工作以其特有的助人自助理念和专业方法，充分利用专业资源，在

① 王丹丹、黎健：《社区矫正社会工作服务指南》，中国社会出版社 2017 年版，第 25 页。

社区内为罪犯提供帮助和服务。

基于国家政策和司法改革的需求，同时也是社区矫正工作的内容及对象面临扩大化的现实，以及在我国进行社区矫正的社区服刑人员大部分是缓刑假释人员，把他们安置在社区，有助于对他们的改造。而随着社会发展，曾经社区矫正对象（司法部统一称为社区服刑人员）的需求被弱化和边缘化，他们除了触犯了法律，要接受刑罚外，更是作为一个家庭的重要成员。他们的改造好坏，很大程度上，影响一个家庭是否完整，更是对社区、社会是否和谐的重要因素之一。因此，由专业人员引导，动员社会力量参与其中，对其形成一种合力，便是我们做项目适合的初衷与思考。

以项目为引导，从社会工作者的专业角度去考量当前社区矫正的工作内容，结合具体的环境和案例，评估社区服刑人员的需求及其后期展开的服务。同时对从事一线社区矫正的工作人员的工作内容进行分析和评价，通过理论与实践结合，形成一种先服务社区服刑人员，然后示范或引导社区矫正工作人员，最后整合社会工作者、社区矫正人员等社会力量的生态系统。

在此过程中，社会工作作为被国家认可的一种重要的社会职业，仍处于起步阶段。介入社区矫正领域，可谓一种新型的尝试。目前社会工作实务的开展主要还是经验性的，大量的一线社工通过具体工作的开展和经验的积累，总结了一套符合中国国情的社会工作智慧。然而高校社会工作专业的教学和一线社工的培训工作往往缺乏“接地气”的，具有本土特色的社会工作案例。

鉴于社区矫正工作的服务平台在社区，引入社会力量的参与，能够有助于社区服刑人员更好融入社会，也更有利于社会的稳定。在徐州市司法局的大力支持下，徐州市鹏程社会工作服务中心于 2015 年开展了以社区服刑人员家庭为切入点的“社区矫正人员家庭增能社工服务示范项目”。该项目运用增能理论，由专业社工人员为社区服刑人员开展了专业的社会工作服务。以此项目为延伸，徐州市鹏程社会工作服务中心积极申请了徐州市公益创投项目“‘尚善工程’徐州市矫正社会工作人才培训计划”，旨在通过为一线社区矫正工作人员进行社工技能和社工基础理论知识的专业培训，提升他们的专业能力。通过这两个项目化的运作，展示了向专业社会组织购买社工服务的探索与实践，促进了社区矫正社会工作在徐州市的进一步发展。

第二节　徐州市社区矫正存在的不足

一、社区矫正中社会工作介入的基础条件薄弱

（一）社区矫正惩罚性不足

从社区矫正工作的宏观层面来看，虽然社区服刑人员收监执行居于社区矫正过程的末端，但却是社区矫正过程中的重要部分。正是因为有了收监执行这一“终极武器”，才能震慑社区服刑人员，保障社区矫正工作的顺利开展。然而由于以下三点原因导致其收监执行无法顺畅进行，有碍法律的严肃性、公正性，而社区矫正的惩罚性难以充分体现，对其他社区服刑人员监管带来不利影响，加大了矫正社工开展服务的难度。

1. 收监执行流程不畅

当前社区矫正工作主要执行的指导文件——《社区矫正实施办法》对收监执行的规定为：人民法院裁定撤销缓刑、假释或者对暂予监外执行罪犯决定收监执行的，居住地县级司法行政机关应当及时将罪犯送交监狱或者看守所，公安机关予以协助。[①] 虽然指明由司法行政机关送交监狱，也要求公安机关予以协助，但是究竟协助到什么程度，在哪个阶段协助，是控制当事人，还是押送当事人，没有明确说明，也没有规定具体的操作细节，不适用于实际操作。加之公安机关自身治安保障任务繁重，往往抽不出更多警力专门协助社区矫正的执行。这样的现实情况使得社区矫正机构处于两难境

① 最高人民法院、最高人民检察院、公安部、司法部：《社区矫正实施办法》。

地，司法行政机关的工作人员并非警察，在抓捕抗拒收监的当事人时，若有所作为，既无法律依据，又无警械，存在严重人身安全危险；若不作为，则存在渎职风险。因此很多地方采取消极规避的态度，使严重违反社区矫正实施办法、抗拒管理的服刑人员的收监执行难以实现。

2. 多头领导影响执法效率

司法行政工作人员作为社区矫正的执行者无执法权，而公安干警身为有执法权的工作者不负责对社区服刑人员直接管理，因此一线社区矫正执法工作者遇到需要收监、撤销缓刑等问题需要向有关部门提交报告，而从报告接收、受理、审核、作出裁决需要一段时间，会严重拖慢工作进度。同时，由于过程较长、步骤烦琐，如果当地社区矫正工作者与服刑人员配比比例低于规定水平，工作者本身有着繁重的工作量，那么无法做到面面俱到，也没有精力跟进每一个报告的处理进度，此时社区矫正工作者就会陷入进退维谷的境地。而惩罚不及时、不按规定量刑则不足以引起服刑人员的忌惮，进而影响监管效果。

3. 相关部门配合不足

社区服刑人员中重犯收监，看守所不够配合，较大程度影响再犯罪人员收监。社区服刑人员中重犯收监中监狱接收不存在障碍，但是在送往看守所时，看守所往往以符合暂予监外执行条件拒绝接收（将社区服刑人员再犯罪理解成初次犯罪而不是再犯罪）。看守所不接收，收监执行无法进行。在社区服刑期间严重违规或者犯罪必须收监执行这是法律明确规定的，却因看守所环节拒收导致收监这一严肃执法活动停滞，令再犯罪人员无法收监。

（二）社区矫正工作缺乏社会支持

社区矫正可以让社区服刑人员在服刑期间，保持与家人的联系，不会因为社会隔离而被严重削弱与社会的联系，也不会因为这种状况的持续存在而造成他们对社会的不适应，这对于维护他们正常的社会生活状态和预防重新犯罪等都具有十分重要的意义。社区矫正作为一项需要全社会参与、配合、协助的社会化工程，由于法律不够完善、宣传力度小、宣传面狭窄，且受传统观念影响，社区矫正一致被认为是司法行政部门的工作，社会参与度不高。目前徐州市司法部门积极探索并调动社会力量参与社区矫正，公众对社区矫正的认知度和认可度仍然比较低。对整个社会而言，社区矫正还是个"小众"的东西。在访谈中了解到，不仅仅是普通老百姓，政府部门的工作人员等都不曾听闻社区矫正，也不予理解，认为"没有必要去花如此大的心力做这件事，整个社会需要被关注的弱势群体太多了，哪有精力再去管这些服刑人员"。在宣传中，当普通老百姓得知犯罪人员不在监狱，而生活在自己周边时，更多的居民表现出恐慌和愤怒的情绪。

（三）经费问题未受到重视

经费是活动的保障。就目前而言，徐州市社区矫正工作的经费问题还有不妥之处。比如，原本社区矫正专项经费要求用于工作补贴，并非人头经费，仅个别区县实现。此外，还有的区县往往以招聘社工人头经费名义挤占或者挪用。另外，社区矫正工作配套资金没有完全落实到位。根据苏财行〔2008〕31 号文件精神，江苏省财政拨付人均 1 050 元，要求县（市、区）配套 450 元，现只有部分县（市、区）落实到位。由于各县（市、区）经费不足，造成无法配备足够的工作者，导致对社区矫正人员的管理难度加大，管控不到位，惩罚性体现不足，同时也无法实现科技强矫和矫正管理的现代化和信息化。

二、社区矫正队伍工作冗杂，现实分工不明确

（一）社区矫正执法人员"力不从心"

1. 执法人员权力、个人素质与工作需求不对等

首先，执法人员各主体权力分配与工作需求不对等。按照《江苏省社区矫正工作办法》（苏司通〔2008〕9 号）第十五条规定，从事社区矫正工作的司法行政部门工作人员、公安派出所民警被统称为"社区矫正执法人员"。[①] 正

① 江苏省司法厅：《江苏省社区矫正工作办法》（苏司通〔2008〕9 号）。

如上文所论述的多头领导问题，这就导致社区矫正工作各主体间权力分配过于分散，容易因为工作衔接问题而影响社区矫正工作的严肃性。其次，执法人员的个人素质与工作需求不对等。徐州市大多数司法干警是军转干部或是从其他部门(或工作岗位)“转岗”而来，尽管上岗前也经过培训，然而面对涉及心理学、人际关系学、犯罪学等专业性、法律性很强的社区矫正工作，仍存在较大的难度。从整体上看，徐州市社区矫正执法人员综合素质偏低，难以为社工开展服务做好基础性工作。

2. 执法人员工作繁杂、工作力量不专

社区矫正的主要执行机构为基层司法所，目前司法所由于历史原因，多数没有直管，随时可能被地方政府抽调做其他工作(如拆迁、创卫、接访等)，无法保证工作力量专人专用，影响工作落实和管控到位。此外，各司法局所属人员的流动性比较大，造成司法所配备的司法工作人员不足，有的司法所还是“一人所”。司法所的工作千头万绪，司法工作人员不但要完成司法机构的工作，还要完成街道(乡、镇)安排的其他工作，“一人所”仅应付这几项工作就已经力不从心了，加之社区服刑人员构成复杂，所以在管理服务上存在相当大的难度。

(二) 社会工作者“名不副实”

1. 待遇偏低

徐州市从事社区矫正的一线社会工作者，总体呈现年轻化、非专业出身的特点。仅以 2013 年徐州市社会工作者队伍建设情况而言，被访的 199 名一线矫正社工全是聘用制，其中司法局聘用占 56.8%，县(市、区)政府聘用占 17.6%，乡镇(街道)聘用占 25.6%。这种聘用制度使专职社工身份尴尬、前途不明。我国社区矫正工作的主体是司法机关的行政工作人员，这些人的身份是有编制的公务员。而招聘的社区矫正专职社会工作者的身份是“聘用人员”，协助司法机关工作人员开展工作，无论是工资待遇、社会保障还是发展前景与公务员都相差甚远。此外，对于合同制的专职社会工作者而言，相关部门没有给出明确的职业上升路径，这意味着如果选择坚守在这一岗位，将只能在这一岗位上原地踏步，无前途可言。

由于大部分一线矫正社工为年轻人，他们更看重工资水平和福利保障以减轻生活压力，而社区矫正工作中，社工人才的薪资待遇普遍较低，且缺乏职位上升空间。以某区为例，社工每月实际到手的收入多在 1 900 元左右，无五险一金，无其他收入及津贴。社工的收入在整个社会的发展中是偏低的，和社工所投入的精力、时间等不成正比。此外，待遇也造成了社工在性别上存在十分明显的倾向性，绝大多数为女性。因为社会对男性的期望高，要求他们的地位要高、赚钱要多、承担保护者的角色，所以男性社工少之又少，大量缺乏并流失。

2. 社工队伍专业性体现不足

目前的社区矫正社工队伍专业化水平不高，缺乏相应的专业知识和工作方法。社工作为社区矫正事务性工作领域的专业人士，在基础知识和专业方法上都无法完全满足社区矫正工作需要，如心理矫正等。徐州市各级司法所内的专职社工普遍存在综合素质低和教育背景匹配度低的问题。目前通过岗位购买招录的专职社工、法律专业和社会工作专业的社工所占比例较小，整体上专业不对口。总体上有 90%以上的受聘人员无社会工作资格相关证书，仅一小部分人员通过考试获得了助理社会工作师证书。这些“专职社工”既没有对口岗位，也不具备从事社会工作的条件，他们缺乏社会工作的理念、方法和有效实务经验，几乎没有什么专业性而言。同时由于该岗位工资低、无上升空间，难以吸引高水平专业人才来应聘，大部分应聘者借此为“跳板”，作为过渡，难以投入自己的工作。因此，由于该岗位自身的“短板”问题，也就只能放宽专业限制和学历限制。

3. 社工培训效果不明显

徐州市通过培训的方式想要改善专职社工专业性不强这一问题，并对社会工作者有明确的培训要求。但由于专职社工流失率较高，导致总是出现新人做事的现象，这不利于社工积累实务经验，而这样的现实情况也迫使全市组织的培训每年都必须从最基本的矫正知识入手，难以培养出专业、有实务经验的社工。此外，虽然培训时长有硬性规定，培训的形式也多种多样，但缺乏专业的督导进行技能指导，只是培训与职责相关的基础知识，造成培训流于形式，难以培养真正的社会工作者。

（三）社区矫正志愿者“流于形式”

首先，志愿者招募有难度。社区矫正志愿者的招募处于起步阶段，主要依托社区，宣传力度小。并且人们对社区矫正工作缺乏具体的认识，对服刑人员存在一定的偏见，因此人们对社区矫正志愿者的认知度和认可度都不高，参与意识普遍不强。其次，志愿者活动流于形式。徐州市有很多种类的志愿者，比如说“帮教小组 6＋1”“社区五老”虽然愿意发挥余热，但由于不像乡村中乡贤、族中长辈等说话有分量，其对于社区服刑人员的教导、训斥等往往是“耳旁风”，加之由于其精力、能力有限，真正发挥的作用也是有限的。最后，志愿者专业素质不足。对于专业性较强的社区矫正服务来说，对志愿者的素质要求也比较高，必须具备一定的法律知识和专业知识。目前参与社区矫正的志愿者大多数是由社区工作人员或者服刑对象的亲属担任，这类志愿者服务态度较好，但专业素质不强，难以达到应有的预期效果。

三、社会力量介入不充分

司法部于 2014 年颁布的《关于组织社会力量参与社区矫正工作的意见》（司发〔2014〕14 号）中明确提出：在工作力量上，既要有专职执法队伍，也要广泛动员社会工作者、志愿者以及社会组织、所在单位学校、家庭成员等各种社会力量，共同做好社区矫正工作。徐州市在吸引社会力量介入社区矫正工作中虽然已经取得进展，但呈现出短期性、阶段性、偶然性的特点，没有实现社会力量的广泛参与，无法充分发挥社会力量的作用。

首先，社会组织培育起步晚。社区矫正领域社会组织相对于其他组织来说起步较晚。2014 年江苏省发布《省司法厅关于印发全省社区矫正工作会议任务项目化推进实施方案的通知》（苏司通〔2014〕110 号），提出“推广建立社区矫正协会”。至 2015 年 8 月，新沂市成立了徐州市首家社区矫正工作者协会，开始在购买社会服务、中介组织培养方面进行探索。其次，社会组织介入社区矫正不具有可持续性。徐州市司法局与徐州市鹏程社会工作服务中心等社会组织合作开展了“社区矫正人员家庭增能社工服务示范项目”“尚善工程——矫正社会工作人才培训计划项目”等。但社工服务的介入随着项目的终止而结束，没有继续开展针对社区服刑人员的社工服务。社工服务介入社区矫正应该是一个相伴相随的角色，而不是像“搭公交”，半路上车，几站路后又下车，这将无法发挥社会工作专业的优势，也无法实现社区矫正的目标。最后，社工介入的时间短也会导致社会工作的专业价值难以体现。目前徐州市社会工作介入社区矫正有两种方式，一是通过公益岗位招聘社工，二是从专业的社会工作机构中引入社工。如前文所述，目前公益岗位招聘的专职社会工作者存在着不专职、不专业以及综合素质低等问题。相比较而言，从专业社会工作机构引入的社工其服务效果比较好。因为，社会工作专业机构首先保障了专业性，其次是这些社工与行政系统是分离的，他们的人事权和发展晋升归属机构，接受社会组织专业的指导和管理，因此，他们在社区矫正领域有着明确的职责范围和工作任务，在对社区服刑人员进行矫正的过程中可以较好实现专职化和专业化。然而，由于当前徐州市专业社会工作组织发展还不成熟，在政府、社会中的影响力还不够强，所以政府、社会对这些社会组织还是持观望、试探的态度，并没有形成一个在专业社会工作机构引入或者购买社工服务的机制。徐州市社区矫正领域的社会工作者绝大多数是通过招聘公益岗位的形式引入的，各个县（市、区）尽管有一些不同的做法，但较少通过专业社会工作机构引入社工。徐州市目前的社区矫正社会工作没有凸显社工的价值，与社工脱离专业社会组织有关。总之，尽管徐州社区矫正工作有许多有待改进的地方，但徐州市作为较早开展社区矫正工作的城市，也较早地在社区矫正工作流程中引入了社会工作的理念、技巧和方法，并围绕管理、教育、服务三个方面，将社会工作融入社区矫正中。这也为专业社工的介入打下了基础，有助于社会工作专业与社区矫正的结合，同时也促进了社区服刑人员的改造和再社会化进程。

第三节　社区服刑人员基本状况与服务需求调查分析

社区矫正作为一种新的刑罚执行方式，自20世纪70年代在欧美国家产生后，目前已被许多国家广泛使用。现代欧美发达国家，已形成较为完善的社区矫正制度。据我国司法部预防犯罪统计，以缓刑和假释两项为例，在2000年，加拿大的社区矫正比例最高，达到79.76%，澳大利亚达到70.48%，美国为70.25%。[①] 这表明，世界主要发达国家中处于社区矫正的社区服刑人员已超过了监禁人员，这与我国监禁人员占犯罪人数绝大多数形成鲜明对比。与监禁刑相比，社区矫正可以降低行刑成本，解决监狱拥挤状况，在加强实际行刑效果方面有着重要意义。尤其是其促进恢复服刑人员的社会功能方面，有着显著优势。

我国从2003年下发《关于开展社区矫正试点工作的通知》开始，就着眼于罪犯的"重返社会"的目标，对五类罪犯"在判决、裁定或决定确定的期限内，矫正其犯罪心理和行为恶习，促进其顺利回归社会"，[②]"将社区矫正人员改造成为守法公民"。[③] 国内社区矫正的直接目标就是通过社区矫正组织进行社会化教育，使罪犯适应并顺利回归社会。其根本目标是预防犯罪，维护社会稳定，实现国家的长治久安。社区矫正经历了地方试点和全面铺开的快速发展。截至2014年12月，全国累计接收社区服刑人员223.8万人，累计解除150.5万人，现有社区服刑人员73.3万人。社区服刑人员在矫正期间重新犯罪率控制在2‰左右，这为维护社会和谐稳定，推进平安中国建设

① 康树华："社区矫正的历史、现状和重大理论价值"，载《法学杂志》2003年第24期。

② 摘自《关于开展社区矫正试点工作的通知》关于社区矫正的界定（司发〔2003〕12号）（最高人民法院、最高人民检察院、公安部、司法部2003年7月10日发布。）

③ 摘自《社区矫正实施办法》第一条（司发通〔2012〕12号）（最高人民法院、最高人民检察院、公安部、司法部2012年1月10日发布）。

作出了积极贡献。

伴随社会的发展，社区矫正领域的工作及其社区服刑人员的需求状况日益引起社会关注，但是目前尚未有这方面的具体调研数据和支持，为了更好地了解社区服刑人员的需求，促进其融入社会，完成社会化进程，我们依托徐州市鹏程社会工作服务中心，承接了 2015 年度中央财政支持社会组织参与社会服务项目——社区矫正人员家庭增能社工服务示范项目（项目编号：C051），集结中国矿业大学社会工作专业师生、学生志愿者和徐州市社区矫正系统广大干部群众等力量，对社区服刑人员基本状况与服务需求进行了广泛的调查研究。

一、调查目的、对象、方法及样本特征

（一）调查目的

我国的社区矫正从地方试点到全面开展的十几年，积累了经验教训，如何才能把这项制度执行到位，让社区矫正的价值意义得以彰显，我们认为这是一个需要在实践中不断发现、认识、提炼、总结的过程。本书的研究是基于当前社区矫正中社会工作的实务状况，对社会工作在社区服刑人员矫正工作中运用的必要性、可行性再认识研究。此研究的一个必要环节是对社区服刑人员及其相关情况的调查，因为社会工作作为一种理念、方法与社区矫正工作有没有适切性，不是服务提供方的一厢情愿，也不是国外已经有的经验，或者哪些地方的成功案例，简单地说，是具体的社区矫正工作者与社区服刑人员的互动对接问题。

在社区中对服刑人员进行有效的矫正，首先要研究他们的基本情况和需求，需要采取什么样的矫正方式。只有当社区矫正工作者的工作与服刑人员的需求高度匹配时，才能实现社区矫正目标。

（二）调查对象

本次调查对象覆盖当年徐州市全部的社区服刑人员，即被判处管制的、被宣告缓刑的、被暂予监外执行的、被裁定假释的、被剥夺政治权利并在社

会上服刑的[①]等。调查样本的选择范围涉及 5 个市辖区，即云龙区、鼓楼区、贾汪区、泉山区和铜山区，3 个县，即睢宁县、沛县和丰县，2 个县级市，即新沂市和邳州市。

（三）调查方法

本次主要的调研方法是问卷调查法。研究团队借助文献调查法，首先对社区服刑人员的基本特征、社会工作介入社区矫正等相关研究进行梳理。然后到部分司法机关、司法所进行实地观察，对相关人员进行了访谈。在此基础上，团队设计了问卷并进行试调研，后经过完善，确定了问卷内容，即社区服刑人员的基本信息、社会支持和服务需求。

在市司法局社区矫正处的统一协调和各区县（市）司法局负责人的协助下，利用社区服刑人员到司法所集中接受教育、公益劳动的时间，最终在铜山区、贾汪区、鼓楼区、云龙区、睢宁县、沛县和邳州市等 7 个区域的近百个基层司法所开展实地调查，完成问卷调研。泉山区和新沂市因为客观原因没有获得相关数据。此次调查最终成功回收 2 019 份问卷，调研团队对问卷使用了 SPSS 统计分析软件进行基本的数据分析。问卷发放情况如表 2.1。

表 2.1　徐州市 2015 年初各区域社区矫正（服刑）人员数量及问卷发放情况

编号	区域	社区服刑人员数（人）	接受问卷数（人）	所占百分比(%)
01	铜山区	956	684	71
02	鼓楼区	152	91	60
03	云龙区	166	150	90
04	贾汪区	330	66	20
05	沛　县	491	342	70
06	邳州市	1092	453	41
07	睢宁县	648	233	36
总　计		5 645	2 019	36

① 《社区矫正实施办法》第三十二条：被剥夺政治权利的罪犯可以自愿参加司法行政机关组织的心理辅导、职业培训和就业指导活动。

(四) 样本特征

本报告样本基本特征如表 2.2 所示，排除缺失值以后，总体特征如下：

1. 男女比例呈现男性为主的特点

从本次问卷调查的人员性别组成情况来看，社区服刑人员中男性占 88.2%，女性占 11.8%，具有明显的性别特征。这也为矫正工作的开展提出了性别的要求，开展有男性特点的矫正、帮扶工作是社区矫正工作必须正视的现实问题。

2. 年龄呈现青壮年为主的特点

调查统计数据显示，社区服刑人员的年龄分布是：18 岁以下的占 3.5%，18～30 岁的占 35.4%，31～40 岁的占 25.8%，41～50 岁的占 23.0%，51 岁及以上的占 9.4%。很明显，青壮年人是犯罪的主体人群，也是一个家庭的重要支撑力量，他们的矫正进展状况，关乎一个个家庭的安稳。同时未成年犯罪和老年犯罪的数据也呈现上升趋势。

3. 就业情况呈现稳定性不足的特点

调查统计数据显示，有稳定工作的社区服刑人员占 48.8%，工作不稳定的占 51.2%。究竟是因为没有工作，游手好闲而走上犯罪道路，还是因为犯罪丢掉了工作，这些情况都存在。

在现代社会，就业对于每一个社会成员来说是最好、可持续、体面的福利。当前社区服刑人员的就业情况必须引起社区矫正工作者的重视，也应该是帮扶的重要内容。因为有了工作，意味着有了稳定的收入。我们知道，基本收入对于一个社区服刑人员来说，是其不可或缺的需要。统计显示，重犯的人员许多是因为经济拮据，不被家人待见，甚至妻离子散，为了温饱铤而走险再次走上犯罪道路。

4. 婚姻状态

有学者对服刑人员的居所情况进行了调查，结果显示服刑人员能否与家人同住与其婚姻状况有关。已婚、未婚、离婚、丧偶、再婚社区服刑人员中没有同家人住在一起的比例依次升高，分别为 6%、24%、33%、33%、100%，已婚社区服刑人员大多能与家人同住，没有同家人住在一起的仅占6%；未婚社区服刑人员中有24%不与家人同住，但他们中大多数有临时工作，是与同事住在一起；离婚、丧偶的社区服刑人员当中，有33%的人没有与家人同住，选择独居，说明由于婚姻破裂已经没有家庭能接纳他们；所有的再婚社区服刑人员没有与家人同住，这说明再婚家庭的稳定性较差，一旦发生变动，就不能维持。① 由此，社区服刑人员的婚姻状况是影响社区矫正的重要因素，在进行社区矫正社会工作服务过程中，对服刑人员的婚姻辅导应该作为常规的工作内容，因为没有婚姻就意味着没有家庭，没有家庭的社区服刑人员就如飘在半空的风筝，若即若离，没有根基，社区矫正应有的存在价值被大大削弱。服刑人员有婚姻的支持，其犯罪的心理和行为才容易被改造，因为爱而改变的动力是最有效的。

调查统计数据显示，社区服刑人员中已婚占73.9%，未婚占19.7%，离异占5.3%，丧偶占11%。我们对社区服刑人员婚姻进行调查摸底的主要目的之一是通过婚姻状况判定服刑人员的住所情况。社区服刑人员在社区服刑的一个基本条件就是要落实其住所问题，有没有固定的住所不仅是社区服刑人员生活的首要问题，而且也是社区矫正中监管能不能有效实施的重要前提。如果服刑人员居无定所，必定会给监管带来不便，导致漏管、脱管等现象。调查社区服刑人员的婚姻状况的另外一个意图是通过观察和了解社区服刑人员有没有结婚，可以判断其社会支持网络的核心支持存不存在。

关于社会关系的亲疏，社会学家费孝通用“差序格局”描述亲疏远近的人际格局，在差序格局下，每个人都以自己为中心结成网络。对于一个已婚的服刑人员来说，其人际格局中最亲密的是婚姻中的夫妻和有血缘关系的父母、子女，然而婚姻关系又是这些关系中最重要的，就如《婚姻的意义》的作者——提摩太·凯勒和凯西·凯勒所说的那样，最伟大、最重要的人际关

---

① 李晓娥、张利、任建通：“社区服刑人员生活适应状况研究”，载《社会工作（学术版）》2011年第6期。

系就是婚姻。[①] 婚姻对于一个人来说是生命中最重要的阶段，是富有强大仪式感的生命转折。正常的婚姻关系存在的本身就是一种社会地位和价值的体现，对每一个社会人来说是这样，对社区服刑人员来说更是如此。没有了婚姻，或者婚姻关系糟糕，既不利于家庭的稳定，也不利于服刑人员的改造。婚姻和家庭是罪犯改造的原始驱动力，是不可或缺的需求。

美国著名的新精神分析派的代表人物埃里克森按照个体自我意识的形成和发展过程，把人的发展划分为八个阶段。他认为，人在18～25岁即成年早期，一个具有健康人格的个体会与他人在恋爱中建立真正亲密无间的关系，从而获得亲密感。而这一阶段的亲密感的获得是下一个阶段25～65岁，即成年期能不能过上幸福充实的生活，生儿育女并关心后代的繁衍和养育的重要前提条件。在这一阶段，人们不仅要生育孩子，同时还要承担社会工作，这是一个人对下一代的关心和创造力最旺盛的时期，将获得关心和创造力的品质。这个理论在根源上解释了婚姻对于一个正常人的意义。因此，有没有婚姻对于一个人，一个曾经犯过罪、失去了社会尊严的人来说意味着失去了可以疗伤的安全港湾，他破罐子破摔的可能性是极大的。因此，由婚姻构建的家庭其固有的功能，如爱情、生殖和养育，是不会因时代和社会之不同而改变的。但是家庭的历史功能诸如经济功能、保护功能、教育功能、娱乐功能和宗教功能，会随着时代、社会的变化而发生变化。[②] 然而，现代核心家庭的独特功能之一是对内功能，即对家庭成员在他身处的社会中给予心灵的慰藉。其次是对外功能，即对文化的适应及传递，也就是保障家庭免于承受社会的压力。[③]在社区矫正中，如果我们运用家庭社会工作方法，促使家庭的这两种功能得以发挥，对于服刑人员的矫正和社会和谐价值实现，都将是其他方法无法取代的。

---

① 提摩太·凯勒、凯西·凯勒：《婚姻的意义》，杨基译，上海三联书店2015年版，第2页。

②③ 谢秀芬：《家庭与家庭服务——家庭整体为中心的福利服务之研究》，五南图书出版社2011年版，第6-9页。

5. 文化程度较低

尽管我国教育日益普及，人们的文化程度日益提高，但是对于法律知识的认知仍存在盲区，而且社区服刑人员普遍文化程度较低。走访中发现，一些妇女犯罪多因缺少文化和法律常识，如种植“大烟”的农村老妇、过量使用食品添加剂的青年妇女、利欲熏心和顺手牵羊的小偷等。调查统计数据如表 2.2 显示，社区服刑人员文化和受教育程度低，初中以下的占绝大多数，其中不识字的占 4.2%，识字但未上学的占 2.3%，小学学历占 16.8%，初中学历占 48.5%，高中或中专学历占 18.6%，大专学历占 6.8%；本科及以上学历占 2.8%。

表 2.2 样本基本信息

变量	类 型	频次	百分比
性别	男	1 739	88.2
	女	233	11.8
年龄	18 岁以下	70	3.5
	18～30 岁	698	35.4
	31～40 岁	509	25.8
	41～50 岁	454	23
	51～60 岁	185	9.4
	60 岁以上	56	2.8
就业	不稳定	1 009	51.2
	稳定	963	48.8

变量	类 型	频次	百分比
婚姻状况	已婚	1 457	73.9
	未婚	388	19.7
	离异	105	5.3
	丧偶	22	11
文化程度	不识字	83	4.2
	识字但未上学	45	2.3
	小学	331	16.8
	初中	956	48.5
	高中或中专	367	18.6
	大专	135	6.8
	本科及以上	55	2.8

二、社区服刑人员社会支持情况及其影响因素

(一) 社会支持对于社区服刑人员的意义

社会支持理论认为，一个人所拥有的社会支持网络越强，越能够更好地

应对各种挑战。许多研究表明，由于社区服刑人员的特殊身份，普遍存在着社会支持不足的情况，也有研究发现，社区服刑人员的社会支持情况显著异于常人，其中男性成员比女性成员的社会支持情况更差。[①] 帮扶的重要内容就是扩大社区服刑人员的社会网络资源，提高其利用社会网络的能力。社会支持网络对矫正人员应对生活困难，解决生活中遇到的问题，摆脱心理困扰，减少社会排斥，促进身心健康和提高生活质量起着重要的调节作用。矫正社会工作者帮助矫正人员挖掘社区资源，充分利用社区的便利条件，为矫正人员争取应有的权利。社会工作者组织社区居民和矫正对象共同参加社区活动，增强彼此了解，消除排斥心理，为社区矫正人员建立良好的社会人际关系支持网络。[②]

系统理论认为，有机体、个人、网络都是系统，能量输入系统后，系统内部会发生变化，并向外输出能量。需要支持的个体亦可被视为一个系统，获得社会支持网络意味着个体得到了外在能量的输入，其内部就会发生变化，并输出相应的能量。比如，实现其自身的价值或给予社会支持网络中的其他人帮助。社会支持网络，既是网络中被支持者的环境，也是一个开放的系统。一个社会支持网络的形成，表明网络具备了一定的能量，即一定的关系资源。资源的输出给予了网络中的个人以社会支持，同时，网络自身也具有输入关系能量的功能，使这个网络不断成长，并与社会大环境形成良性循环。社区服刑人员的社会资源和网络联系因其特殊的身份和在矫正期内必须完成矫正要求的现实状况处于一种非常弱的处境。除此之外，他们在求职、交友、处理家庭关系等方面也存在着诸多困难，这对矫正本身会造成极大的不便，甚至可能成为他们重新犯罪的导火索。

社会支持理论认为个人问题的产生并非个人之过，而是社会大环境的问题，要解决此问题，就必须针对整个问题系统，利用各种资源帮助其解决。

① 魏然：“78例社区服刑人员社会支持与心理健康的相关研究”，载《现代预防医学》2013年第9期。

② 霍立珠：“社区矫正对象的社会排斥与社会工作介入”，吉林大学2013年硕士学位论文。

对于社区服刑人员而言，融入社会的基本前提是取得家庭的支持和社区的支持，这是他们回归社会的第一步。因此，帮助社区服刑人员重建良好的家庭关系，是避免他们重新犯罪，回归社会的重要一步。对服刑人员的矫正工作应多管齐下，在家庭主打亲情牌，使家庭成为服刑人员的安全温暖的港湾；在单位、学校、社区主打友情牌，给社区服刑人员编织人际支持网络；在社会上给予社区服刑人员政策关怀，让其体验到社会的公平、正义和接纳、包容。

（二）社区服刑人员的社会支持总体情况

1. 问卷内容选择

对社区服刑人员的社会支持情况的评估，主要采用了中南大学肖水源于1986—1993年设计的“社会支持评定量表”。该量表有10个条目，包括客观支持（第2、6、7个条目）、主观支持（第1、3、4、5个条目）和对社会支持的利用度（第8、9、10个条目）等三个维度。肖水源在1987年试用“社会支持评定量表”对128名（男性87名，女性43名，平均年龄在20.35±1.30）大二学生进行测试，量表总分为34.56±3.73分；两个月重测总分一致性$R=0.92$（$P<0.01$），各条目一致性R_{1-10}在0.89±0.94之间，表明该问卷具有较好的重测信度。[①] 他在1990年又根据使用情况进行了小规模修订。从反馈意见看，该问卷的设计基本合理，条目易于理解无歧义，具有较好的信度和效度。[②]

一般认为，社会支持从性质上可以分为两类。一类为客观的、可见的或实际的支持，包括物质上的直接援助和社会网络、团体关系的存在和参与。团体关系是指稳定的婚姻（如家庭、婚姻、朋友、同事等）或不稳定的社会联系，如非正式团体、暂时性的社会交际等的大小和可获得程度，这类支持独立于个体的感受，是客观存在的现实。另一类是主观的、体验到的情感上的支持，指的是个体在社会中受尊重、被支持、理解的情感体验和满意程度，与

---

①② 肖水源：“《社会支持评定量表》的理论基础与研究应用”，载《临床精神医学杂志》1994年第2期，第98-100页。

个体的主观感受密切相关。对这两类支持的重要性，不同的学者有不同的看法，多数学者认为感受到的支持比客观支持更有意义，因为虽然感受到的支持并不是客观现实，但是“被感知到的现实却是心理的现实，而正是心理的现实作为实际的(中介)变量影响人的行为和发展”。[①]

2. 徐州市社区服刑人员社会支持得分情况

通过对2 019份问卷数据处理，社区服刑人员社会支持总体情况如表2.3所示：各项指标得分规律是得分越高，社会支持越好。由表可知，接受调查的社区服刑人员中社会支持总分最低分为11分，最高分为64分(按照社会支持评定量表条目计分方法，即十个条目计分之和，得分区间为11—60＋N)；客观支持最低分为1分，最高分为32分(第2、6、7个条目评分之和，得分区间为1—16＋N)；主观支持最低分为7分，最高分为37分(第1、3、4、5个条目评分之和，得分区间7—28)；对支持的利用度最低分为3分，最高分为9分(第8、9、10个条目评分之和，得分区间为3—12)。由此可以判断，徐州市社区服刑人员总分和三个维度的得分基本都在合理的区间。

表2.3 社区服刑人员社会支持总体情况

		社会支持总分	客观支持	主观支持	对支持的利用度
N	有效	1 972	1 972	1 972	1 972
	均值	38.40	7.82	22.28	8.44
	均值的标准误	0.190	0.064	0.126	0.079
	标准差	8.419	2.853	5.591	3.521
	极小值	11	1	7	3
	极大值	64	32	37	9

由表2.3可知，此次接受调查的徐州市社区服刑人员的社会支持总分均分为38.40，标准差是0.190。表2.4的统计数据显示，社会支持总分在

① 肖水源:“《社会支持评定量表》的理论基础与研究应用”，载《临床精神医学杂志》1994年第2期，第98-100页。

20—40分区间的所占比例最大，占总人数的53.7%；其次是40分以上，占总人数的44.4%；在20分以下的占总调查人数的1.9%。按照常模，社会支持总分高于40分，表明社会支持较为充分，遇到困难可从周围获得帮助。20—40分，有一定的社会支持，遇到困难能在一定程度上得到帮助。20分以下，缺少社会支持，遇到困难较少得到帮助，这种现象应引起一定重视。按照此结论，徐州市社区服刑人员的社会支持处于20—40分及以上占绝对比例，说明社会支持网络比较好，这同时也说明，徐州市选择在社区服刑的人员是充分考虑到了社会支持网络的客观存在，这是进行社区矫正的必要前提，也是社区矫正能够取得效果的必备条件。

表2.4　社会支持总分分布情况

社会支持总分数	百分比(%)
>40	44.4
20—40	53.7
<20	1.9

3. 三个维度的得分情况

由表2.5可知，此次接受调查的服刑人员三个维度的具体得分情况分析如下：客观支持均分为7.82±0.064，按照客观支持的得分区间1—16+N来衡量，接受调查的人员可以接受的物质上的直接支援、社会支持网络、团体关系的存在和参与等都在中间状态。但是，极端的情况是存在的，统计发现有个别社区服刑人员的客观支持最低分仅为1分，这个需要我们在介入时重点关注。主观支持均分为22.28±0.126，按照主观支持的得分区间7—28来衡量，接受调查的社区服刑人员在社会中受尊重、被支持、被理解的情感体验还是正常的，只是个别人员这样的感受很低，感到被抛弃、被歧视，存在严重的自卑或者自负感。对支持的利用度是8.44±0.079，按照支持的利用度的得分区间3—12来衡量，被调查服刑人员对社会支持的利用度比较高。当然，统计发现个体对社会支持的利用存在着差异，有人仅得3分，也有的人得9分，但没有人达到最高分，这说明有些人虽可获得支持，却拒绝别人的帮助，其中隐含着的是社区服刑人员的内心挣扎、自卑、要面子、防御心理等。或者说，人与人的支持是一个相互作用的过程，一个人在支持别人的同时，也为获得别人的支持打下了基础；一个能够支持别人的人，也将获得别人的支持。

表 2.5　社会支持平均分数

社会支持维度	M±SD
社会支持总分	38.40±0.190
客观支持	7.82±0.064
主观支持	22.28±0.126
对支持的利用度	8.44±0.079

（三）社会支持的影响因素

在研究社区服刑人员社会支持现状的基础上，我们进一步分析其社会支持的影响因素。主要从服刑人员的个体特征以及家庭状况对于其社会支持产生的影响进行分析。我们使用了独立样本 T 检验和 spearman 相关分析对收集到的数据进行统计整理。

1. 性别因素

表 2.6 显示，在性别变量上，社区服刑人员的社会支持总分、主观社会支持和客观社会支持存在明显差异，呈现出男性多于女性，青壮年男性居多的特点。在对支持的利用度上，社区服刑人员在性别上并不存在显著差异，男性社区服刑人员在对资源的利用度上面显著高于女性社区服刑人员。

表 2.6　性别与其社会支持相关性

			社会支持总分	客观支持	主观支持	对支持的利用度	性别
Spearman 的 rho	社会支持总分	相关系数	1.000	0.663**	0.880**	0.640**	−0.096**
		Sig.（双侧）	.	0.000	0.000	0.000	0.000
		N	1 972	1 972	1 972	1 972	1 972

续 表

			社会支持总分	客观支持	主观支持	对支持的利用度	性别
Spearman 的 rho	客观支持	相关系数	0.663**	1.000	0.405**	0.324**	−0.105**
		Sig.（双侧）	0.000	.	0.000	0.000	0.000
		N	1 972	1 972	1 972	1 972	1 972
	主观支持	相关系数	0.880**	0.405**	1.000	0.362**	−0.037
		Sig.（双侧）	0.000	0.000	.	0.000	0.103
		N	1 972	1 972	1 972	1 972	1 972
	对支持的利用度	相关系数	0.640**	0.324**	0.362**	1.000	−0.130**
		Sig.（双侧）	0.000	0.000	0.000	.	0.000
		N	1 972	1 972	1 972	1 972	1 972
	性别	相关系数	−0.096**	−0.105**	−0.037	−0.130**	1.000
		Sig.（双侧）	0.000	0.000	0.103	0.000	.
		N	1 972	1 972	1 972	1 972	1 972

**. 在置信度(双测)为 0.01 时，相关性是显著的。

2. 教育因素

通过表 2.7 可以看出，参与调查的社区服刑人员的教育程度与社会支持总分存在显著正性相关，且与社会支持的三个维度也分别呈显著正性相关。这表明，随着学历水平的不断提高，社区服刑人员的社会支持水平也会随之提高。在该组相关分析中，我们可以做出推测，伴随受教育程度的提升，其社会关系、社会支持网络也相应增加。

3. 工作稳定性

通过表 2.8 可以看出，社区服刑人员是否有稳定工作与社会支持总分存在显著正性相关，且与社会支持的三个维度也分别呈显著正性相关。相较于没有稳定工作的社区服刑人员，有相对稳定工作的社区服刑人员得到的社会支持将会更多。这也为提升社区服刑人员社会支持水平提供了指导方向，可考虑从就业方面入手提供相应服务或活动。

表 2.7　教育程度与其社会支持相关性

			社会支持总分	客观支持	主观支持	对支持的利用度	教育程度
Spearman 的 rho	社会支持总分	相关系数	1.000	0.663**	0.880**	0.640**	0.107**
		Sig.（双侧）	.	0.000	0.000	0.000	0.000
		N	1 972	1 972	1 972	1 972	1 972
	客观支持	相关系数	0.663**	1.000	0.405**	0.324**	0.141**
		Sig.（双侧）	0.000	.	0.000	0.000	0.000
		N	1 972	1 972	1 972	1 972	1 972
	主观支持	相关系数	0.880**	0.405**	1.000	0.362**	0.073**
		Sig.（双侧）	0.000	0.000	.	0.000	0.001
		N	1 972	1 972	1 972	1 972	1 972
	对支持的利用度	相关系数	0.640**	0.324**	0.362**	1.000	0.049*
		Sig.（双侧）	0.000	0.000	0.000	.	0.029
		N	1 972	1 972	1 972	1 972	1 972
	教育程度	相关系数	0.107**	0.141**	0.073**	0.049*	1.000
		Sig.（双侧）	0.000	0.000	0.001	0.029	.
		N	1 972	1 972	1 972	1 972	1 972

**. 在置信度（双测）为 0.01 时，相关性是显著的；*. 在置信度（双测）为 0.05 时，相关性是显著的。

表 2.8　是否有稳定工作与其社会支持相关性

			社会支持总分	客观支持	主观支持	对支持的利用度	是否有稳定工作
Spearman 的 rho	社会支持总分	相关系数	1.000	0.663**	0.880**	0.640**	0.131**
		Sig.（双侧）	.	0.000	0.000	0.000	0.000
		N	1 972	1 972	1 972	1 972	1 972
	客观支持	相关系数	0.663**	1.000	0.405**	0.324**	0.167**
		Sig.（双侧）	0.000	.	0.000	0.000	0.000
		N	1 972	1 972	1 972	1 972	1 972
	主观支持	相关系数	0.880**	0.405**	1.000	0.362**	0.098**
		Sig.（双侧）	0.000	0.000	.	0.000	0.000
		N	1 972	1 972	1 972	1 972	1 972
	对支持的利用度	相关系数	0.640**	0.324**	0.362**	1.000	0.057*
		Sig.（双侧）	0.000	0.000	0.000	.	0.011
		N	1 972	1 972	1 972	1 972	1 972
	是否有稳定工作	相关系数	0.131**	0.167**	0.098**	0.057*	1.000
		Sig.（双侧）	0.000	0.000	0.000	0.011	.
		N	1 972	1 972	1 972	1 972	1 972

**. 在置信度(双测)为 0.01 时,相关性是显著的; *. 在置信度(双测)为 0.05 时,相关性是显著的。

4. 与家人的沟通程度

通过表 2.9 可以看出,社区服刑人员和家人的沟通程度与社会支持总分之间存在显著正性相关,且与社会支持的三个维度也分别呈显著正性相关。与家人有良好沟通的社区服刑人员与那些与家人沟通不畅、存在隔阂的社区服刑人员相比,前者的社会支持水平明显高于后者。这也从另一个角度为我们带来启示，在社会工作介入过程中，可适当增加家庭沟通交流相关的实务活动，依托小组活动中的角色扮演或大型主题讲座等活动形式，助力社区服刑人员家庭增能。

表 2.9 家人沟通程度与其社会支持相关性

			社会支持总分	客观支持	主观支持	对支持的利用度	与家人沟通程度
Spearman 的 rho	社会支持总分	相关系数	1.000	0.663**	0.880**	0.640**	0.356**
		Sig.（双侧）	.	0.000	0.000	0.000	0.000
		N	1 972	1 972	1 972	1 972	1 972
	客观支持	相关系数	0.663**	1.000	0.405**	0.324**	0.233**
		Sig.（双侧）	0.000	.	0.000	0.000	0.000
		N	1 972	1 972	1 972	1 972	1 972
	主观支持	相关系数	0.880**	0.405**	1.000	0.362**	0.281**
		Sig.（双侧）	0.000	0.000	.	0.000	0.000
		N	1 972	1 972	1 972	1 972	1 972
	对支持的利用度	相关系数	0.640**	0.324**	0.362**	1.000	0.335**
		Sig.（双侧）	0.000	0.000	0.000	.	0.000
		N	1 972	1 972	1 972	1 972	1 972
	与家人沟通程度	相关系数	0.356**	0.233**	0.281**	0.335**	1.000
		Sig.（双侧）	0.000	0.000	0.000	0.000	.
		N	1 972	1 972	1 972	1 972	1 972

**. 在置信度（双测）为 0.01 时，相关性是显著的。

5. 是否接受过家庭服务

由表 2.10 可知，在社区是否开展过针对社区服刑人员家庭的服务或活

表 2.10　社会支持在社区是否开展过针对家庭的服务上的差异性

		方差方程的 Levene 检验		均值方程的 t 检验						
									差分的 95% 置信区间	
		F	Sig.	t	df	Sig.（双侧）	均值差值	标准误差值	下限	上限
社会支持总分	假设方差相等	1.091	0.296	−4.523	1970	0.000***	−1.787	0.395	−2.562	−1.012
	假设方差不相等			−4.484	1 384.258	0.000***	−1.787	0.399	−2.569	−1.005
客观支持	假设方差相等	0.070	0.791	−1.868	1970	0.062	−0.251	0.134	−0.515	0.013
	假设方差不相等			−1.871	1 425.434	0.062	−0.251	0.134	−0.515	0.012
主观支持	假设方差相等	1.322	0.250	−3.237	1970	0.001**	−0.851	0.263	−1.367	−0.336
	假设方差不相等			−3.200	1 374.128	0.001**	−0.851	0.266	−1.373	−0.330
对支持的利用度	假设方差相等	1.777	0.183	−5.275	1970	0.000***	−0.870	0.165	−1.194	−0.547
	假设方差不相等			−5.137	1 314.446	0.000***	−0.870	0.169	−1.203	−0.538

注：* 代表 $p<0.05$；** 代表 $p<0.01$；*** 代表 $p<0.001$。

动这一变量上，社区服刑人员的社会支持总分、主观社会支持和对支持的利用度维度上存在明显差异，但在客观支持方面上，社区服刑人员并不存在显著差异。这表明了接受过家庭服务的社区服刑人员的社会支持水平明显高于未接受过家庭服务的社区服刑人员。

三、社区服刑人员需求分析

鉴于对于社区服刑人员的调查是以其家庭为考察核心进行的，在对社区服刑人员需求评估上，也呈现以家庭为单元的特色。

（一）家庭经济状况，呈现改善家庭经济状况的需求

物质需求是人类最低层次、最基本的需求，主要包括维持生存所需要的最基本的生活费用等。经济收入是影响社区服刑人员能否顺利融入社会的重要因素之一。社区矫正对象是一群特殊的群体，虽然他们是犯罪人身份，需要进行惩戒，但同时也是容易被忽视的弱势群体。他们受其犯罪经历的影响，常常被贴上标签，容易遭到社会排斥，物质生活贫困比较常见。尽管“政府送温暖”、最低生活保障制度等正式支持对其救助，但是这种制度性的措施有严格的实施标准，不是对每个需要帮助的社区矫正对象都适用。目前社区服刑人员面临的经济困难主要包括以下三个方面：一是犯罪前后都很贫困。一些社区服刑人员在犯罪之前就已经陷入经济困境，在接受社区矫正期间依然无力负担基本生活费用。二是因犯罪陷入贫困。一些长期在监狱服刑的假释犯与社会严重脱节，到社区服刑后难以找到工作而陷入经济困境。三是遭遇意外陷入贫困。一些社区服刑人员因为遇到了意外、生活变故，如疾病、车祸等问题而陷入经济困境。

当社区服刑人员陷入突如其来的困境时，他们往往缺乏及时有效的正式支持。社区服刑人员面临的经济困难在一定程度上直接导致他们陷入生存困境，当其生存需要不能被满足时，他们极有可能选择重新犯罪。这在我们调查的问卷中有所体现。如问卷中设计的相关问题有：“目前最担心的问题是？”“您的家庭成员每月平均收入大约是？”“您的工作稳定吗？”数据经分

析整理如表 2.11 所示。

表 2.11 目前最担心的问题

选　　项	百分比(%)
自己的社会声誉	30.6
自己和家庭的生活来源问题	47.8
自己的人际关系恶化	10.3
自己的健康	27.8
子女的学习和工作问题	41.4
自己和家人的关系问题	15.5
父母的赡养问题	16.6
就业问题	32.9
其他	2.4

由表 2.11 可知,在接受问卷调查的社区服刑人员中,47.8%的人担心自己和家庭的生活来源问题;有 30.6%的人担心自己的社会声誉;10.3%的人担心自己的人际关系恶化;27.8%的人担心自己的健康;41.4%的人担心子女的学习和工作问题;15.5%的人担心自己和家人的关系问题;16.6%的人担心父母的赡养问题;32.9%的人担心就业问题;2.4%的人选择了其他问题,如子女的沟通教育问题等。由此可知,社区服刑人员最担心的问题是自己和家庭的生活来源。

由表 2.12 可知,参与调研的社区服刑人员的家庭成员每月平均收入在 500 元及以下的有 279 人,占总人数的 14.1%;家庭成员每月平均收入在 501～1 000 元的有 373 人,占总人数的 18.9%;家庭成员每月平均收入在 1 001～2 000 元的有 519 人,占总人数的 26.3%;家庭成员每月平均收入在 2 001～3 000 元的有 423 人,占总人数的 21.5%;家庭成员每月平均收入在 3 001～4 000 元的有 220 人,占总人数的 11.2%;家庭成员每月平均收入在 4 001 元及以上的有 158 人,占总人数的 8.0%。总体看来,社区服刑人员家庭成员月收入处于中等水平，但很大一部分家庭收入水平较低。

表 2.12　社区服刑人员的家庭成员每月平均收入

	频数(人)	百分比(%)	有效百分比(%)	累积百分比(%)
500 元及以下	279	14.1	14.1	14.1
501～1 000 元	373	18.9	18.9	33.1
1 001～2 000 元	519	26.3	26.3	59.4
2 001～3 000 元	423	21.5	21.5	80.8
3 001～4 000 元	220	11.2	11.2	92.0
4 001 元及以上	158	8.0	8.0	100.0
合　计	1 972	100.0	100.0	

由表 2.13 可知，调研的社区服刑人员中表示无稳定工作的人数高达 1 009 人，占总人数的 51.2%；有稳定工作 963 人，占总人数的 48.8%。虽然近半数的社区服刑人员基本工作需要能得到满足，但还有一半的社区服刑人员的就业问题仍需要有关部门给予重点关注。

表 2.13　是否有稳定工作

	频数(人)	百分比(%)	有效百分比(%)	累积百分比(%)
无稳定工作	1 009	51.2	51.2	51.2
有稳定工作	963	48.8	48.8	100.0
合　计	1 972	100.0	100.0	

(二) 家庭沟通情况较好，沟通渠道较为畅通

家庭是人与社会关系的桥梁。家庭的沟通情况对人们的生活，尤其是对社区服刑人员的生活具有深刻的影响。良好的家庭沟通氛围能满足人们的多种需求，能在精神上极大地支持、保障和激励一个人的发展。换言之，良好的家庭沟通能够帮助社区服刑人员驱散心中的阴霾，早日回归社会。此问卷中设计的相关问题有“您与家人之间经常进行沟通

吗?”“您和家人的关系如何?”等问题。数据经分析整理如表 2.14 所示。

表 2.14　您与家人之间经常进行沟通吗

		频数(人)	百分比(%)	有效百分比(%)	累积百分比(%)
有效	非常少,没什么话可说	117	5.9	5.9	5.9
	比较少,有事才说一下	456	23.1	23.1	29.1
	经常闲聊,但有些事情会保密	692	35.1	35.1	64.1
	什么都跟家人说	707	35.9	35.9	100.0
	合　计	1 972	100.0	100.0	

由表 2.14 可知,参与调研的社区服刑人员和家人之间沟通状态较好。与家人沟通非常少,没什么话可说的有 117 人,仅占总人数的 5.9%;与家人沟通比较少,有事才说一下的有 456 人,占总人数的 23.1%;与家人经常闲聊,但有些事情会保密的有 692 人,占总人数的 35.1%;选择什么都跟家人说的有 707 人,占总人数的 35.9%。造成家庭中存在沟通不畅的原因:一是,大家各自忙自己的事,在一起的时间并不是很多;二是,缺乏必要的沟通技巧,从而导致社区服刑人员无法与家庭成员进行正常的沟通交流,要么争吵不休,要么冷战疏离;三是,随着网络技术的发展,社交媒体的普及,人们越来越倾向于使用手机交流而不是面对面交流。

由表 2.15 可知,社区服刑人员和家人的家庭关系较为良好,表示和家人关系非常好的有 1 255 人,占总人数的 63.6%;和家人关系较好的有 500 人,占总人数的 25.4%;家人关系一般有 202 人,占总人数的 10.2%;但也有部分人员在家庭关系维护方面有待提升,其中表示家人关系较差 13 人,表示非常差的有 2 人,共占整体人数的 0.8%,这对后期社会工作开展方向有一定指导作用。

表 2.15　您和家人的关系如何

		频数(人)	百分比(%)	有效百分比(%)	累积百分比(%)
有效	非常好	1 255	63.6	63.6	63.6
	较　好	500	25.4	25.4	89.0
	一　般	202	10.2	10.2	99.2
	较　差	13	0.7	0.7	99.9
	非常差	2	0.1	0.1	100.0
	合　计	1 972	100.0	100.0	

(三)社区服刑人员普遍重视亲子关系,有亲子沟通需求

家庭作为社会的最基本单位,是孩子们接受教育的第一个地方,也是孩子们的社会化起点,父母是孩子们接触的第一任老师,对孩子起着至关重要的影响作用。亲子教育是一个高度复杂的过程,涉及家庭、父母和孩子,影响孩子一生的成长和家庭成员的幸福。和谐的家庭亲子关系对于建设和谐家庭很重要,是和谐家庭建设的重要组成部分。社区服刑人员因其特殊性在一定程度上很难维系良好的亲子关系。此问卷中设计的相关问题有"您和您的家人平时如何和孩子相处?""您认为使用哪种方法,教育您的孩子比较有效?"等问题,数据如表 2.16 所示。

表 2.16　您和您的家人平时如何和孩子相处

选　　项	百分比(%)
家长和子女能平等交流	59.8
能尊重孩子意见	53.9
在学习上不强求	18.9
会逼迫孩子提高学习成绩	5.9
教育孩子将来出人头地	25.9
不听话就打骂	2.4
很少过问孩子的事情	3.3
其他	1.5

由表 2.16 可以看出，接受调查的这部分社区服刑人员在对孩子的教育过程中，59.8%的人能够和子女平等交流；53.9%的人能够尊重孩子意见；18.9%的人在学习上不强求；5.9%的人会逼迫孩子提高学习成绩；25.9%的人会教育孩子将来出人头地；2.4%的人会打骂不听话的孩子；3.3%的人很少过问孩子的事情，这表明大多数社区服刑人员和孩子相处方式基本良好，但部分人员需要进行改善相处方式。

由表 2.17 可知，身为家长，绝大多数社区服刑人员认为采用表扬鼓励和耐心说理的方式来教育孩子比较有效，部分认为家长示范或是与老师联系也有一定效用。也有部分家长认为，同龄优秀孩子的榜样作用及书籍的正面教育作用也会起到一定效果。

表 2.17　您认为使用哪种方法教育您的孩子比较有效

选　　项	百分比(%)
表扬鼓励	57.9
耐心说理	58.6
严肃批评	13.7
适当惩罚	17.4
家长示范	31.0
与老师联系	23.1
其他	1.2

(四) 家庭教育需求

家庭教育担负着传授文化知识、培养道德品质、指导行为规范等使人实现社会化的责任。家庭是人生的“第一课堂”，又是一所“终身制”学校。家庭教育的作用每时每刻都在发生，家庭教育职能发挥得如何，将直接关系到提高人口质量的社会问题，更关系到社会的进步和发展。父母作为家庭的施教者，他们素质的高低对教育质量的影响很大，包括心理素质和文化素质。父母的素质也决定了家庭的教育观念和教育方式，先进的教育观念和良好的教育方式能充分调动子女的积极性和能动性，能利用家庭中的有利因素来克服和避免不利因素，达到良好的教育效果，反之就会影响子女的健康成长。

此问卷中设计的相关问题有"您认为家庭教育指导的内容应包括""您更愿意接受以下哪种形式的活动""您希望得到以下哪方面的帮助"。由表2.18可知，有40.6%的社区服刑人员更倾向于专题讲座形式的家庭教育活动，38.6%的社区矫正人员更喜欢家庭服务。因此，社会工作在接下来的服务活动中可以以此为依据，以社区服刑人员愿意接受的形式为他们开展服务活动，从而满足其需求。

表2.18　您更愿意接受以下哪种形式的活动(可多选)

选　　项	百分比(%)
专题讲座	40.6
小型座谈	36.8
一对一服务	22.4
家庭服务	38.6

由表2.19可知，有51.2%的社区服刑人员选择了"介绍家庭教育的基本知识方法"。因为社区服刑人员多数来自农村地区，受教育程度比较低，所以他们都不太了解什么是家庭教育，都迫切需要系统学习关于家庭教育的基本知识和方法。有37.4%的社区服刑人员选择了"介绍学生身心发展的规律和年龄特点"。

表2.19　您认为家庭教育指导的内容应该包括

选　　项	百分比(%)
介绍家庭教育的基本知识方法	51.2
介绍学生身心发展的规律和年龄特点	37.4
向家长提供一些教育类书籍供其参考	33.0
针对家庭教育中的具体问题来指导	36.9

埃里克森认为人格发展阶段可以划分为八个阶段，分别是：婴儿前期、婴儿后期、幼儿期、童年期、青少年期、成年早期、成年中期和成年后期。依据埃里克森的心理社会发展阶段理论，我们可以知道个体发展是连续一生的发展过程，前一个阶段发展得好坏，会影响以后的发展阶段。社区服刑人员显然也认识到了这一点，所以有36.9%的社区服刑人员选择了"针对家庭教育中的具体问题来指导"。我们调查的社区服刑人员属于社会弱势群体，他们往往存在一定的自卑、内疚、矛盾的心理，因此他们面对家庭教育往往表现出一些不自信，社工在介入他们家庭的过程中应当注意增强案主自决的能力。有33%的社区服刑人员选择"向家长提供一些教育类书籍供其参考"。读书是获取知识的一种重要手段，书籍中一些正向的励志故事、人生观、价值观都会在潜移默化中影响读者。阅读教育类书籍能够帮助社区矫正人员理解孩子的心理。综上所述，社会工作者在介入的过程中要根据社区服刑人员家庭的具体情况进行综合指导，满足家庭多方面的需求。

四、社会工作介入的建议

根据问卷数据可知，目前徐州市社区服刑人员的需求表现在经济、就业、家庭、心理四个方面。如果对其介入，不仅涉及个人心理层面，更是要从其个人扩大到其家庭，继而扩散至社区，甚至社会。这不仅要运用到个人增能理论，还会运用社会支持网络、社会系统理论。在我们以项目为导向的服务过程中，由于时间性、系统性及服务对象特殊性的条件限制，重点采用了以家庭为单位的服务取向。

（一）链接资源，提高社区服刑人员技能，促进其就业

人本主义心理学家马斯洛认为，人的基本需要的发展顺序是：生理需要、安全性需要、归属与爱的需要、尊重的需要和自我实现的需要。他认为，前一个需要得到满足后才会出现后一个需要。从此理论推断，对于社区服刑人员而言，生理需要是他们的第一需要，就业是每一个服刑人员赖以生存、实现人生价值的重要手段。

社区服刑人员回到社区后面临的最重要的问题就是生存问题。实现就业是解决其生存问题的有效措施。社区服刑人员就业对于个人、家庭和社会来说都具有重要的意义，就业也是社区服刑人员实现再社会化、顺利回归社会的有效保障。然而，对于被贴上“罪犯”标签的社区服刑人员来说，就业无疑是一个艰难的挑战。

社区服刑人员在重新就业过程中面临诸多问题。在调查过程中了解到，这些问题主要体现以下两点：一是个人能力不足。有的社区服刑人员文化程度较低、缺乏劳动技能，这些劣势导致他们难以就业。二是就业观念偏差。部分社区服刑人员更倾向于外出务工。而根据相关规定，社区服刑人员在矫正期间不能随意离开户籍所在地，并要定期参与司法所组织的思想汇报和义务劳动，这限制了社区服刑人员外出务工的想法，也会影响社区服刑人员的就业情况。为此，我们认为可以链接多方资源，在政策和矫正规定范围内，为社区服刑人员提供就业信息和培训，帮助其就业，解决其基本生存问题。比如为社区服刑人员提供就业信息，联系徐州市人力资源和社会保障中心等相关部门，为社区服刑人员创造就业机会，并为吸纳一定比例社区服刑人员的用人单位提供税收优惠政策；对部分社区服刑人员提供职业技能培训；帮助相关社区服刑人员树立正确的就业观念，建议他们根据自身的文化程度、劳动技能来选择相应工资水平和相关行业的工作；帮助已经实现再就业的社区服刑人员适应工作。

（二）采取多元措施，改进社区服刑人员的家庭关系

家庭与我们每一个人都息息相关。同样，对于社区服刑人员而言，回归社会的第一步是回归家庭。家庭对他们来说不仅仅是一个爱的归宿和精神的港湾，更是接受再社会化的第一个环境。社区服刑人员在执行矫正期间可能会遭遇家庭关系紧张甚至破裂等问题。目前，社区服刑人员面临的家庭关系问题主要有四个：一是家人的态度冷漠。有的社区服刑人员回到家中生活，家人觉得他丢脸，对其非常冷漠。二是家人不接纳。有的社区服刑人员从监狱中假释出狱后，家庭不再接纳他，他无法回到家中生活。三是婚

姻关系的破裂。有的社区服刑人员被判刑后，妻子与其离婚，导致家庭破裂，甚至引发两个家族之间的矛盾。四是亲子关系的隔阂。有的社区服刑人员因曾经犯罪受到子女的责怪与疏远，甚至进一步导致子女心理方面的矛盾，为子女心理健康带来一定影响。

针对社区服刑人员家庭，我们认为可以通过改善沟通方式，来改进家庭关系。如专业社工通过走访家庭，开展家庭工作坊。通过走访，观察家庭成员的交往方式，开展家庭治疗，建立良性家庭互动模式。一方面改善社区矫正服刑人员与其家庭成员的沟通模式，促进其家庭关系缓和；另一方面促进社区服刑人员家庭与社区其他家庭邻里关系的构建。另外，针对社区服刑人员家庭亲子关系急需改善、社区服刑人员家庭普遍重视沟通教育的情况，社会工作者可以通过开展学习辅导班、兴趣培养班，组织文娱活动和社会活动，开展心理健康辅导等形式的活动，帮助社区服刑人员子女提升其个人能力。

（三）帮助社区服刑人员克服心理障碍，重构社会支持网络

从犯罪心理学来看，孤独和内心障碍会导致个人认识上的扭曲发展。这类人因现实生活的贫乏、家庭的冷清、周围人的冷漠，很容易将自身置于某种想象的世界中，进而实施犯罪。社区服刑人员在进行社区矫正期间，会面临诸多方面的压力。因此，社区服刑人员能否尽快地适应新环境，能否处理好复杂、重要或危急的事情，并顺利度过这一段艰难的时期，和他们的心理状态直接相关。社区服刑人员目前主要面临着三个方面的心理问题：一是自卑孤僻。有的社区服刑人员在矫正初期因自己身份遭到歧视而不愿与他人交往，性格孤僻、逃避现实、自卑、自闭。二是易被激怒。有的社区服刑人员在就业或与他人交往的过程中受到歧视后容易愤怒，动辄与他人争吵甚至斗殴。三是容易仇视社会。有的社区服刑人员认为社会对其不公平，易产生投射思维，非常仇视社会。社区服刑人员的心理问题会造成重大心理危机甚至心理疾病，继而严重影响其回归社会。

目前对于社区矫正期间的心理援助还处于初级阶段。如果能够从心理

上对社区服刑人员进行心理评估、心理重建，这对于社区服刑人员及其家庭来说，都是受益匪浅的。因此，在社工开展个案服务时，可以从社区服刑人员本身的心理咨询与调试出发，促进其走向正常化的步伐。如通过心理咨询平台，定期提供心理健康帮扶；开展心理健康教育，通过心理测试、心理学讲座、小组辅导等活动，普及心理健康知识；开展放松压力、愤怒管理、冲突解决、社会交往技巧等培训，让他们学会调节自己的情绪，缓解压力，有效提升其个人心理健康水平，降低再犯罪率。

第三章　社区矫正社会工作实务介入路径

我国矫正社会工作有三个类型：一是司法裁决前的矫正社会工作，是指在司法裁决前的调查，即针对犯罪嫌疑人及其亲友、所在社区的社会工作介入。[①] 裁决前调查包括量刑前调查、假释前调查、暂予监外执行前调查。[②] 二是监禁处遇中的矫正社会工作，主要介入形式是个案辅导、团体治疗、联系社会、职业辅导、评估报告等，目前国内较少介入。三是社区中的矫正社会工作，这是矫正社会工作的主体。[③]本章主要结合徐州市在第一、三个类型的实践经验，进行总结提炼，试图发现社会工作介入社区矫正的有效路径和做法，以在更大的范围内推广，发挥社会工作在"宽严相济"、实现社区矫正最终目标中的价值。

---

①③　张昱：《矫正社会工作》，高等教育出版社2008年版，第8、11页。

②　吴宗宪、蔡雅奇、彭玉伟：《社区矫正制度适用与执行》，中国人民公安大学出版社2012年版，第48－59页。

第一节　社会工作方法在社区服刑人员矫正中的运用

一、个案推进

（一）典型案例

与监禁刑相比，社区矫正在执行场所、工作主体及矫正方式上都有一些突出的特点。个案工作是指专业社会工作者遵循基本的价值理念，运用科学的专业知识和技巧，以个别化的方式为感到困难的个人或家庭提供物质和心理方面的支持和服务，以帮助个人或家庭减轻压力、解决问题、挖掘生命潜能，不断提高个人和社会的福利水平。[①] 个案工作方法作为社区矫正的关键方法之一，通过个别化的方式为有困难的服刑人员个人或家庭提供物质上的帮助和心理上的支持，以期帮助服刑人员解决问题并提高其解决问题的能力，这对于加强社区矫正的针对性和科学性有很大的促进作用。下面就个案服务中的几个案例进行陈述，以彰显个案工作在社区矫正中的意义和价值。

1. 用 ABC 化解“不听话”的情绪困扰

权某，女，47 岁，徐州人，主动寻求司法所工作人员帮助。权某最近几天与儿子经常争吵，主要原因是她对儿子未来想做动画设计的职业规划不认同，这使得权某情绪低落，伤心难过，觉得儿子不听自己的话，所以想找司法所年轻的工作人员问问，自己儿子的选择是不是合适。工作人员认为此种情况根源于母子沟通问题，于是联系了项目组社工对其开展个案社会工作。

权某的丈夫常年在外做生意，她唯一的儿子前些年一直在外地上大学，学习动画设计专业。服务对象本就反对儿子学这一专业，但因为儿子的坚

① 王思斌：《社会工作概论》，高等教育出版社 2006 年版，第 99 页。

持而暂时作罢，本想儿子毕业后可以跟着丈夫做生意，但儿子毕业后仍坚持寻找与动画设计相关的工作，这引起了权某的极力反对，认为这种工作是“瞎胡闹”，是“不听老人言，吃亏在眼前”，多次打电话要求儿子回家。儿子刚开始尝试说服母亲但收效甚微，时间长了便不再耐心解释，只认为母亲“顽固不化”。母子俩逐渐演变到会因一些生活琐事争吵。据服务对象自述，儿子从小学习成绩一般，但好在十分听话，能够认真地完成自己交代给他的事情，遇事也会征求自己的意见。然而自从上大学后就越来越不听话，现在又在就业的事情上与自己对着干，这让她感到不解与伤心。

社工在与服务对象接触时发现权某语速较快且声音较大，表达自己观点时有身体前倾的习惯，在观点被反对和不想回答问题时会采用沉默的方式表达阻抗。

权某的主要问题和需求：认为母子间的主要矛盾点是儿子不能听从自己的安排，认为儿子年纪轻，人生经验尚浅，应当多征求自己的意见才对。希望社会工作者能帮助缓和母子间的矛盾，最好儿子能听从自己的安排。

在对权某进行全面评估后，社会工作者确定运用理性情绪疗法（ABC）帮助服务对象，改善处理问题的方式，以缓解服务对象与其儿子之间的矛盾。

社工在接案阶段的工作重点与专业行动：与服务对象初步建立专业关系。运用倾听、尊重、共情等技巧了解服务对象的情况，增强服务对象解决问题的动力。权某在社工的帮助下能够认识到自身存在的不合理信念，但在尝试解决问题时还存在一定阻抗。进入介入阶段后，社工与服务对象进一步加深信任关系，权某在社工的帮助下与自身的不合理信念辩论，建立起新的合理信念并在社工引导下逐步巩固，原有不良情绪得到缓解。通过四次介入，权某就以建立的合理信念为支撑，重新看待儿子的择业问题并再次与其沟通。权某的儿子也反映，母亲没有再像以前总是批评他“不听话”“不懂事”，第一次完整地听完了他的想法和解释，虽然还有些观点没有达成一致，但母亲表示愿意给他一段时间让他证明自己。母子间的冲突得以缓解。

结案后，权某在日常生活和家庭沟通中坚持应用情绪 ABC 理论，并向家人宣传理性情绪疗法，带领家人学习心理学相关知识，达到“助人自助”，间接为家庭增能的目的。

在本个案中，社工主要引导案主从自身角度去挖掘其自身潜能，实现助人自助。在最初的问题分析和目标设立上，案主表现出了一定的阻抗行为，如迟到、沉默和打断社工对理论的解释。但经过社工及时地发现和沟通，这一问题得到了有效的改善，服务对象也与社工建立了更为深厚的信任关系。在服务中，我们更加认识到社会工作不是一个简单的专业，它对社工个人的素质和修养要求很高。作为社工，我们应该以怎样的价值观和态度对待一个陌生的案主？我们的态度影响到案主对我们的信任感，如果社工在一开始就因为案主表现出的种种阻抗行为而对案主产生消极的思想和情绪，不但于个案没有帮助，还会进一步恶化案主的情绪，进而使个案工作的效果降低甚至发生中断。社会工作是通过专业方法去帮助人，不是随便地帮助人，也不是简单地帮助人，它要求社会工作者深入案主的内心，以专业教育培养出的敏感性撕开表象，察觉案主深层次的问题和想法，帮助案主解决最真实的问题。沟通是人与人之间的桥梁，但建立在不合理信念之下的沟通却有可能成为伤人的利剑，在社工的引导下案主能够开始反思并做出改变。

2. 走出阴霾，遇见阳光

周某，男，25 岁，徐州本地人。司法所在给他办理入矫的过程中，了解了周某家庭的一些情况和犯罪事实。在交谈中，工作人员发现他的性格比较内向、孤僻，对未来表示很迷惘，因此联系社工和社区矫正工作人员对周某进行扶助。

社工和社区矫正工作人员通过家访与周某的父亲进行交流，了解到周某自幼丧母，成长过程中缺乏母爱，其父对周某的管教不是很严格，缺乏必要的沟通和教育。此外，周某的家庭条件比较艰苦，父亲靠拾荒维持生计。周某家庭社会支持也比较弱，除父亲外，没有其他直系亲属。周某文化水平低，性格孤僻，与人交往少，朋友也不多。因为周某法律意识淡薄，以致发生与人打架行凶的事件，被判处故意伤害罪，在社区服刑。

面对这样一个服务对象，根据卡尔·罗杰斯的人本治疗模式，社工唯有用真诚、同感和无条件关怀去感化周某。当然，人的改变不是一蹴而就的，需要一个漫长的过程。所以在个案工作中，社工要尤其重视服务中积极的行为和思想强化，以此鼓励、提高服务对象改变的动力。

社工通过全面评估周某的情况，确定了以下服务目标：通过情绪上的疏导，使案主紧张、不安、无助等不良的情绪得到缓解。通过分析案主面临的问题，结合专业知识和法律进行解答和处理，使案主了解法律所赋予的权利和所需承担的义务，明确处理问题的方式和途径。通过不断向案主表达支持和鼓励、传输正能量，帮助案主建立并增强自信心，看到自己的优势和能量，促使案主充分自决。引导案主在此次事件中积累经验：其一，在今后的生活工作中加强法律意识；其二，加强家人之间的沟通交流，形成良性的互动关系；其三，将此次经历作为借鉴，以更好的状态和心态来面对今后的生活和工作。

在具体的帮扶过程中，社工充分利用现有资源灵活地采取了各种有益的行动：利用集中教育的机会，帮助周某学习相关法律法规常识，使其对自身以往的行为有一个正确的认识，而不是仅仅归咎于自己交友不慎。提高服务对象的服刑意识，使其认识到刑罚执行的严肃性，认真接受社区矫正。在帮助周某求职的过程中，让他对目前的劳动就业环境有一个正确的认识，不盲目追求高工资和福利待遇，而是根据自己的实际情况进行择业。同时让周某清楚就业的残酷性，希望他能够参加职业技能培训或是平时多学习一些相关技能知识，以增加自身的就业竞争能力。

社工在介入初期，运用“同理心”等专业技巧，对周某的境遇表示充分理解，建立良好的专业关系，通过倾听、了解案主的基本情况和事情的来龙去脉，分析案主的需求，通过表达支持和提供鼓励，稳定案主情绪。社工在介入中期，主要协助周某分析自己的生存和就业状况，助其增能。当然，问题的解决永远是案主最关心的部分，所以在专业关系建立之后，工作人员要协助案主分析并理清他目前所面临的问题，并设定目标。社工根据自己所掌握的专业知识和工作经验，对案主的问题给予合理建议，引导其通过合理的方法进行改变和调整。介入后期的主要目标是为周某提供鼓励和支持，助其积极应对。社会工作的目的并不是单纯地解决问题，而是提升案主的能力，所以在服务的后期，要引导案主回顾个案过程，与案主共同反思。

在服务过程中，社工充分运用社会工作专业方法和技巧例如接纳、同理心、支持等促进专业关系的建立。通过辅导，案主的情绪逐渐平静，能够在接受服务的过程中保持理性。通过学习相关法律法规和案例，周某已经能够认识到以往的错误行为，正积极就业以改变当前的家庭窘境。此外，周某与父亲的沟通也渐渐地多了起来。

3. 点亮心灵，重塑自我——翩翩少年自我重塑之路

李某，男，18 岁，辍学在家。李某父母务农，对辍学在家的李某无心管理。李某的狐朋狗友多，并十分看重所谓的哥们义气。半年前，李某一哥们在外面受了气，后向他诉苦，李某二话不说找到那个当事人，拳脚相向，把对方打成重伤，被判故意伤害罪，在社区服刑。李某对将别人打成重伤这件事上，一直表现出“朋友吃亏了，就应该为其两肋插刀大打出手”的态度，十分坚决。经过司法所的同意，社工决定对李某进行帮扶介入。

心理社会治疗模式认为，个人的成长经历对当前状况有很大的影响。个人除了受环境的影响之外，还会受个人成长经历的影响。这种影响是通过在心灵中烙下烙印而影响到现实生活的。在成长中所经历的事物、所持的观点、习得的技巧、知识和态度都会有意无意地影响到个人现在的状况，因此了解服务对象的早年经历对了解他的现在和将来有很大的帮助。在对李某的了解中，我们知道李某家住农村，父母都务农，事务繁忙，和孩子交流沟通较少，父母文化水平不高，在教育孩子的方式上不是很科学，对孩子比较放任。李某对学习不重视，交的朋友也大多和他相似。

针对李某在“哥们义气”上的认知问题，社工采用认知疗法引导他发现

自己的问题，纠正非理性认识，并引导其形成正确的生活方式，多参与社区活动，提升自身能力，学习知识，建立新的朋友圈子。在具体服务中，社工采用了以下几个策略：首先，通过访谈，运用平等、接纳、关怀和同理心等技巧取得服务对象的信任，鼓励和引导他发现并主动着手解决自己的问题。其次，与服务对象建立服务关系，采用心理社会治疗模式帮助服务对象了解并面对自己的情况。然后，链接专业的心理咨询师，为其提供一个专业的心理咨询平台。最后，鼓励服务对象参与社区服务，让服务对象参与到社区服务中心的活动中来，从而提高其与人沟通的技巧，同时，可以认识新的朋友，建立新的人际关系。

经过社工和司法所工作人员以及李某家人的共同努力，李某显得比以前更沉稳了，在情绪控制上有了一定的提升；更加重视自己目前的工作，并与之前的不良朋友逐渐减少联系；在自我认知上，觉得自己当时大打出手的行为是不理智和不理性的，对未来有了规划。因此，服务目标基本达成，服务对象已建立正确的认知，对自己的生活有规划。特别是李某表示对自己现在的改变很满意，并对自己未来有美好的憧憬。社工也认为本案达成了拟订的目标，但是个案开展过程中还是有问题需要反思。比如在为服务对象介绍心理咨询的方法时没有恰如其分，导致当时服务对象很坚决地反对，从而造成了一个短暂的信任危机期。这个在今后的服务中要避免。社工在面对服务对象时，要运用同理心，让服务对象感受到社工的真诚，这样服务对象才会吐露出自己的真实想法，同时也有利于工作的进一步开展。同时，社工要清楚自己可以处理的问题，可以和服务对象一起解决的问题，像专业的心理辅导，可以链接专业的心理咨询师为其服务。社工和服务对象一起制订服务目标，一起向目标前进，可以让服务对象明白自己可在社工那里得到什么帮助，避免其对社工有过大的期望。另外，社工要谨慎处理离别情绪，可以给服务对象留下办公地点和联系方式，但尽量避免留下私人的联系方式，这样不仅可以给社工留下更大的私人空间，同时可以更好地避免服务对象对社工产生依赖性，增强其正确处理问题的能力，促进其个人成长。

（二）反思

就像社工界常说的一句话，“社工就是用生命感动生命，用生命影响生命”。无疑，社工的真诚度是关系建立的基础，是开始个案工作的第一步，决定着今后工作的方向与成效。我们始终坚信，每一个服务对象都有自己的潜能和动力，我们只是在他们需要的时候充当一根拐杖，陪他们走过一段风雨。毫无疑问，社会工作的显著特征在于，它由经过专业训练的人通过专业方法的介入来实现改善人类福祉的目标。在个案工作中，社会工作者与其他政府或心理工作人员之间的主要区别就在于，他们用社会工作的方法与技术帮助服务对象。而个案工作是社区服务中最基本、最常用的方法。我们通过直接的、面对面的沟通方式，运用有关人和社会的专业知识和技术，对个人或家庭提供心理调整、环境改善等方面的支持和服务。

个案工作是一种最早形成并直到今天仍然极为重要的专业方法。社工通过建立关系来调动个人和其他资源解决问题，并通过个案工作关系中的动力影响服务对象改变态度、想法和行为。其目的在于协助个人和家庭充分认识自身拥有的资源和潜能，完善人格和自我，增进其适应社会和解决困难的能力，从而达到个人或家庭的良好生存状态。在这个过程中，我们与他们一同成长，直面内心深处潜藏的恐惧，让生活充满阳光。社工不是万能的，也不可能面面俱到，但确实是尽自己所能，从社工的专业角度去帮助服务对象。不仅仅是陪伴他们度过困境，更重要的是满足他们合理的物质和精神需求，让他们在困境中成长。专业知识固然重要，但是真心才是感动人最好的方式。所以制订服务计划时，我们总会注重很多细节；因为希望给他们最好的，所以我们也在成长为更好的自己。社工最好的个案是自己，只有做好自己，才能把别人塑造成更好的个案。

在个案服务中，我们常采取会谈的工作方法。与服务对象之间有目的的专业性会谈的内容、程序、时间、地点一般都经过精心设计。我们通过会谈不仅可以与服务对象建立专业关系，而且还可以收集资料、诊断问题并协助服务对象解决问题。在服务中，从收集资料，制订服务方案，再到工作评估，自始至终都要运用会谈。督导常常提醒社工，在会谈中应注意态度、表达、言行方面的方法与技术，做到态度真诚，以营造一个宽松、开放的谈话氛围。为了使会谈取得良好的效果，社会工作者须掌握积极倾听、同理心及自我表露等技巧，尤其要注意情感的把握。在情感的把握度上，若社工对服务对象的感情投入过少，会使服务对象觉得自己得不到社工的重视，直接影响专业关系的建立和辅导效果；若社工对服务对象的感情投入太多，超越了专业关系中应有的感情程度，会使服务对象过分依赖社工，而社会工作者对服务对象的这种不合理及不专业的感情投入，就会被视为社会工作者对服务对象的反移情。

资深心理治疗师苏晓波曾说过："只有当我们成了病人时，享有与病人一样的痛苦，也享有与病人一样的消除痛苦的动力的状态，成为病人其实质就是分析师对来访者产生了反移情，与来访者产生了有目的的在潜意识层面上的共鸣。"若将苏晓波的观点应用于社会工作领域，就不难看出，只有当社工把自己当成服务对象时，面临与服务对象同样的困难，运用服务对象可动用的资源，才能真正地感受到服务对象的心理与情感状态。此时，社工在工作中的互动以体验为前提，以情感互动为基础，不是社工唤醒自己的内心体验的过程，而是社工理解服务对象的内心体验的过程。

社工与服务对象在活动中学习，在经历中体验，在展示中成长。在与服务对象相处的时光中，我们一起体验沟通与协作、毅力与坚持，挑战困难任务、启迪人心成长。而徐州鹏程社会工作服务中心也定会传承社工之道，转换心灵角色，树立职业抱负，点亮社会之星，闪耀在浩瀚星空。无论个案遭遇什么样的困难，我们都始终希望，苦难磨砺后的微笑依然璀璨夺目。处于困境，才有涅槃重生的希望。

二、小组活动的开展

（一）典型案例

小组工作是社会工作的三大专业方法之一，它由知识、了解、原则、技巧组成。个人通过参加社区机构中的各类小组，借助小组工作者的协助，与小组成员在小组活动中互动，彼此建立关系，并以个人能力与需求为基础，获得成长的经验，达成个人、小组、社区发展的目标。矫正社会工作中的小组工作是以社区服刑人员的动态需求为焦点，有利于小组动力的形成。同时小组工作在理论程序与现实操作中存在着一定的张力，而在实际小组活动中，小组的时间、程序应根据组员的年龄、工作等特点而做调整。入矫初期的社区服刑人员普遍存在着“冤屈”的想法，消极情绪也需要安抚，这就更需要谨慎的选择小组活动的形式，不宜选择那些娱乐性较强的游戏，小组活动应当贴近社区服刑人员的生活，让他们更易于接受。

调查研究发现社区服刑人员由于自我认知水平较低，不愿意和他人交往。社区矫正本身是一个再社会化的过程。所谓再社会化，是致力于改变社会化对象原已习得的背离社会主流文化的价值标准和行为规范，使其接受社会上大多数人遵循的生活方式和行为方式。再社会化实际上是一个重塑人格的过程，是在强力管制条件下被迫进行的，是对病态人格或反社会化人格的矫正，是社会对社会化失败的成员所采取的补救措施。但是单纯靠司法所的强制管理和日常教育很难实现真正意义上的社会化。因此，我们希望通过开展小组活动的方式来帮助社区服刑人员提高自我认知的水平，修补社会支持网络，达成重返社会的目的。

1. 社会小组

通过问卷调查，我们发现 P 县的社区服刑人员普遍存在自我认知偏低、与家庭成员的沟通有障碍等问题。因此，本次小组的性质定义为社会小组，旨在以游戏的形式帮助服务对象认识自我、发现自我，通过小组共同分析与家人产生矛盾的原因及解决对策，从而重视和学会与家人正确沟通，加深对家庭关系的理解，提升家庭和谐度与幸福感。主要目的是提升自我认知，帮助组员学会家庭沟通和人际交往技巧，最终达到构建社会支持网络的目的。

本次小组活动在 P 县 X 镇开展。小组的人员筛选是依靠当地矫正社工和司法局工作人员协调完成的，主要对象是有未成年子女的中年社区服刑人员。这部分人本身处于容易和子女产生冲突的阶段，对子女沟通教育问题的共同关注，会冲淡他们作为服刑人员身份在小组活动中的敏感和尴尬，比较容易形成小组归属感和凝聚力，这在一定程度上促进了小组的推进。

小组目标是以游戏的形式帮助服务对象认识自我、发现自我，通过小组共同分析与家人产生矛盾的原因及解决对策，从而重视和学会与家人的正确沟通，加深对家庭关系的理解，提升家庭和谐度与幸福感。在司法行政机关的支持和相关工作人员的协助下，我们筛选出符合条件的9名社区服刑人员，其中8男，1女。由2名专业社工担任小组工作者，司法所社工做辅助工作。

在前期，小组成员开始聚集，相互熟悉和探索了解小组功能、共同兴趣及目标，彼此吸引或逃避。在这个阶段，社区服刑人员由于之前并没有接触过类似的活动，并且都背负着生活压力，因此会采取冷漠的态度来掩饰自己的自卑，同时表达反抗。针对他们对活动存在抵触情绪，普遍参与程度不高，在活动中没有热情和自我表露的情况，社会工作者在讲解了小组的目标等基本情况后，并没有再做赘述，而是通过活动使小组成员有直观的了解，并且通过活动后的分享使服刑人员进行自我澄清，能够清楚认识自我。

在中期，组员开始关注自己在小组中的地位，关心自己被小组和他人接纳的情况，会出现意见冲突的情况，因而这个阶段又称为小组的重整和接纳阶段。在这一时期，一些组员会主动找到社工表达自己的想法，反映自己的问题，参与活动的配合度也要高很多。这些组员反映的问题多半是和子女教育、沟通有关的，社工通过运用心理学和社会学的方法，为他们进行讲解、提出建议。更重要的是，这些表现较为积极的社区服刑人员可以作为后期小组中的领袖。通过引导这些社区服刑人员，让他们产生自信，乐于表达自我，从而对小组产生归属感和凝聚力。

在后期，小组的目标已经达成或小组不能顺利进入成熟阶段而中途解散。在活动前期，组员关注的往往是游戏环节，觉得有趣可以放松情绪，但在分享环节却没什么话说。但到了活动的后期，组员在分享环节能够坦诚表达自己的想法，会有关于自己和活动的思考，组员都变得开朗了许多。小组内部产生互动，形成凝聚力，小组内部成员成为彼此的支持。

2. 发展性小组

"雏鹏展翅"——青少年暑期成长小组，小组成员为5～15岁的青少年，30人，共3节。

党的十八届三中全会明确提出"健全困境儿童分类保障制度"，习近平总书记、李克强总理曾多次就做好儿童保障工作做出明确指示要求。2014年12月29日，江苏省政府办公厅印发了《关于完善困境儿童分类保障制度的意见》(苏政办发〔2014〕113号)，这是全国第一个对困境儿童的生活保障、医疗保障、监护监督、精神关爱等全方位保障的综合性制度，为全省的困境儿童编织了一张安全网。困境儿童包括留守儿童、流动儿童、孤儿、残疾儿童、流浪儿童、服刑人员子女等，目前困境儿童救助已被列入实事工程。这些儿童长期承受着痛苦、压力和成长风险，这些往往不被家长、老师觉察和了解，无法得到来自家庭、学校和社会的有力支持。其中的服刑人员子女更是面临诸多困境，为了在帮扶中避免对这些孩子造成二次伤害，我们让服刑人员子女加入其所在班级或者正常的活动群体中。"雏鹏展翅"——青少年暑期成长小组就是包含了服刑人员子女在内的一个小组。小组基于帮助孩子走出困境的目标，试图以优势的视角来分析困境儿童在身处逆境时的应对策略，分析其优势特质，并通过利用这些优势特质，发展出有利于困境儿童成长的暑期实践服务模式。通过开展暑期成长营，从八个主题出发促进儿童的成长发展，为他们的未来埋下一颗美好的种子。

小组活动总体上效果良好，达到了预期目标，很多孩子的兴趣爱好在活动中得以施展，一些孩子从开始的不敢上台表现到后来的踊跃率先尝试，还有一些孩子总是表现得很积极，说这些活动都为他们留下了难忘的回忆，还感谢我们陪伴他们度过了这段快乐的时光。如此看来，我们这次的小组活动还是能够达到预期效果的。对于其中的一些不足，我们也积极应对。比如，一些零散的小道具在离校的过程中由于太匆忙而忘在宿舍，一些环节的具体进行出现了一些没有预想到的小问题，使得临时解决问题显得有些匆忙和慌乱。第一节活动中，整个场面过于喧闹，控制环节没有做好，有的小孩子在其中打闹而不顾正事，在社工和志愿者的耐心劝导下，最终使环节得以顺利进行。第二节活动中，由于场地比较开放，一些小孩子沉醉在自己钟爱的项目上不愿意结束，而对于不感兴趣的项目则持以排斥的态度，这显得比较棘手。最后，通过社工和孩子们一起参与其中才使活动顺利进行。到了第三节小组活动时，有的孩子甚至开始有了小脾气，社工和志愿者们采用很多方法克服了这一问题，使得最后一节小组活动也得以顺利结束。

这次发展性小组值得我们记住和反思的是：做儿童小组工作时，要以足够的耐心、永恒的爱心、高度的责任心、宽厚的胸襟、积极的态度及满满的正能量面对他们；社工和志愿者对儿童的特点要有一个正确的认识，有充分的准备，并且要保持自信、自尊；处理问题时也表现出自信以感染孩子；结案时做好感情处理问题，避免造成二次伤害。另外，务必结合服务对象需求和兴趣制订活动计划。因为在活动过程中会发现一些有意义的活动难以实施，很大原因是因为没有抓住服务对象的兴趣点，因为预设的活动方案并不符合孩子们的需求，所以在以后的活动计划制订中，一定要将两者结合起来才能取得更好的活动效果，从而达成活动目标。

（二）反思

“助人自助”始终是社会工作者的信条，那么，何为“助人”，何为“自助”呢？如果按照“性本善”的理论来看，至少我们每一个个体都有“助人”的能力或者意愿，就像我们在日常生活中所看到的一些口头调解或者劝说，都可以归纳在助人的行列中。那么这些更为“接地气”的助人活动能不能像专业的社会工作者所做的那样，在帮助了他人的同时还能提高自身，达到“自助”的效果呢？答案可能不能那么轻易地说清楚。

专业的社会工作者除了拥有一颗善良和博爱的心之外，还应该拥有最基本的专业知识和丰富的实践经验。在整个世界的社会工作发展史来看，我国的社会工作就显得很薄弱了，无论是从基本的学科研究，还是从宏观上的政策支持来看。虽然近年来中央在社会工作这一块加强了政策方面的支持，但是不可否认的是，目前，我国的社会工作领域仍然处于一种较为欠缺的尴尬境地。可以说，就目前阶段来看，作为社会工作领域的从业人员，除了要做好本职的社会工作相关工作之外，还肩负着将社会工作这一专业性的助人观念发扬光大的重任。总的来说，我国现阶段专业的社会工作从业人员任重道远。

社会工作服务的一个重要方面就是小组工作。小组工作通过开展一系列的活动，形成一个强有力的支持团体，使一定数量的服务对象在小组中可以通过日益熟悉的氛围，感受和建立起牢固的朋辈支持。具有同样性质的服务对象内部，个体更能从与自身有着相同经历的其他个体中收获成长和发展的经验，这样有利于服务对象个体的成长。除此之外，通过建立专门的小组，开展小组活动，还可以节省专业社会工作者资源，避免了社会工作者与服务对象进行一对一服务时可能会存在的资源衔接不足的问题，尤其是在我国目前社会工作专业从业人员人手不够的情况下。

在这个项目中，我们开展了几十个不同背景、不同目的以及不同服务对象的小组活动，如矫正社工能力建设培训小组；"雏鹏展翅"——青少年暑期成长小组；相互鼓励，迎接明天；手牵手，共创家庭新生活——社区矫正家庭增能小组；游戏童年，快乐有你——鼓楼社区儿童成长小组；温暖与快乐同行——人际交往学习小组；心灵双约，社工同行——铜山张集镇社区服刑人员支持小组；认识自我——张寨司法所社区矫正家庭增能活动；家是港湾；"聆听心里最真实的声音"——感恩教育小组；社区矫正人员增能，与爱同行——伊庄镇增能；合理释放情绪，共建和谐生活；"探寻你的心灵"——刘集社区矫正家庭增能活动。从一次次的小组活动中也可以看到我们的不断进步和改变，希望日后能给更多的服务对象带去改变，衷心希望在不断的发展进程中，能达到相互合作、共同进步的目的。

三、社区社会工作实施

作为社会工作三大基本方法之一的社区工作，在解决社会问题、促进社区发展中具有极为重要的作用。在社区工作中构建和运用社会支持网络，是发挥和提升社区工作调动社区资源、协调社会关系功能的有力措施。社会支持网络有其特定的结构和互助互济功能，对于社会弱势群体问题的解决，对于专业性社区工作的开展，都具有很重要的理论意义与实践意义。社区服刑人员面临着回归社会的问题，例如难以适应环境、就业难等，因此相较于个案工作和小组工作，社区工作更有利于社区服刑人员实现再社会化，顺利回归社会。[①] 对社区服刑人员开展的社区工作及社会行政方面的工作，主要涉及的是社区服刑人员的中观和宏观层面的社会支持网络的构建。对于社区服刑人员来说，中观支持网络中的正式的社会支持主要来自司法局和居委会，可能会涉及民政局、妇联和学校。在实务工作中，我们主要的努力方向就是对司法局中的工作人员进行心理学和社工知识方面的培训，使他们在对社区服刑人员开展工作的时候能够注意态度和方法，使社区服刑人员感受到更多的人文关怀，从而能够树立信心。

中观支持网络中的非正式的社会支持，能够发挥非常重要的作用。狭义的社会组织是指人们为了实现某种共同目标，将其行为彼此协调与联合起来形成的社会团体。在实务工作过程中，社工首先要加强学习司法方面的知识，并且对服刑人员进行资源的链接。同时，加强对志愿者和司法所社工的培训，让司法所社工逐步参与到实务中来，从而在我们的小组结束后，司法所的社工能够继续形成助力。宏观社会支持网络主要包括：社会政策、社会文化以及大众传媒的支持网络。社会政策是指国家或地方政府为解决社会问题、改善社会环境、促进社会公正与社会进步而采取的各种原则或方针。社工可以通过调查和开展实务，给政策制定者形成参考。在大众传媒

① 谭祖雪、夏延芳："论社区矫正的社会工作介入"，载《人民论坛》2012 年第 36 期。

方面，媒体进行适时的舆论宣传，引导社区居民正确认识社区服刑人员，向全社会宣传、介绍社区矫正工作的理念、意义、目标和本市社区矫正工作开展的情况，宣传社会工作者和志愿者的优秀事迹，通过生动的案例使社区居民产生感性认识。

第二节　日常司法矫正工作中的社会工作

《社区矫正实施办法》规定：司法行政机关负责指导管理、组织实施社区矫正工作，公安机关、人民法院、人民检察院等相关部门协同配合。县级司法行政机关对社区矫正人员进行监督管理和教育帮助，司法所承担社区矫正日常工作；社会工作者和志愿者在社区矫正机构的组织指导下参与社区矫正工作；有关部门、村(居)委会、所在单位、学校、家庭成员或监护人等协助进行社区矫正。徐州市司法局严格按照《社区矫正实施办法》的要求，经过多年的探索与实践，形成了相对成熟的本土化工作机制，并把社会工作的理念、方法渗透其中。

一、调查评估中的社会工作理念

调查评估制度在未成年案件审理中应用得多，明确控辩双方在开庭审查过程中可以就未成年被告人的家庭情况、成长背景、性格特点、社会交往以及实施被指控罪名以后的表现等情况进行调查，并制作书面评估报告交给合议庭。人民法院认为有必要的，也可以根据情况委托有关社会团体或组织对以上情况开展调查或自行派员调查。2010 年 8 月 28 日，中央出台文件要求司法行政机关在办理未成年人刑事案件时，应当综合考虑案件事实和社会调查报告的内容。[①] 修改后的《中华人民共和国刑事诉讼法》规定，公

① 《关于进一步建立和完善办理未成年人刑事案件配套工作体系的若干意见》(综治委预青领联字〔2001〕1 号)。

安机关、人民法院、人民检察院在办理未成年人犯罪案件时，可以根据情况对未成年人犯罪成因、成长环境、教育经历等社会情况进行调查，可见社会调查制度在未成年人刑事案件办理中已经得到很好的应用，并被吸收形成法律条文予以固定。

2012年3月1日起实施《社区矫正实施办法》第四条规定："人民法院、人民检察院、公安机关、监狱对拟适用社区矫正的被告人、罪犯，需要了解其在社区影响的，可以委托县级司法行政机关进行调查评估。受委托的单位应当依据要求，对被告人或罪犯的家庭居所状况、日常表现、犯罪行为所造成的后果、对所居住社区和被害人的影响等事项进行调查，综合各方面情况形成评估意见后，提交委托机关。"这是我国现行法律制度中首次明确提出调查评估的概念，也标志着普通刑事案件社区矫正调查制度的初步确立。近年来，社区矫正调查评估工作在实践中得到了快速发展，各地对社区矫正调查评估工作勇于实践，在司法部的推动下，该项制度在全国各地得到了快速推进，各地均出台了相关制度，江苏、云南、湖南等地还出台了专门的社区矫正调查评估办法。2014年1月16日，我国首部社区矫正工作的地方性法规《江苏省社区矫正工作条例》中明确规定，县级司法行政部门负责执行社区矫正职责，履行调查评估日常工作，这为社区矫正社会工作的健康快速发展起到进一步的推动作用。

在江苏省司法部门的推动和徐州市各级人民政府的直接支持、领导下，徐州市人民法院、人民检察院、公安机关、监狱对拟适用社区矫正的被告人、罪犯或拟适用或者建议适用禁止令的，委托徐州市司法行政机关开展调查评估。县(市)、区司法局对被告人或者罪犯的具体情况进行调查，调查内容包括其居住情况、家庭关系、社会关系、犯罪的后果和影响、居住地村(居)民委员会和被害人意见等，形成评估意见书，并及时提交给委托机关。在调查评估工作中，司法局社区矫正处开拓创新，使得调查评估工作在社区矫正对象的判定中发挥了重要的作用，特别是率先开展的假释庭审听证工作效果积极有效，这项工作还获得了2011年最高人民法院司法创新奖。同年，江苏省开展假释环境调查和入狱现场庭审听证现场会，该项创新工作推动了全国矫正环境调查评估制度的实施，并被写入2012年颁布的《社区矫正实施办法》。2013年底，徐州市又率先制定下发了《社区矫正环境调查评估实施细则》，规范调查评估，实行合议制，此做法得到江苏省司法厅肯定并在全省推广。

二、在入矫仪式和解矫仪式上做文章

《社区矫正实施办法》(司发通〔2012〕12号)对社区服刑人员的入矫和解矫都进行了专项规定：司法所接收社区矫正人员后，应当及时向社区矫正人员宣告判决书、裁定书、决定书、执行通知书等有关法律文书的主要内容；社区矫正期限；社区矫正人员应当遵守的规定、被禁止的事项以及违反规定的法律后果；社区矫正人员依法享有的权利和被限制行使的权利；矫正小组人员组成及职责等有关事项。宣告由司法所工作人员主持，矫正小组成员及其他相关人员到场，按照规定程序进行。社区矫正人员矫正期满，司法所应当组织解除社区矫正宣告。宣告由司法所工作人员主持，按照规定程序公开进行。

为什么政府会如此重视一头一尾的两个宣告环节呢？在2012年2月15日，司法部《关于认真贯彻落实最高人民法院、最高人民检察院、公安部、司法部〈社区矫正实施办法〉进一步做好社区矫正工作的通知》(司发通〔2012〕33号)强调，要突出重点和关键环节，抓好《实施办法》的贯彻落实，"要规范社区矫正执法程序，进一步提高执法水平。《实施办法》对交付接收、监督管理、处罚收监、解除矫正等社区矫正执法环节进行了统一规范。要按照规定程序，认真组织对社区矫正人员报到后的社区矫正宣告和矫正期满时的解除社区矫正宣告，体现社区矫正刑罚执行严肃性"。只有把这两个宣告体现出社区矫正的严肃性，重要的是把宣告这种仪式感做足，才能体现它的意义和价值。这其中，我们就要从"仪式"的基本内涵开始认识，这是我们做好宣告工作的关键性前提。

“仪式”一词作为一个专业性术语出现在19世纪，在人类学研究的视野范围和意义范畴内，仪式首先被限定在人类的“社会行为”这一基本表述上。许多人类学家都对仪式有过不同的论述。比如：“我将仪式视为基本的社会行为。”“仪式是纯净的行为，没有意义或目的。”“仪式是关于重大性事务，而不是人类社会劳动的平常的形态。”“在仪式里面，世界是活生生的，同时世界又是想象的……然而，它展演的却是同一个世界。”利奇指出：“在仪式的理解上，会出现最大限度上的差异。”[①]确切地说，“仪式”一词来自英文“ritual”，其原意是指“手段与目的并非直接相关的一套标准化行为”。因此在仪式中所表现的行为经常具有更深远的目的或企图，这也就表明了仪式的象征性而非实用性的意义。[②] 由此，我们在社区矫正中要强调入矫和解矫时的宣告：一是利用仪式中所表现的行为来实现社区矫正的严肃性和矫正的目的；二是利用仪式使服刑人员接受犯罪的事实，在社区要坦然接受改造，致力于早日更生。诚如台湾地区著名人类学家李亦园所理解的那样，人跟动物不一样，人在不同人生阶段总是有种种心理反应，每过一个阶段，就多一种社会责任，或多一点社会关系，涉及较复杂的心理试验，这个试验假如不适应就经常会产生危机，会出毛病。人类举行仪式，有一个缓冲的时机，帮助你渡过去而进入新阶段。[③] 所以在社区矫正中强调入矫和解矫时的宣告，其含义是深远的。然而，社区矫正宣告的仪式功能、价值意义在实际的操作中并没有得到充分的体现，入矫仪式大多过于死板、形式化，宣讲规则过于烦琐，难以让社区矫正人员明白其意义并且浪费人力物力。而解矫宣告更是简单，社区服刑人员很难获得仪式感。为了扭转当前这种局面，我们以社区服刑人员入矫宣告作为突破，创新宣告形式强调仪式感，司法行政工作人员与社工、社会组织联动，在入矫宣告中引入“司法宣告＋情境性视频短剧＋专题讲座”的综合方式，使入矫宣告形式生动，内容丰富，严肃性与

① 彭兆荣：“人类学仪式研究评述”，载《民族研究》2002年第2期。

② 李亦园：《宗教与神话》，广西师范大学出版社2004年版，第48页。

③ 李亦园：“新兴宗教与传统仪式——一个人类学的考察”，载《思想战线》1997年第3期。

人情味并重，体现社区矫正的“宽严相济”的理念，在入矫时切实给犯罪人一个既非常严肃又非常触动其心灵的仪式感，这样的首因效应会对每一个社区服刑人员在日后的矫正过程中发挥积极的心理暗示作用。

针对徐州市社区矫正状况，由徐州市铜山司法局、徐州市鹏程社会工作服务中心、中国矿业大学社会工作系师生联动，进行了入矫仪式的创新方式。首先由铜山区司法局社区矫正科工作人员负责行政宣告和服刑人员组织管理，中国矿业大学社会工作专业老师进行专题讲座和心理疏导，徐州市鹏程社会工作服务中心专职社工介绍情况并对以后的工作进行铺垫。然后放映了中国矿业大学社会工作专业学生负责制作的情景剧《灯塔》。① 这是一部以社区服刑人员的故事为主题的微电影。电影中的主人公由于酒后驾车被判在社区接受矫正教育，刚入矫时的不适应及悲观沮丧的情绪，影响到了他的生活，在社区、社会组织和社工的共同帮助下，他积极进行改造，按时进行思想汇报，积极参加矫正教育。两个月后，他被成功解矫，重新回到了正常的生活。在微电影放映的过程中，很多社区服刑人员因为感人的剧情受到了触动，眼中泛起了泪花。这似乎传递着社区服刑人员一种这样的心理：相信自己也会像影片中的主人公一样，积极进行社区矫正，早日回归家庭，担当起自己的角色。微电影的放映，对社区服刑人员进行感育教化的作用十分显著。通过类似情景再现的方式，对于此次入矫教育起着思想触动作用，有助于社区服刑人员以后的矫正改造。入矫教育结束后，社区服刑人员陆续到各指定的司法所进行报到，由辖区司法所进行接收，并组建矫正小组、制订矫正方案、召开宣告会、建立矫正工作档案，正式接管社区服刑人员。

三、教育矫正和帮困扶助的力量发挥

司法部《关于认真贯彻落实最高人民法院、最高人民检察院、公安部、司

① 《灯塔》的主创人员是李斯为、王晶鑫、沈安辉、沈宇、王娜、韦露璐、曹智慧等。

法部〈社区矫正实施办法〉进一步做好社区矫正工作的通知》(司发通〔2012〕33号)强调要突出重点和关键环节,抓好《社区矫正实施办法》的贯彻落实。"要全面落实社区矫正任务,进一步提高教育矫正质量。依法进行监督管理、教育矫正和帮困扶助是社区矫正工作三项基本任务。""要切实发挥教育帮助的重要作用,利用管理教育服务中心、中途之家等载体,对社区矫正人员开展法律、道德等方面的教育,增强法制观念和纪律意识,矫正其违法犯罪心理;要组织社区矫正人员参加社区服务,培养其社会责任感,修复与社区的关系;要注重针对社区矫正人员个人的心理状态、行为特点,实施个案矫正,增强教育措施的针对性和有效性。要根据社区矫正人员的实际需要,协调有关部门、单位组织职业培训和就业指导,帮助符合条件的社区矫正人员落实社会保障措施,提高他们适应社会的能力,促使其顺利融入社会。"在社区矫正工作三项基本任务中,社会工作应主要介入的是后面的两项,能够发挥社会工作者的专长。为此,徐州市鹏程社会工作服务中心在中央财政项目经费的支持下,联合徐州市司法机构和矫正社会工作者,依法对社区服刑人员进行教育矫正和帮困扶助的社会工作专业介入活动。

(一)设置针对性的家庭教育讲座

《社区矫正实施办法》(司发通〔2012〕12号)第十五条规定:"社区矫正人员应当参加公共道德、法律常识、时事政策等教育学习活动,增强法制观念、道德素质和悔罪自新意识。社区矫正人员每月参加教育学习时间不少于八小时。"第十七条规定:"根据社区矫正人员的心理状态、行为特点等具体情况,应当采取有针对性的措施进行个别教育和心理辅导,矫正其违法犯罪心理,提高其适应社会能力。"社区服刑人员如果"不按规定参加教育学习、社区服务等活动,经教育仍不改正的",《社区矫正实施办法》规定:"县级司法行政机关应当给予警告,并出具书面决定。"

教育矫治是改造社区服刑人员的关键手段,直接影响着刑罚执行的实际效果。徐州市各县(市)区司法矫正机关已经摸索出非常有效的做法。比如依托"社区矫正管理教育服务中心"形成了"多角度,多层次、分阶段"的系统教育矫治模式。多角度，指通过以真实案例、矫正人员现身说法等形式开展警示教育，组织公益及文体活动进行思想上的引导教育，组织听党课、读党史、学英模等活动开展价值观教育。多层次，即注重体力改造，注重心理治疗，科学运用心理咨询、心理疏导等方法对矫正对象尤其是思想悲观、抵触心理较强的矫正对象进行心理疏导、矫正，培养他们的社会认同感。分阶段，即将教育分为入矫、常规、解矫前三个阶段，根据社区服刑人员的具体情况区别对待，确立各阶段教育目标、内容和方法，实施针对性矫正。[①]

当然，“一刀切”的管理方式单一、内容简单、缺乏针对性的现象也很普遍。因此，每月的集中教育或个别教育，效果并不明显。[②] 如何破解这样的问题呢？项目组与司法行政人员研究商讨后，决定采取已经形成的司法行政工作人员、社工和社会组织的联动机制，在教育环节增加能够让社区服刑人员走心的活动内容和有吸引力的活动形式，形成了“常规教育＋家庭教育系列讲座＋小组活动”的综合方式。其中，常规教育由司法机构人员实施，“家庭教育系列讲座＋小组活动”由徐州市鹏程社会工作服务中心组织实施。在常规教育学习环节，借助家庭与服刑人员的情感纽带作用，大打亲情牌，与服刑人员谈家庭沟通，交流孩子的教育成长。因为一个人最亲最爱最牵动最关心的仍是家人，也只有家人才是最能牵动服刑人员心灵的和最能支持服刑改造的动力源泉。这样的安排也体现社区矫正的基本功能——感化。所谓社区矫正的感化功能是指在矫正过程中，社区服刑人员基于社区矫正机构所给予的人道待遇和人类关怀而产生的积极心理效应，社区矫正机构不仅对社区服刑人员进行思想教育与行为引导，也通过多种方式传授文化知识与生产技能，并积极推荐就业。对于家庭生活困难的矫正对象，在符合法律规定的条件下，社区矫正机构还可以申请最低生活保障和医疗救助。通过这些人道待遇和关心爱护的措施使社区服刑人员产生感化的心理

① 参考资料来源于徐州经济技术开发区社区矫正工作情况汇报：加强社区矫正管理教育服务中心建设，努力实现社区矫正管理工作大联动大管控大矫治。

② 徐州市司法局：积极开拓锐意创新探索社区矫正新思路。

效应，促使其更深刻的认罪、悔罪，调动其改造的积极性和自觉性。[①]

研究发现，社区服刑人员家庭是社区矫正工作不可忽视的重要力量。家庭是社会重要的组成部分，对个人来说则是情感归属的依托，也是团体生活的基础表现形式，对人的成长发展有着非常重要和特殊的作用。在社区矫正工作中，应当发挥家庭作用，构建社区矫正多元化主体。通过亲情教育感化社区服刑人员，使社区服刑人员在家庭的氛围内得到心理和行为上的矫正。[②] 我们设计的“社区服刑人员家庭增能”项目是以社区矫正人员家庭为服务对象，以家庭增能为服务目的，发挥社区和社会组织力量，通过个案、小组、社区等社会工作专业方法，对社区服刑人员家庭开展需求评估，分类服务，重点实施困难性、支持性、发展性社工服务，助力社区服刑人员进行矫正，优化其未成年子女成长环境，推进社区矫正社会化进程。这与服刑人员的服务需求基本一致。服刑人员家庭需求主要集中在家庭经济收入、就业、子女教育三方面，以此作参考，我们把这些需求渗透到各个实务环节中。

“社区服刑人员家庭增能”项目开展地点在徐州市各县市区，其中铜山区主要依托各乡镇司法所开展活动。小组活动主要是借助司法所每周固定集中服刑人员进行思想汇报的机会组织进行。家庭教育系列讲座是在司法所每月集中教育时间或者是各县区组织的集体入矫活动时间进行。这样符合服刑人员的实际情况和地方司法所的工作常态，活动多方主体都尽可能实现最大的效益效率。当然，在一些特殊情况下的处遇是灵活进行的，比如大学生志愿者针对未成年人、未成年家属开展“一封信”活动，这种活动形式灵活有效，还能减少社区矫正人员的抵触心理。

在贾汪区开展活动，主要依托的是“贾汪区社区矫正管理教育服务中心”。该社区矫正管理教育服务中心坐落在青山泉镇姚庄村，基地由社区矫正办公区、农业劳动区、工业劳动区组成。办公区建筑面积为400平方米，配

① 高莹：《社区矫正工作手册》，法律出版社2011年版，第5页。

② 王春林、冷勇：《论社区矫正的家庭参与》，载《江苏省第八届学术大会学会专场论文哲学社会类论文汇编》2014年第78页。

备了集中教育室、监控室、宣告室、爱心超市、心理咨询室、沙盘体验室、阅览室、训诫室等功能室；农业劳动区有 20 亩土地，种植蔬菜大棚、瓜果、玉米等农作物；工业劳动区建筑面积 150 平方米，依托天海塑业集团为社区服刑人员提供"中国结"编织和编织袋等简单手工工艺。这是一个集思想教育、法制教育、公益劳动、技能培训和临时安置等功能于一体的综合性基地。贾汪区社区矫正管理局和社区矫正管理教育服务中心合署办公，定期组织社区矫正人员进行公益劳动，定期见面、交流、疏导、培训、教育，确保社区矫正人员顺利回归社会。贾汪区司法局社区矫正中心开展的集中性常规教育以《江苏省社区矫正工作条例》为主，以遵纪守法、服从管理、珍惜感恩为主要内容，教育社区服刑人员学法守法，配合工作，感恩身边人，珍惜政府宽大处理的机会。"社区服刑人员家庭增能"项目通过"一封信计划"，旨在通过"小手拉大手"的方式，在不影响社区服刑人员子女的情况下，开展志愿服务。针对服刑人员心理增能发展计划，主要活动形式是小组，一个是"心灵港湾"互助小组，一个是"心灵双约"倾听小组。

与铜山区、贾汪区不同的是在主城区鼓楼司法局开展的"社区服刑人员家庭增能"活动。城市社区服刑人员数量少，服刑人员及其家庭在其犯罪的事件上更加不喜欢外人的介入，因此家庭的干预阻力较大。因此，主要借助于司法局的固定活动地点和互动时间，我们组织了适切性的活动，一是真人图书馆——互助圈。真人图书馆的构建分招募、预约、阅览三个部分，这三个部分可以交叉进行，根据读者需求定期安排借阅活动。面向高校师生和社区人员招募"真人图书馆"志愿者，邀请既有学科和岗位特色的老师，学业突出、考研和求职成功、家贫自强、经历特殊的学生，还有有所成就的社区人员等分享自己的经历和经验，与读者分享人生感悟。通过前期的宣传，凡有意愿的志愿者请填写申请表，我们将根据读者需求对申请表进行核阅，编制"图书目录"，并向读者公布借阅图书的内容、时间、地点。读者在"真人图书馆"可查阅自己感兴趣的书。根据每位志愿者在招募理由中所注明的具有某一方面的特长、经历以及职业的特点等，读者选择后提出预约申请，由图书馆员与真人志愿者进行沟通，安排借阅活动，并通知读者。在预约好的时间、地点，读者由图书馆员引导参加借阅活动，聆听志愿者讲述自己的故事，也可以提问。“真人图书馆”的借阅过程，也是一次自由、灵动、平等交流的互动过程，让读者在感同身受中获得教益和力量，也会使志愿者得到分享经验的满足和心智的不断凝练，共同达到一个愉悦交流、提升智慧、增强使命感的效果。对有影响力的、阅读需求量大的“真人图书”，将采取集体阅读（讲座＋讨论的形式进行）。二是建构了从“心”开始——精神健康服务系列活动。在入矫阶段发放心理矫正联系卡，联系卡上有心理咨询室热线电话、邮箱和 QQ 号等。在诊断阶段使用心理测验系统对全体社矫对象进行心理测评，根据他们不同的心理状况划分为“A、B、C、D”四个层次，制订相应的心理矫治计划，采取相应的矫治措施，完成初步心理评估，建立心理档案。在传输反馈阶段，将心理测试结果通知各司法所，用以指导基层开展矫正工作，司法所要及时发现和反馈社区服刑人员心理状况。在咨询阶段，为需要帮助的社区服刑人员确定治疗方案，帮助其改变偏激的认知、情绪或行为。在巩固阶段，定期通过集中座谈、个别谈心、发放相关书籍等方式了解、加强矫治效果，使其树立健康心理。在回访阶段，对心理矫正成功的对象通过电话、邮件、QQ 等方式温馨回访，使其感受社会的温暖，并征集他们对矫治工作的意见和建议。在活动阶段，每月定期举办社区服刑人员心理教育活动，为他们提供交流、求助平台。

（二）就业帮扶行动

就业是一种持久的福利。《社区矫正实施办法》（司发通〔2012〕12 号）第十八条规定：“司法行政机关应当根据社区矫正人员的需要，协调有关部门和单位开展职业培训和就业指导，帮助落实社会保障措施。”第三十六条规定：“社区矫正人员的人身安全、合法财产和辩护、申诉、控告、检举以及其他未被依法剥夺或者限制的权利不受侵犯。社区矫正人员在就学、就业和享受社会保障等方面，不受歧视。司法工作人员应当认真听取和妥善处理社区矫正人员反映的问题，依法维护其合法权益。”在这些政策落实的过程中，徐州市各县区各显其能，想出了很多招数也作出了很多努力，如徐州经济技术开发区社区矫正工作做到了“用心、用情、用智、用法”，不仅要让矫正对象“回归社会”，更要“融入社会”，不仅要让矫正对象“在社区有回家的感觉”，更要“时刻认识到自己是在社区服刑”，不仅要让矫正对象“有一定的自由”，更要“限制自由”，不仅要让矫正对象“改过自新”，更要“对社会有用”。① 我们知道，社区服刑人员作为社会人，需要解决衣食住行的问题。社区矫正机构也有权利和义务帮助社区服刑人员解决困难，寻找出路。社区矫正工作开展以来，各级政府在对社区服刑人员的教育帮扶方面也做了一些工作，包括免费开展劳动技能培训，联合民政部门出台《关于加强社区服刑人员生活救助工作的通知》等。但存在的问题也比较明显，一是到目前为止，国家和有关部门还没有出台或颁布完善的针对社区服刑人员帮扶救助的政策或文件；二是有些单位和部门认为社区矫正工作是司法行政部门的事情，而基层司法行政部门又是一个资源缺乏的部门，很难解决他们的就业问题。

（三）在社区服务中营造春风化雨的感化情境

《社区矫正实施办法》（司发通〔2012〕12 号）第十六条规定：“有劳动能力的社区矫正人员应当参加社区服务，修复社会关系，培养社会责任感、集体观念和纪律意识。社区矫正人员每月参加社区服务时间不少于八小时。”第二十三条还规定：社区矫正人员“不按规定参加教育学习、社区服务等活动，经教育仍不改正的”，县级司法行政机关应当给予警告，并出具书面决定。《社区矫正实施办法》将公益劳动这一名词变更为社区服务，具有积极的现实意义。在当前的社区矫正工作中，社区服务已经成为社区矫正的一项基本任务和重要内容。社区服务侧重对于服刑人员的行为矫正，通过参加社区服务，使其重新认识到自身的社会价值，培养社会责任感，矫正原有不良犯罪心理，这也是我们国家对一部分犯罪人员适用非监禁刑罚的最终目的。从目前运行的情况来看，社区服务还有需要完善和规范的地方。首先，社区

① 徐州经济技术开发区社区矫正工作情况汇报：加强社区矫正管理教育服务中心建设，努力实现社区矫正管理工作大联动大管控大矫治。

服刑人员进行社区服务的决定机关需要明确，社区服务是对社区服刑人员施加的一种义务，这种强制性需要审判机关以判决书或裁定书的形式体现出来，司法行政机关和社区矫正机构只是负责刑罚的执行，无权决定刑罚执行的内容。因为审判机关工作人员对拟适用社区矫正人的个人综合信息、犯罪情况以及人身危险性都有比较全面的把握。因此，由审判机关在判决或裁定时做出社区服务的决定及社区服务的时间等问题，较为合理、科学。其次，对于社区服务的运作需要进一步规范，规范的管理运作是社区服务达到其目的的必要保障。需要规范的内容主要有以下三点：适用的规范，即社区服务应当适用于哪些非监禁刑的罪犯，哪些人不适合参加社区服务，都应当有明确规范的规定。场所的规范，社区服务场所应该依托社会福利性、非营利性机构建立，对场所的选择应当有一定要求。比如应该能够提供适合的劳动项目，应该有专人负责社区服务的组织管理和信息反馈等。执行中的规范，建立社区服务高效、规范的执行机制，严格的执行程序，科学有力的奖惩机制，对实现社区服务的目的具有重要意义。对于无故不参加社区服务的应当规定明确的处罚，情节严重的，应当由司法行政机关建议作出判决或裁定的审判机关考虑撤销原判决或裁定。尤其是公益劳动，多数是让矫正人员到司法所所在镇、办事处机关大院拔草、打扫卫生，这样简单的劳动，既不能体现矫正人员以劳动赎罪和回报社会，也难以实现修复社会关系，培养社会责任感、集体观念和纪律意识。公益劳动流于形式，也让矫正人员日渐产生疲沓和应付甚至抗拒心理。①

徐州市贾汪区先行先试，做出了可借鉴的社区服务的模式。贾汪区社区矫正管理教育服务中心在公益劳动上，采取灵活化、多元化、人性化模式。一是区分式劳动，即根据不同服刑人员的特点，实行人性化劳动，保证每个服刑人员所从事的公益劳动都力所能及且不影响本身工作。采取轮班式劳动，将全区 10 个乡镇、办事处统一排值班表，统一组织、统一参加集体轮流排

① 徐州市司法局：积极开拓锐意创新探索社区矫正新思路。

班公益劳动。把劳动形式固定，对于新入矫人员实行从入矫之日起连续一周时间的公益劳动，接受管理教育；对不服从管理的社区矫正人员实行连续多天劳动模式，直至思想、行动改变，服从管理为止，体现了社区矫正的严肃性、规范性。贾汪区社区矫正管理教育服务中心建设改变了以往社区服刑人员的劳动散乱、难以形成规模的状况，公益劳动向基地化、制度化、规模化转变，为矫正人员融入社会、服务社会创造了机会，帮助矫正对象重建自尊自信，增强社会责任感，推进顺利回归社会的"软着陆"。贾汪区的集中劳动流程是服刑人员在社区矫正中心集中教育后，由工作人员统一整队，带至劳动基地。到达劳动基地后，由技术员将社区服刑人员带入劳动场所劳动，并进行技术指导。要求司法所带队工作人员在劳动基地现场，对社区服刑人员劳动进行拍照、摄录等，留下影视资料，并对劳动过程和效果适当进行点评教育。基地劳动任务结束后，由技术员进行整队、讲评，将人员点清，统一交给司法所带队工作人员。司法所工作人员将服刑人员带队至中心办公区门口站队，与社区矫正中心工作人员一同进行讲评教育，对表现好的人员进行表扬，对存在的问题进行点名批评。讲评教育过后，按顺序进图书室打指纹，并由工作人员有序带离社区矫正中心。至此，一个完整的公益劳动或者社区服务结束。虽然还有许多待完善之处，但作为一种尝试，其意义是深远的。

第四章　社区服刑人员家庭社会工作介入案例

很多研究数据证明没有家庭的社区服刑人员就如飘在半空的风筝，若即若离，没有根基，社区矫正应有的存在价值被大大削弱。因此，只有服刑人员与家人同住，不离开家庭才是体现社区矫正价值的一个重要方面，和睦、美满的家庭是服刑人员恢复社会功能、再社会化的最基本和关键的场所，家庭既对服刑人员在他所身处的社会中给予心灵的慰藉，也能保障家庭免于社会的压力。[①] 而服刑人员能够住在家里，也是其对家庭尽责任、维护家庭稳定的最好安排。因此，在社区矫正中运用家庭社会工作方法，促使家庭功能的发挥，对服刑人员的矫正和实现社会和谐价值，都将是其他方法无法取代的。

---

① 谢秀芬：《家庭与家庭服务——家庭整体为中心的福利服务之研究》，五南图书出版社 2011 年版，第 9 页。

第一节 社区服刑人员家庭社会工作介入的可行性分析

一、家庭对于社区服刑人员改变的意义和价值

(一)家庭的一般价值

家庭是最基本的团体。人类出生即成为基本团体成员。家庭这个团体不像其他团体,家庭对其成员的行为、信念、沟通风格、文化传递、社会技巧以及满足人类基本需求的作为等方面都有重大影响。① 家庭的存在是为了其成员的福祉,也是为了社会的福祉。它们在家庭成员的社会生活中提供了可预测性、结构以及(理想状态的)安全。成员的基本人类需求在家庭中获得满足。②我国古语有云"家和万事兴"。这句话的意思是,只有家庭和睦,其他的事情才会兴旺发达。中国社会非常重视家庭的整体性以及家庭关系的和谐,不论哪个人群,都很重视与强调温馨家庭的建设,重视发挥家庭的强大功能。在2015年春节团拜会上,中共中央总书记、国家主席、中央军委主席习近平强调,中华民族自古以来就重视家庭、重视亲情。家庭是社会的基本细胞,是人生的第一所学校。不论时代发生多大变化,不论生活格局发生多大变化,我们都要重视家庭建设,注重家庭、注重家教、注重家风,紧密结合培育和弘扬社会主义核心价值观,发扬光大中华民族传统家庭美德,促进家庭和睦,促进亲人相亲相爱,促进下一代健康成长,促进老年人老有所养,使千千万万个家庭成为国家发展、民族进步、社会和谐的重要基点。③

(二)家庭的特殊价值

1. 社区服刑人员的问题与家庭环境的关系

早在20世纪初,社会工作专业创始人Mary Ellen Richmond在进行专

---

①② Donald Collins,Catheleen Jordan,Heather Coleman:《家庭社会工作》,魏希圣译,洪叶文化事业有限公司2009年版,第8、11页。

③ 新华网,中共中央国务院举行春节团拜会,习近平发表重要讲话。[EB/OL],http://news.xinhuanet.com/politics/2015－02/17/c_1114401705.htm,2015年02月17日。

业社会工作服务的过程中就发现，人的问题与家庭有关联（Richmond，1917）。因此，她很重视家庭。她认为家庭是了解案主问题及问题解决的关键。[①] 这种认识已经被社会学、心理学、犯罪学、社会工作等多学科、多领域的社会实践所证实。比如“人在情境中”中的情境就包括了家庭等在内的所有环境；心理学中的刺激—反应理论认为，家庭给予一个人的所有影响都可以视为刺激，尽管刺激与反应的关系因个人差异不同而有异，但刺激始终是反应的基础，没有客观的刺激，人是无法主观反应的，一个人的行为是刺激反应的结果。同样，犯罪人的行为与其生活成长的环境刺激有着相关关系。布朗芬布伦纳的生态系统理论就强调发展个体嵌套于相互影响的一系列环境系统之中，在这些系统中，系统与个体相互作用并影响着个体发展。将家庭看作是一个社会系统意指家庭很像人体，是一个整体结构，它由相互关联的部分组成，其中各个部分之间都会相互影响，而且每一部分都有助于总体功能的发挥。家庭确实是一个复杂的社会系统。生态系统理论主要是把人的行为和整个社会环境之间的相互关系进行考察，它是把人类成长过程中需要依存的社会环境（如家庭、组织、团体等）当成是具有社会性质的一种生态系统。重视生态环境这个概念对于分析、理解人类行为具有重要的作用，重点强调人与环境之间不同系统之间的作用及其对人类行为的重大影响。[②]

2. 家庭对于社区服刑人员的意义

Holt 和 Miller（1972）以美国加州高度安全监狱中的 412 名受刑人为对象的研究结果显示，在监禁期间维持坚固家庭关系与成功假释出狱之间，有极为显著的正相关。此研究建议家人是受刑人之自然支持团体，拥有巨大潜能可协助受刑人再重整回归社区后的生活。[③] 在对服刑人员进行矫正过程中，利用家庭和家人这种自然而又巨大的支持，对服刑人员的再社会化和重新融入社会，改造成为一个合格的社会成员的价值是巨大的。因为，家庭

① 周月清：《家庭社会工作——理论与方法》，五南图书出版公司 2001 年版，第 2 页。
② 张昱：《矫正社会工作》，高等教育出版社 2008 年版，第 44 页。
③ [美] Albert R. Roberts：《矫正社会工作》，郑瑞隆等译，心理出版社股份有限公司 2007 年版，第 427－428 页。

对服刑人员来说是最直接、长久、稳定、包容的避风港湾。良好的家庭环境对于社区服刑人员再社会化，助其步入正确的人生轨道，具有极为重要的作用。就社区服刑人员本人而言，他们需要来自家庭的温暖，也期盼得到家庭的关爱与支持。服刑人员接受社区矫正时期，是他们情感最脆弱、极为需要亲情关怀的时期。如果这个特殊时期，他们没有得到来自家庭的鼓励和支持，他们的生理与心理健康将会受到极大的损害。个人的问题往往可以被视为整个家庭的问题，换言之，因为个人遇到了困难，也无法履行其作为一个家庭成员应当扮演的角色，因此协助家庭重建的任务和意义远远超过了帮助个别的家庭成员解决困难。对社区服刑人员而言，家庭是他们回归社会的重要支持，同时他们在接受社区矫正期间，他们的家庭可能也会面临一系列问题。社会工作介入社区服刑人员家庭的研究能够维系矫正人员和他们家庭成员的情感纽带，同时也能帮助他们尽快适应和回归社会，在一定程度上也能弥补对社区服刑人员家庭的关注不足。

3. 家庭是社区服刑人员回归社会的基石

我国历史上家族制度长期占据主导地位，家庭的功能尤为重要，但伴随社会转型而造成的传统家族功能减弱，社会功能代替家庭功能。我国目前家庭社会工作主要是政府以及其他组织相结合的综合性服务，主要包括婚姻求助、培训、家庭生活服务、家庭生活教育、家庭救助、心理健康服务等五个方面。家庭社会工作常常由个人问题引发，在解决问题时也重点关注个人的发展，但它是把整个大家庭作为对象来进行一系列服务的。[①] 而矫正对象在进入社区接受矫正时首先面对的环境便是自己的家庭，家庭环境无疑对矫正对象具有极其重要的影响。

如果每一个家庭成员关系融洽，相互协调，社会就会和谐；相反，如果家庭关系失和，家庭成员整日生活在动荡不安的家庭环境中，不但会影响个人的身心健康，同时也会阻碍生活的进步和发展。[②] 相当一部分的社区服刑人

① 张翠娥：《家庭社会工作》，中国人民大学出版社 2016 年版，第 6 页。
② 于晶利、刘丽艳：《家庭社会工作实务》，格致出版社 2012 年版，第 106 页。

员并不是必然的犯人。他们在之后进行的犯罪常常有一定的刺激源，这种刺激源既有来自社会的因素，也有自身在日常看来不属于大型问题的性格问题。那些刺激源来自社会的问题在处理起来会有一定的复杂性。例如，生活条件的困难导致个人在成长过程中的性格缺失，因生活困苦导致童年形成的心理刺激，还有因文化的不同造成的人际冲突等，因家长婚姻破裂造成在幼年形成的强烈的心理创伤，还有因生活中的移情别恋造成的疯狂心理；因现实生活的问题造成的手足无措等。性格缺陷常常与后天的教育有紧密的关联。在家庭结构相对正常，然而家庭教育不完善时，教育问题便会经常发生。不同家庭对于孩子的影响是不同的，无论家庭富有或者贫穷，都会出现这样那样的问题。这一切都让一个看着无比正常的孩子在遇到自己无法解决的困境时选择极端的方式，从而可能走上犯罪的道路。①

家庭环境，特别是相对完整的家庭对社区服刑人员的影响是巨大的。尤其是对于年纪较小的孩子来说，家庭是他们依靠的地方，应为他们的成长提供较好的保护和滋养，但是现实中这些人往往与家庭存在这样那样的问题，主要是家庭结构的非正常以及不当的家庭教养方式。家庭结构的变化，特别是因父母离异出现的单亲家庭、重组家庭对青少年的成长造成了很大的负面影响。其中，单亲家庭中的家长可能因为忙于挣钱养家而没有足够的时间和精力教养小孩，在贫困家庭中这种情况更加明显。家庭错误的教育方式会给孩子带来严重的后果。虽然青少年普遍就读中学，学校逐渐成为他们成长的社会化的场所，但更多时间会在家庭中度过，而青少年往往在中学阶段养成不良的习惯，家长对青少年的过分宠爱、没有合理的管教、教育疏忽、不管不问的态度甚至虐待等错误的教育方式是重要的原因。②

从家庭与个人之间的相互关系中可以判断，家庭一直会是个人成长过

① 李玫瑾：《犯罪心理研究——在犯罪防控中的作用》，中国人民公安大学出版社 2011 年版，第 120—121 页。

② 李光勇：《青少年社区服刑人员犯罪原因、矫正方法及反思》，载刘强、姜爱东：《社区矫正评论（第六卷）》，中国人民公安大学出版社 2016 年版，第 145 页。

程中的依赖，对个人的发展起到了很大的作用。[1] 家庭从开始建立，始终存在于人类的生活中，是人最为亲密的小型组织。人从小开始，就依靠父母的养育，同时与其他家庭成员共同成长。在长期的成长过程中，人一方面受到家庭在身体上的照顾，另一方面也受到相关的心理以及生活方式等各方面的影响。人在成长到一定程度后，就开始正式步入社会，寻找伴侣组建自己的小家庭。等他们变老，与配偶一块生活或者自己跟子女共同生活。从人成长的整个过程来看，家庭始终扮演着很重要的作用。对每一个正常人来说，家庭都会是他个人发展的最基本的保障，没有人能离开家庭独自存在。

社区服刑人员因其特殊的身份和矫正期间必须接受矫正的要求等现实状况，往往存在着自我支持较弱的问题。从社会支持网络角度来看，家庭支持对他们起到了相当重要的作用。家庭支持网络的成员主要是父母、配偶、子女和亲属。家庭给以社区服刑人员的经济与物质支持能满足社区服刑人员的基本生存需要，更重要的是家庭成员对于社区服刑人员的精神支持会激励他们顺利完成的社区矫正任务。社会工作者深入社区服刑人员家庭中，帮助他们加强和获得家庭的帮助和支持，实现最终矫正目标。

二、家庭社会工作介入社区服刑人员家庭的可行性

（一）矫正社会工作是专业社会工作的重要部分

虽然，西方世界对于专业社会工作开始的时间公认为是 1904 年，但是，有些学者则认为在矫正领域开始的专业社会工作的时间可以推到 1893 年（Wamer、Queen 及 Harper，1935），[2]因为在这段时间，矫正领域的专业社会工作已经发生了。据学者的研究发现，当时从事睦邻运动的社工们试图在全国慈善与矫正会议上让大家认可他们的工作，使他们的工作报告成为大

① 朱强：《家庭社会学》，华中科技大学出版社 2012 年版，第 3 页。

② ［美］Albert R. Roberts：《矫正社会工作》，郑瑞隆等译，心理出版社股份有限公司 2007 年版，第 14 页。

会报告的一部分。这个群体最后果真获得大会的认可，误打误撞地成为专业社会工作的一部分。[①] 然而，可以再推演到更早的慈善及宗教运动，从原始人的时代就有对不幸的人付出同情与帮助的事情，这些不幸的人多是指儿童与轻微犯罪人。所以，无论社会工作是运动的形态还是专业形态，矫正领域都是其中重要的部分。然而，其发展过程还是经历了波折的，特别是在20世纪下半叶，社工人员及现存的社会组织已经忽略了涉及刑事司法问题的个人及家庭的需要，社工人员极少涉及对受刑人及其家庭（家属）提供服务，也很少进行矫正系统的改变及建构矫正性的家庭服务方案。[②] 为什么会出现这样的情况？这也是为什么直到现代矫正社会工作实务难以开展的一个专业性的症结。因为，在矫正领域中有几个关键的要素不符合专业社会工作的要求，一个是服务对象是群体非个人。在标志着现代社会工作的发端《社会诊断》（Many E. Richmond，1917）一书中，作者对于专业社会工作目标的规定就是："所有协助的过程，透过有意识的调整用以发展个人的人格，可以是个人对个人的协助，处理个人与其社会环境间的关系。"[③] 二是服务对象的"自决"权利不能被尊重。服刑人员接受服务时不能自己决定自己应该干什么，不应该干什么。而在专业社会工作中则要求社会工作者应尊重服务对象自我选择和自我决定的权利，不要代替服务对象作出决定。三对服刑人员的服务不是完全的保密状态，按照保密原则，要实现服务对象利益最大化，在没有得到服务对象的允许或书面授权的情况下，社会工作者不得把自己掌握的关于服务对象的秘密泄露给第三方。这在矫正领域不可能被完全遵守，因为社会工作者的职责是协助司法行政实现服刑人员的矫正，社会工作者与服刑人员的服务关系非普通的社会工作者与案主的关系，而是一种强制性矫正关系。因为这些作为评判是不是专业的社会工作的伦理准则不能在矫正领域完全贯彻，所以，矫正领域的社会工作经常被质疑甚至于不被视为专业社会工作。

①②③ ［美］Albert R. Roberts：《矫正社会工作》，郑瑞隆等译，心理出版社股份有限公司2007年版，第10、14、15页。

（二）家庭社会工作与矫正工作功能的融合

社会工作专业创始人 Mary E. Richmond 很重视家庭，她的早期社会工作实践和关于专业社会工作的研究都与家庭有密切关系，在《社会诊断》(1917)一书中，个案工作的对象不是个人而是整个家庭，Richmond 认为家庭是了解案主问题及问题解决的关键，她重视案主家庭资料的收集——因为人来自家庭，人的问题与家庭有关联(1917)[①]。由此，Richmond 被视为早期家庭社会工作的先驱。社会工作与家庭最早建立关系，这与社会工作的基本理念"人在情境中"非常契合。一个人的问题与其家庭环境是相关的关系，诚如 Richmond 所言，人来自家庭，人的问题与家庭有关联。

家庭社会工作就是家庭与专业社会工作的融合的结果。对家庭社会工作的界定，比较普遍被认可的是我国台湾地区家庭问题专家和著名社会工作者周月清的定义：凡以社会工作的方法或理论，并以家庭为中心及维护家庭的完整，视家庭为一个整体及顾及家庭中每一个成员的需求，提供各项家庭服务，以从事各种社会问题之解决；问题的解决过程，包括对整体家庭及各个家庭成员两者的需要从事评量、介入及评估等，即为家庭社会工作。[②]周月清视家庭为一个整体，与 Richmond 对家庭的界定一脉相承。我们在矫正领域对犯罪人进行矫正工作中，对犯罪人的"罪行"分析视角，不能限于一个人的问题，而应该是围绕犯罪人的所有环境，例如家庭、学校、社区、社会都将是制造犯罪人可能的诱因。正如犯罪心理学家李玫瑾所坚持的观点：犯罪的对策绝非"谁犯罪处罚谁"那么简单。我们在治理犯罪问题上必须具有政治的高度和社会的广度。[②] 需要将犯罪现象视为与人类社会并存的一种社会疾病，对于这类的疾病只痛恨并不能解决问题，需要冷静并客观地面对，同时进行认真和耐心的研究，观察其病变的由来，包括发病区域的背景

①② 周月清：《家庭社会工作——理论与方法》，五南图书出版公司 2001 年版，第 2、42 页。

② 李玫瑾：《犯罪心理研究——在犯罪防控中的作用》，中国人民公安大学出版社 2010 年版，第 3 页。

调查，从而才能真正找到有效的治理对策。① 所以，我们在对服刑人员进行矫正过程中，对服刑人员的家庭的介入和干预不仅有必要而且很关键。然而，犯罪矫正领域的服务方案，传统上较着重受刑人本人之复健、监督或其他"治疗"模式，较少有系统地关怀受刑人之配偶、父母、子女、亲戚和其他重要他人。② Judith Weintraub 和 Mary Schwartz 认为，迅速协助受刑人家庭是相对重要的事，而且有其必要性（Schwartz & Weintraub，1974；Weintraub，1976）。这些人需要被鼓励，且要协助他们在分离期间维持稳定关系。③

三、家庭社会工作介入社区服刑人员家庭的必要性

（一）社区服刑人员家庭的存在需要干预的问题

1. 不科学的家庭教养方式

家庭教养方式主要通过亲子关系来体现。不同的家庭有不同的家庭教养方式。一般而言，家庭教养方式有四类，即民主型、专制型、放任型和溺爱型。这四大类型中，最被推崇的教养方式就是民主型教养方式。④ 在民主型的家庭中，家长是孩子的朋友，他们尊重孩子的意见和想法，经常给孩子鼓励和支持。民主型家庭的孩子相较于其他类型家庭的孩子更加自信、自尊和自爱。在与社区服刑人员家庭的接触中，我们发现家庭教育方式往往受到父母受教育程度、职业、家庭经济收入、子女气质、依恋关系等诸多因素的影响。

虽然部分家长有良好的意愿，希望采用民主型家庭教养方式，但是往往实际的教养方式与其理想状态之间存在较大的差距，并由此造成家庭问题或亲子问题。在溺爱型教养方式的家庭中，父母无原则地宠溺子女，致使子

---

① 李玫瑾：《犯罪心理研究——在犯罪防控中的作用》，中国人民公安大学出版社 2010 年版，第 4 页。

②③ ［美］Albert R. Roberts：《矫正社会工作》，郑瑞隆等译，心理出版社股份有限公司 2007 年版，第 427、428 页。

④ 张昱：《社区矫正社会工作案例评析》，华东理工大学出版社 2013 年版，第 138 页。

女养成蛮横、自我、低社会责任感等性格。这些孩子进入社会以后往往经不起失败进而产生挫折感和自卑感，同时出现社会适应和交往问题。这些问题往往可能引起他们的犯罪行为。在专制型教养方式的家庭中，大多父母存在一种望子成龙、望女成凤的心态，过高的期望使得他们“恨铁不成钢”，在这种教育方式下，一旦子女达不到父母的要求，他们便使用棍棒教育的手段，导致子女产生强烈的反感、对立和叛逆的情绪。在这种情况下，子女会对家庭失去信心，转而向外界寻求帮助和理解。在这个过程中，青少年可能结交到社会不良人员进而走向犯罪的道路。放任型教养方式家庭中的父母往往对子女的生活置之不理。一方面，这些家庭的父母因工作或事务繁忙无心或无力管教；另一方面，这些家庭的父母一方或双方本身就是社区服刑人员，他们给孩子起到了不良的示范作用。还有一些父母由于能力有限或是其他原因无法给以孩子科学合理的指导性影响，导致孩子在人格发展上没有受到良好的教育，从而使孩子在自我认知水平上被限制，产生性格及人际交往上的障碍。[①] 在与社区服刑人员家庭接触的过程中，我们还发现一些家庭因为家庭成员犯罪让家人蒙羞，而对其进行讽刺挖苦、横加指责；一些家庭因为担心犯罪的家庭成员会再次犯罪，而对其严加管理，稍有差错就以棍棒相加。社区服刑人员本身就因为犯罪而产生自卑、内疚、矛盾和彷徨的心理，再加上错误的家庭教育方法，致使其走上一条不断犯罪的不归路。

2. 家庭成员沟通不通畅

家庭成员之间的互动频率越高，联系就越密切，其人际关系的密度便越强。家庭成员沟通不畅对未成年子女有极大的消极影响，父母之间的冲突也会对孩子的成长产生巨大的影响。夫妻关系不和会使子女缺乏父爱或者母爱，还会影响孩子的身体发育。有调查显示，夫妻间经常发生冲突，会使子女对家庭产生恐惧感，导致睡眠欠佳，并引发各种疾病。由于夫妻关系紧

① 裴大凤、张岑：《家庭治疗在社工帮教工作中的运用与实践》，载刘强、姜爱东：《社区矫正评论（第六卷）》，中国人民公安大学出版社 2016 年版，第 137 页。

张,很容易拿子女出气,使孩子的精神状态处于紧张之中,性格内向,日后容易引发抑郁等精神疾病。那些在夫妻关系紧张、沟通不畅的家庭中成长起来的孩子一般容易产生自卑、淡漠、仇视等不健康的心理问题。[①] 很多社区服刑人员的家庭都存在沟通不畅的问题。一是大家各自忙碌,除了睡觉以外,聚在一起的时间并不是很多。二是缺少必要的沟通技巧,从而导致矫正对象无法与家庭成员进行正常的沟通交流,要么争吵不休,要么冷战疏离。三是随着社会的发展,网络聊天交友工具的普及,人与人之间面对面的交流越来越少,家人之间促膝谈心的时间大多都被网络聊天所占据。因为长时期缺乏必要的沟通交流,家庭成员慢慢产生了隔阂,再加上长期在言语交流、情感需求上得不到满足,会导致矫正对象找寻其他途径来宣泄自己压抑的情绪,从而重新犯罪,导致矫正失败。

3. 家庭支持系统乏力

社会支持网络,是指个人在社会发展中与他人以及社会之间的交互,这种交互使得个人能够满足自身发展的社会需求。这种支持网络主要由正式以及非正式支持网络两部分构成。一般而言,非正式的社会支持网络包括亲朋、周边邻居以及工作伙伴等。正式的社会支持网络主要包含政府和非政府机构等。有调查显示,矫正对象出狱后重新回归社会,原有的社会支持关系中断或减弱甚至缺失,如家庭支持、单位支持等都因此中断,生活居所、合法身份等权利的缺失从而无法及时获取社会资源,同时由于社区矫正对象的标签身份,很难凭借一己之力重新构建新的社会支持网络。[②] 国家的政策引导、社会工作的家庭介入,以及家庭邻里的接纳帮助对重建矫正对象的社会支持网络很重要。

矫正人员的家庭因为其犯罪判刑,家庭经济遭受损失,同时,又因为家庭成员犯罪的身份而受到社会的歧视,家庭成员受到经济、精神的双重压力。在这些重压之下,一些服刑人员的家庭成员,如父母或者子女选择与其断绝关

① 于晶利、刘丽艳:《家庭社会工作实务》,上海人民出版社 2012 年版,第 110 页。
② 刘强、姜爱东:《社区矫正评论(第四卷)》,中国人民公安大学出版社 2014 年版,第 181 页。

系、同胞与其断绝来往，从而破坏了社区服刑人员家庭结构的完整性。社区服刑人员中有一部分人因判刑而导致离婚。离婚不仅对当事人产生影响，还对家庭造成危机，比如离婚家庭中还有未成年的孩子，孩子很有可能因为得不到家人足够的关爱，缺少家庭的管教而受到不良的影响进而走向犯罪的道路。

家庭支持系统的缺乏还体现在一些家庭本身资源的匮乏上，整日为生存奔波或在生存的边缘挣扎的家庭往往不能为孩子的健康成长提供必要的资源和支持。同时，这类家庭往往居住条件比较差，不仅使孩子学习受到干扰，还没有其独立的个人空间。大多数这类家庭的孩子因为自卑也不能很好地融入周围的环境，往往会向外找寻认同和支持，稍有不慎，就会误入歧途。

（二）社区服刑人员家庭客观存在服务需求

1. 社区服刑人员多样性的家庭服务需求

在《社区服刑人员基本状况与服务需求调查分析》中，我们发现社区服刑人员在自己犯罪后，对家庭的各种担忧是客观、具体、明确的。其中，“目前最担心的问题”是自己和家庭的生活来源问题，占被调查者的47.8%；其次担心的是子女的学习和工作问题，占被调查者的41.4%；第三是就业问题，占被调查者的32.9%；第四是担心自己的社会声誉会因为犯罪而受影响，占被调查者的30.6%；排在后面的依次是自己的健康(27.8%)，父母的赡养问题(16.6%)，自己和家人的关系问题(15.5%)，自己的人际关系恶化(10.3%)，其他(2.4%)。由此可以基本判断，社区服刑人员最牵挂家人及家庭生活，这样的心理状态也正是我们对服刑人员实施家庭社会工作介入的良好契机。帮扶服刑人员(史料上说法不一，其中有轻微犯罪人这一说法，与今天的社区服刑人员身份类似)一直是人类社会常见的慈善活动。进入专业的社会工作时代后，家庭社会工作又是最早的社会工作实务。因此，家庭社会工作介入社区服刑人员矫正工作既是可行的又是必要的。通过家庭社会工作介入，我们可以充分发挥家庭在社区服刑人员矫正过程中的支持作用。

2. 社区服刑人员家庭服务的特殊性

在矫正领域开展的家庭社会工作，与在一般家庭中开展的社会工作相比，有其特殊性。首先，社区服刑人员家庭承受的社会压力更大。一般意义上的家庭社会工作始于访问贫民家庭、改善贫民生活为宗旨促进家庭关系协调，主要通过家庭处置（family treatment）、家庭实务（family practice）、家庭服务（family service），帮助解决因一时的特殊遭遇造成的家庭贫困、社会资源缺乏、家庭人际关系差等问题，从而使家庭成员适应社会，尽快恢复原有的、正向的、积极的家庭生活功能，增进家庭成员各种良好关系的发展。这里的家庭成员具备正常公民的资格，在家庭社会工作介入其中的时候，大家共同努力、共同进步、共同解决问题，但社区服刑人员的家庭除了具备一般家庭的内涵，还有的就是犯罪人的特有标签所带来的额外成分。正如骆群在上海对社区矫正对象访谈时的感受那样：在社区服刑的犯人，虽然自由没有被剥夺，但毕竟被贴上了犯罪的“标签”，其所产生的负面影响就是像正常人那样能够行使某些权利被有形或无形地剥夺。[①] 这些“坏人”及其家人、亲戚朋友无不在社会生活生产中受到各种排斥。比如，这个家庭在链接资源时可能会遭遇拒绝，原因就是，一个罪人不值得我帮助；作为犯罪人的家人在其他人面前没有底气，经常会被指指点点，一种无形的压力如影随形，抬不起头做人，在解决家庭问题时特别容易受挫和气馁。

其次是服刑人员家庭的家庭介入目标更难实现。家庭社会工作的目标与家庭社会工作的定义有关，所以定义不同，目标设定也不同。比如，Donald Collins、Catheleen Jordan、Heather Coleman 认为，家庭社会工作是协助高风险家庭摆脱困境的统称。[②] 相应地，家庭社会工作的三个主要目标：一是增强家庭优势以做好改变（或处遇）的准备；二是在家庭治疗之后为家庭提供额外支持，让其维持有效的功能；三是创造家庭功能的具体改变，使其能自力维持有效且令人满意的日常运作。[③]其中的核心目标是家庭功能恢复和发挥。我国台湾家庭问题专家、著名社会工作者周月清认为，家庭社

① 骆群：《弱势的镜像：社区矫正对象社会排斥研究》，中国法制出版社 2012 年版，第 7－8 页。

②③ ［加］Donald Collins、［美］Catheleen Jordan、［加］Heather Coleman：《家庭社会工作》，魏希圣译，洪叶文化事业有限公司 2009 年版。

会工作是以家庭为中心而进行的社会工作介入及所提供的家庭服务。那么设定的家庭社会工作的目标应在于协助解决家庭问题，改善家庭日常生活，提升家庭自身解决问题的能力，促进家庭关系的和谐及家庭功能的正常发挥。我国学者朱眉华结合中国家庭实际情况，设定了七个家庭社会工作的主要目标，对家庭成员、家长在管理、沟通、学习、教育关系建立等方面都有具体的愿景。[①] 中国社会工作教育专家王思斌认为，家庭社会工作是以家庭为本的社会工作的介入，即动员社会及家庭资源，促进家庭正常运转及发展的社会福利与服务。协助家庭正常运转是家庭社会工作的目标。综上所述，无论是什么样的目标，其核心都是促使家庭的正常化运转和功能的正常发挥。

首先，服刑人员的犯罪行为非一时之过，与其成长经历、家庭环境、家庭教育有密切关系，诚如 Mary Ellen Richmond 所认识的那样，人的问题与家庭有关联。一个犯罪人首先是一个问题人，一个问题人往往来自一个问题家庭，无论是什么样的问题家庭对一个家庭成员的正常健康成长都是极为不利的，而且这样的问题家庭往往具有历史性、复杂性。可能是长期的发展导致，可能是家庭经济状况不佳、家庭关系不和、家庭教养方式错误、家庭气氛冷漠、家庭亲子关系忽视等原因造成；也可能是家庭结构性问题，如非原生家庭、大家庭、联合家庭等家庭中的关系比原生家庭复杂，处理不好也会导致问题人的产生。由于问题家庭的问题不是单一的，问题形成的时间都会比较久远，而且很多问题都属于顽疾，所以要实现这样的家庭的服务目标实现，家庭社会工作从时间上要有一个持久的过程，在方式上会有家庭治疗、家庭服务等多种处遇。其次，给服刑人员家庭开展社会工作，还要面对社区、邻里可能的误解。因好奇心驱使，如果经常有陌生人进入一个家庭，街坊邻居会生疑，会想方设法打探，甚至阻挠社工的访问，这也是熟人社会很正常的社会关系。面对这些疑问、打探，被访家庭不愿意透露过多信息，社工的职业道德和伦理要求就更不能随意透露细节，会影响正常活动的开

① 朱眉华：《家庭社会工作实务》，载中国社会工作协会组编《中国社会工作发展报告（1988－2008）》，社会科学出版社 2009 年版，第 147 页。

展。最后,服刑人员家庭成员的配合度低的问题。家人违法乱纪绝不是光彩的事情,知道的人越少越好,不仅是服刑人员、服刑人员家庭,就是社区矫正工作人员也持这样的观点,因此服刑人员及其家庭的社会工作介入其实都存在非完全自愿的事实情况。无论什么情况,他们愿意自己硬扛着,能扛过去就好,扛不过去就破罐子破摔,所以很多服刑人员的家庭功能是在服刑人员被判刑后,在很短的时间内受到严重的破坏,比如婚姻解体、经济陷入窘境、家人关系恶化,等等。失去了家庭支持的服刑人员如同断了线的风筝、没有根基的树苗,没有牵挂没有寄托没有追求,失去了改造的原动力,很多这样的犯罪人在矫正期间不配合矫正,甚至恣意妄为,继续犯罪、重复犯罪的概率都很高。因此,社区服刑人员的家庭会因为服刑人员的犯罪事件陷入一种危机的状态,这种危机可能是经济上的,因为伴随犯罪可能要罚款或其他经济制裁;可能导致父母关系、夫妻关系、子女关系、同胞兄弟姐妹关系等家人关系紧张;可能是心理上的应急状态,服刑人员一时无法接受自己是个犯罪人的事实,家人更不能原谅犯罪人会有如此恶劣的、给家人蒙受耻辱的行为发生;也可能是犯罪人家庭邻里关系的突然恶化,亲戚朋友避而不及,如同躲避瘟神,异样的眼光和指指点点的行为。这些都是一个犯罪人很常见的危机遭遇,客观上服刑人员及其家庭是需要紧急干预的。

第二节 典型案例①

在20世纪60年代后,越来越多的人认识到,导致服刑人员犯罪的原因,除了内心的“恶”和不健康心理,还有其家庭问题、受教育问题、就业问题,等

① 案例来源于2015年度中央财政支持的“社区矫正人员家庭增能社工服务示范项目”(项目编号:C051)案例库。案例主创人员是中国矿业大学社会工作专业老师和2011级、2013级学生。

等。[①] 这与我们的调查结论基本一致。如果只对服刑人员进行矫正，不解决好服刑人员家庭问题、受教育问题、就业问题等问题，矫正的效果难以维持，或者说对服刑人员的矫正只是一种治标不治本的活动，服刑人员重新犯罪不可能得到有效控制。事实也印证了这种看法。美国社会学家马丁逊(R. Matinson)对美国1945～1967年的有关重新犯罪控制的成果进行检验。他认为，除了个别、孤立的成果，大多数有关重新犯罪控制报告显示，仅依靠矫正方法控制重新犯罪效果不理想。还有研究表明，服刑人员不仅存在家庭问题、受教育问题、就业问题，而且所存在问题远比普通人群突出。[②] 鉴于此，徐州市鹏程社会工作服务中心在申请2015年度中央财政支持社会组织参与社会服务项目时，就把对服刑人员的帮扶的切入点定在"家庭增能"。本节内容是从项目开展过程中选取的几个典型案例。这些案例虽然不能全面涵盖服刑人员家庭所有问题，也不能保证每一个问题都能得到彻底解决，而且在运用社会工作的方法介入家庭问题的解决过程中存在些许的不规范，但是我们是在这个区域开启了此业务，探索的取向是明显的。既然是探索的，那么必然带来各种存疑，甚至于专业的批判，我们保留这样的认识态度——"横看成岭侧成峰，远近高低各不同。"

一、家庭教养方式不良的社会工作介入

(一) 案例概述

1. 服刑人员及其家庭基本情况

包某，因与社会不良人员聚众斗殴，被判1年，在社区执行。

包某，男，犯罪时年满22岁，未婚，初中文化水平，没有稳定工作，对生活的态度比较消极。包某在读小学时父母离异，他一直跟随他的父亲生活。包某的父亲放荡不羁，主张"人生苦短，及时行乐"的价值观，对包某的成长

①② 翟中东：《社区性刑罚的崛起与社区矫正的新模式——国际的视角》，中国政法大学出版社2013年版，第8-9页。

关注较少。尤其在父亲这一角色的承担上，包某的父亲并没有给包某树立一个认真负责的父亲形象。包某的母亲在包某小学阶段便在一定程度上退出了包某的生活。包某在乡下还有年迈的爷爷、奶奶，但因为不在一起生活，沟通很少。在接受社区矫正期间，包某在思想上抗拒管理。社工通过家访得知包某的父亲有暴力倾向，包某的父亲经常饮酒过量，醉酒后经常对包某拳脚相加，导致包某经常离家出走，最长的一次是连续两周不回家。包某因与社会不良人员聚众斗殴，性质恶劣，被判在社区服刑。

2. 介入策略

包某的家庭属于典型的放任型教养方式的家庭。一方面，包某的父亲因个人性格问题和自身能力问题未给予包某足够的关爱，使得包某内心缺爱；另一方面，包某的父亲没有在包某成长的过程中给予包某科学合理的指导，致使包某在自我认知上被限制，产生性格及人际交往上的障碍。

包某能顺利接受社区矫正，早日回归社会，重在解决他的家庭问题。放任型的家庭教养方式使包某沟通能力缺乏。家庭的原因导致包某没有可以经常沟通的对象，爷爷、奶奶与包某之间也存在代沟，父亲又存在暴力倾向，父亲与他无法很好地沟通，他平日也没有和母亲来往，因此包某的失落孤独心理是可想而知的。

造成包某走向犯罪的原因除了其不良的家庭教养方式，还有其特殊的家庭结构，即单亲家庭。这样的家庭结构对包某的家庭有两个消极影响。其一是家庭角色缺失，父母离异对于孩子来说是最大的伤害。由于失去了母亲这一重要角色，父亲又不常与包某进行沟通，因此，包某形成了内向的性格。再加上受社会不良青年的影响，包某很容易走向犯罪之路。其二，支持网络缺乏。包某的社会支持网络比较单一，由于得不到母亲的关爱和呵护，加之父亲的暴力及与爷爷、奶奶的代沟，包某在需要别人关心和帮助的时候缺少支持的网络，于是便会觉得孤单。

社会工作者只有协助包某重新建立一个良好的家庭互动模式，才能从根本上解决包某的家庭问题，包某才有可能顺利完成社区矫正。在与包某及其家人建立发展和谐互信的关系之后，社工协助他们认识到现在不良家庭教养方式和家庭人员的互动关系对包某的负面影响。父母破坏性的沟通方式和成长过程中父母角色的缺位，让包某丧失了安全感，也压抑了自己对于父亲的感情，导致内心压抑的冲突以及更大范围的不良人际关系。

通过帮助包某处理过去未完成的事件，与父亲进行有效的沟通，增加他对父亲的理解。同时，也对包某的父亲的教养方式做了引导教育。在与母亲的关系和沟通上，包某认识到，“母亲只是在用她的方式来爱我，我现在只有让自己成为一个可以为自己负责、能够独立解决问题、可以创造自己新生活、不断实现自我价值的人，才能让妈妈真正放心”。包某的自我成长，也改变了他自己以往对社区矫正的看法。包某还对自己的将来有了明确的规划，并和妈妈达成协议，用一年的时间去尝试自己喜欢的工作，若能达到目标，就坚持。如果没有起色，便听从妈妈的建议找一份稳定的工作。

同时，针对包某较低的自我认同，社工通过招募包某参加“重塑自我”小组活动，让他在小组体验到，成长的一个重要部分就是去获得智慧和能力来为自己负责。在小组成员互动、分享、鼓励和支持中真正感到自己的价值，在互相支持的氛围里，包某更能坦诚地挖掘深层次的自己，了解到自身的可能性以及发展性。个人责任的承担层次越高，其拥有的内在力量便越多，相应地，人的自由度也会越高。在小组中，社工帮助包某变得更加有担当，乐于选择并维持支持性人际关系。

在社工的协助下，包某的焦虑和敌对情绪有所缓解。通过认知疗法，包某认清自己以前的很多想法都是不正确的。在社工的协助下，父子二人也深刻剖析了自己的问题所在，在尝试运用正确的沟通方式后，改善了父子的关系，虽然有时意见不合，但不再是针锋相对。

同时，社工也对包某父亲的酗酒行为进行了劝导，他表示之后会尽量少喝酒，对包某多关心、多沟通。虽然包某和父亲的关系还没有达到一个非常好的程度，但是包某表示自己对父亲的看法已经有所改变，假以时日，他一定能和父亲相处好。通过“重塑自我”的小组活动，包某完成了进一步的自我探索，对自己有了更进一步的认识。完成了对自我的接纳，增加了人际的弹性，从而能更好地接纳别人的差异。他还认识了一些好朋友，从朋友眼中认识自己，让自己更加有信心应对将来的问题。

（二）案例反思

此案例具有一定的特殊性，包某父亲放任型的教养方式对包某的个性发展产生了不良的影响。社工在介入这类服务对象的家庭中应注意为其创造一个安全的环境，让服务对象袒露自我。首先，社工应当帮助家庭成员建立彼此信任和支持的关系，使他们感到安全、舒适。其次，社工应当注重增强家庭成员自我改变的信心。最后，社工在提供专业服务的过程中，应当多一些引导和示范，帮助社区服刑人员与其家庭成员达成内外一致的关系，帮助他们更好地成长。此外，在社区服刑人员家庭介入实务中很重要的一点是，社工要充分考虑到中国传统文化的影响。比如中国的父母都比较好面子，他们很注重在孩子面前的权威形象以及子女和父母在权利、地位上的差异性。

二、家庭沟通不良的社会工作介入

（一）案例概述

1. 服刑人员及其家庭基本情况

张某，男，28 岁，已婚。张某有轻微抑郁症，看待事情有时会过于偏激化。张某与家人，尤其是与他的父亲有极大的矛盾。接受社区矫正以前张某一直在外打工，工作也不稳定，现在认为家庭才是真正的依靠，便辞掉工作回家来，之前试图打电话给父亲，化解父子关系。张某的父亲脾气比较暴躁，平时沉默寡言，和张某缺少情感交流，不愿多加关心张某。张某和母亲的关系更好一些，与邻居也能友好共处。2015 年，张某在家中和父亲因为琐事发生矛盾，张某从家中取来两桶柴油倒在房间内，并用打火机将物品烧毁，张某以放火罪被依法判刑。这使他与父亲有了隔阂，父子俩形同路人。

2. 介入策略

张某存在两个大问题：其一是和父亲之间的矛盾，其二是本身心理存在问题。张某之所以会走上犯罪的道路，表面上看是父子关系不和，实际上却反映出其家庭问题。张某与父亲之间的沟通不畅慢慢加剧了张某的心理问题，即孤僻、怨恨心强、堕落、埋怨等不良心理。

社工从两个方面协助案主改善其家庭关系。一方面，社工积极与案主的父母进行沟通，了解到父子二人的感情十分冷淡，案主有很强的逆反心理；另一方面，社工在与案主的会谈中也了解到案主的想法，他觉得自己已经很大了，不想一直和父亲闹矛盾，但父亲总是摆着一副臭脸，他的心里也很难受。父亲在案主成长过程中的沟通方式与案主的性格养成有很大的关系。社工一方面找到案主的父亲进行沟通，将案主的想法告诉其父亲，并对其进行劝说，使得案主的父亲意识到自己的沟通方式并不利于孩子的发展；同时也向父亲转达案主的孝心。另一方面，社工给了案主一些关于沟通技巧的建议，如说话的语气、表达情绪的方式等。通过这种双向沟通，案主及其父亲都能意识到问题的根源所在，为改善家庭关系奠定了良好的基础。

除此之外，社工和张某一起对他的抱怨情绪进行了分析，建议他从自身和社会的积极面来看待问题，减少性格里的消极因素，为自己树立一个目标，在实现目标的过程中去提升自己的能力，能力提高了，对社会的适应能力也自然会提高，对社会的理解也会变得理性和成熟，但这种心理的转变需要一段时间。

经过社会工作者与案主及其家人的共同努力，张某的脾气相较于之前而言，变得好了很多，对周围的事情不再那么敏感，可以相对理智地应对，不至于轻易地被激怒。同时，案主和父亲之间已经形成了较为稳定的良性沟通模式。父亲愿意倾听案主的心事，案主也愿意把自己的想法和意见说出来，并和父母商量。服务对象情绪平稳，能够积极地面对生活，意识到用正向的态度看社会就能看到美好的东西。

（二）案例反思

这个案例很有典型意义，案主因与父亲之间的矛盾冲突，从而实施了纵火行为。张某与父亲之间的矛盾没有得到及时的处理是因为他们长期缺乏必要的沟通交流。如果家庭成员之间长期得不到有效的沟通，势必会慢慢产生隔阂。再加上长期在言语交流、情感需求上得不到满足，案主就会找寻其他途径来宣泄自己压抑的情绪。案主在与父亲发生矛盾后选择的纵火行为便是一种宣泄的方式。结合案例及相关理论，我们知道行为问题的产生是多方面的，社工在开展专业工作时，不应该仅仅局限于问题本身，还应该将行为这个要素置于整个家庭环境中来分析，通过各方面资料的收集，对行为问题进行综合分析，找出行为问题的本质、产生的根源，这样才能更好地开展工作。

三、家庭支持缺乏的社会工作介入

（一）案例概述

1. 服刑人员及其家庭基本情况

许某，女，丧偶，有 3 个子女。2015 年获假释，在社区服刑。许某是 2010 年因犯拐卖儿童罪被法院判处有期徒刑 5 年，后因在监狱认罪悔罪、积极接受教育改造，被法院裁定假释，在×社区矫正中心接受社区矫正。许某本以为当她回家后，孩子们会非常想念她，非常需要她的温暖，但情况却是相反的。据许某反映，孩子们不搭理她，有时甚至会与她拌嘴，孩子们觉得许某给他们丢人。面对这样的家庭氛围，许某常常一个人闷闷不乐，虽曾尝试与孩子们交流，但收效甚微。这样的状况持续了一段时间，许某十分苦恼。

2. 介入策略

许某家庭支持系统的缺乏主要表现在其家庭本身资源的极度匮乏。一方面，许某的家庭经济状况十分窘困，没有任何收入来源。许某在监狱接受教育改造，家里还有三个正在读书的孩子。许某的丈夫因交通事故意外去世，但是事故的赔偿款一直没有到位。另一方面，许某的子女因许某曾入狱而对许某失去信心，经常抱怨许某，致使家庭关系紧张，相互无法沟通。此外，许某的家庭情况使得其欠缺对子女教育的投资，许某的三个孩子随时面临因欠学费而被退学的风险。在这样的家庭中成长的孩子往往缺乏独立的个人空间，也极易产生自卑等负面情绪。

物质需求是每个人最基本的需求，主要包括人们生存所需要的生活费用等。如果不能帮助许某满足其家庭的物质需求，许某将不可能顺利完成矫正工作，更难以回归社会。社工帮助许某链接到法律援助中心、民政部门、企业等资源。法律援助中心可以为许某提供免费的法律援助和咨询，并帮助许某解决其丈夫车祸的赔偿问题；民政部门可以为许某的家庭办理低保补助；企业可以为许某提供就业途径，从根本上保障许某的家庭收入来源。

除了经济压力，许某还承受了极大的精神压力。她的子女因为她的罪犯身份歧视她、不信任她。社工帮助许某联系心理学专家，疏导许某的情绪，让她可以保持一个好的心态以便能够积极接受社区矫正。

在支持系统匮乏的家庭中成长的孩子很可能因为得不到家人足够的关爱而走上犯罪的道路。社工通过在社区开展亲子课堂，为许某和子女们创造良好的沟通机会。此外，社工也给许某提供了一些了解青春期孩子心理特征的书籍和视频，以便许某日后能和孩子更加和睦地相处。此外，社工还积极为许某的孩子争取学费减免和老师的课后辅导，解决了许某子女的学习问题。

经过矫正社会工作者与案主及其家庭的共同努力，许某对其家庭现状有了正确的认识，心态得到一定的调整，不再郁郁寡欢，愿意更加配合社区矫正的进行。许某把握了子女的心理状况，努力学习了教育子女的科学方法并且尝试运用到生活实际当中，亲子关系得到缓和，许某的心理压力有所减少。许某重新树立起了对生活的信心，并真正认识到家庭的温暖需要每个人的呵护，同时更加坚定了她积极改造的决心。从资源视角解决家庭问题能取得不错的效果，矫正社工通过不断地与矫正对象访谈并帮助矫正对象链接资源以解决矫正对象面临的问题，使得矫正对象家庭面临的生存危机得到化解。社会支持系统和家庭支持系统初步建立，许某的经济压力得以缓解。

(二) 案例反思

社会支持网络指的是个人之间的接触，通过这些接触，个人得以维持社会身份并且获得情绪支持、物质援助和服务、信息与社会接触。根据社会支持理论，一个人所拥有的社会支持网络越强大，就能够越好地应对各种来自环境的挑战。个人所拥有的资源可以分为个人资源和社会资源。个人资源包括个人的自我功能和应对能力，社会资源是指个人社会网络中的人所能提供的社会支持功能的程度。以社会支持理论取向的社会工作，强调通过干预社会网络资源不足或者利用社会网络的能力不足的个体，帮助他们扩大社会网络资源，提高其利用社会网络的能力。

资源的注入为家庭的改变提供了可能，也为家庭的改变提供了动力。面对一个如此窘困的家庭，社工要通过客观评估服刑人员的需要，结合自己的能力，整合多方资源，协助服刑人员解决实际问题。在服务过程中，社工的尊重、接纳和真诚让服刑人员家庭感受到社会的关爱和温暖，从而认可和配合社工的服务，家庭也会发生改变，每个成员都从中受益，并获得成长。这个案例让我们看到，即使家庭或个人处在极度困境中，他们仍拥有不可替代的可用资源，只要社会工作者愿意去发掘他们的优势，陪伴他们成长，社区服刑人员的家庭就会向好的方向发展。

四、系统视角下的家庭系统干预方案

(一) 案例概述

1. 一个稀里糊涂犯罪的农村妇女

(1) 服刑人员及其家庭基本情况

张女士，因犯重婚罪被判处缓刑两年，在社区执行矫正。

张女士犯罪时 30 岁，文化水平较低，由于幼年时期一次生病发烧处理不当致使脑子时而清醒时而糊涂。嫁给张先生后曾去精神病科进行咨询，但因张女士患病时间过长以及所需医疗费用过多，也就不了了之，没有得到彻底治愈。2015 年 3 月份，张女士在家接到一个电话后，就带上自己的各种证件去往安徽省某市和当地某男子办酒席举行了结婚仪式。张女士的丈夫此时在外地打工，听闻此事后赶忙回家报警，20 多天后，找到张女士，张女士因触犯了重婚罪，被司法机关判处缓刑两年在社区执行矫正。

张女士的丈夫 36 岁左右，小学文化水平，父母已逝，有一个哥哥、两个姐姐，均已成家；一个姐姐和哥哥住在附近，另外一个姐姐则远嫁他乡，哥哥姐姐家中也都是靠打工维持生计，家庭条件一般。张先生曾在几年前打过一场官司，当时两个姐姐对其进行了资金援助，后再度寻求援助时，哥哥姐姐都表示自己家庭有难处，因此与哥哥姐姐的关系很差。夫妻二人育有 4 个孩子，大儿子 9 岁、二女儿 6 岁、一对双胞胎 3 岁，其中有 3 个孩子没有户口。孩子与父母之间的关系不太好，大儿子不喜欢学习，也不能很好地照顾弟弟妹妹。

由于张女士时而清醒时而糊涂，张先生担心妻子再做违法犯罪的事情，不再外出打工，只能在家就近找些临时的工作。每个星期由张先生带着张女士到社区矫正中心接受教育学习。半天无法工作，意味着半天没有丝毫收入。这个家庭生计的维持就靠张先生，张女士不能算作一个全劳动力，家中无积蓄，经济状况很差。张女士一家也因家庭生计以及特殊的家庭环境与自己的邻居并没有太多交流和来往，而邻居也因此多有些风言风语。

根据生态系统理论，可以画出张女士一家的家庭系统生态图，如图 4 - 1 所示。

从图 4 - 1 中可以看出张女士及其家庭所处的大、小环境，微观系统中的张女士个人及其家庭，还有张女士一家的邻居。张女士是幸运的，有丈夫的陪伴和照顾，4 个儿女也是最大的感情寄托。不利的是邻居互动不良，这在农村属于正常现象，农村邻里关系是世俗原则，动态性发展。俗语说远亲不如近邻，但邻居仗义与不仗义就在一念之差，比如邻家儿子结婚没有去喝喜酒出喜礼，那就会立刻成为仇人。张女士一家经济拮据，在这样的邻里关系维持上存在困难，所以屡遭邻居的微词。在中观系统上，涉及张女士生活的社区、张先生工作的工地以及孩子们上学的学校，还有进行社区矫

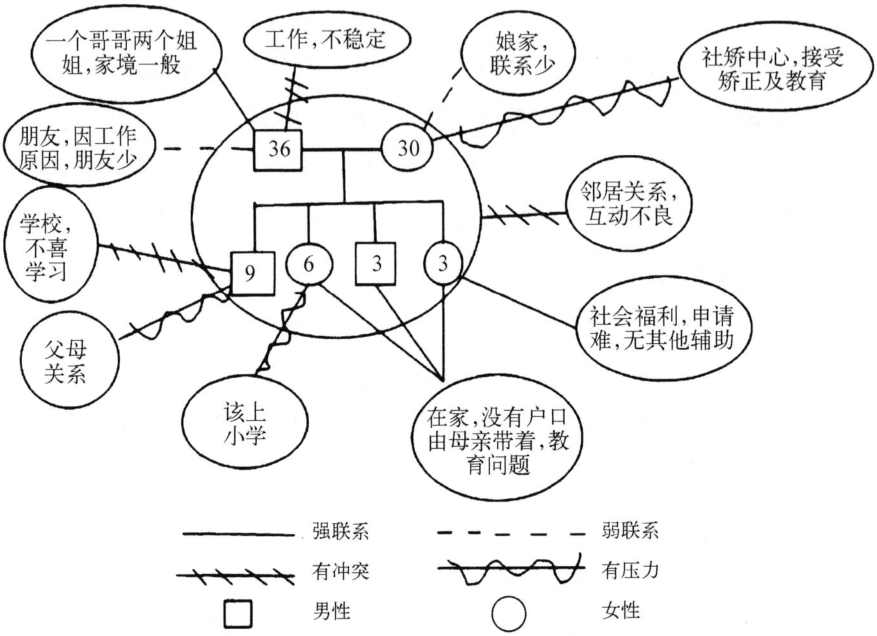

图 4-1　张女士的家庭生态系统

正的司法所。该家庭由于特殊的家庭环境,其中观系统并不是很丰富。最后在宏观系统上,整个社区矫正的相关政策法规、文化上社区矫正被广大群众的认可度。这三个系统之间的关系是有互动和联系的,宏观上的政策宣传会影响到中观系统的态度支持,从而才能够对微观系统所在的环境有所改善。

(2) 介入策略

从社会工作的基本系统来看,案主系统为张女士的家庭。依据相关的医保、社会保障政策,协助张女士链接资源进行疾病的治疗与康复及办理低保手续;人力资源与社会保障部门及村镇两委为张先生找到一份有稳定收入的工作,让其参加各种技能培训,对其进行心理疏导缓解压抑的情绪,并通过家庭社会工作的介入促成张先生与其兄弟姐妹良好的人际关系的恢复重建;通过与公安等部门的沟通,解决 3 个孩子的户口问题,因为第二个孩子已经接近升学年龄,一对双胞胎也快步入幼儿园;在亲子活动和学习辅导中解决大孩子的学习问题及其与父母之间的关系问题，同时在家庭和学校实现共育的局面。

在社区层面，利用社区社会工作宣传社区矫正的意义和价值，让居民知晓社区矫正工作是全社会的事情，大众参与是社区矫正的宗旨，矫正一个服刑人员不仅仅是为了一个人、一个小家，而是为了一方的安全，国家社会的稳定和长治久安，社区矫正是国家策略。作为服刑人员的近邻、同在一个环境下生活的人们，不能因为这些人曾经的"坏"，我们就永远给人家贴上坏人的标签。人是发展变化的，并且把犯罪人放在社区环境中进行矫治，是经过实践检验的对犯罪人真正回归社会，转变成为合格的公民有效的刑罚制度。诚如刑事人类学派创始人龙勃罗梭提出的"罪行共栖理论"，让犯罪人在一种善良环境和文化发达地区改造，使其逐渐适应社会生活，使危险较小的天生犯罪人自然痊愈。[①] 对社区居民宣扬一种舍小气、得大义的精神气概，抛开小家的恩恩怨怨，主动与服刑人员沟通，积极协助司法行政机关、矫正社会工作者做好服刑人员的帮扶工作。这是一个国家公民的责任也是义务。

改变主体系统是社会工作者和其工作的社会机构，当地的司法所、案主系统所在的社区、案主系统所在的学校。当地司法所在对社矫对象进行教育学习时，可以着重对张女士一家予以帮扶，改善他们的环境。能够与当地的社区协商对未就业人群进行技能的培训，并在社区中呼吁群众关心这个家庭，努力消除标签所带来的诸多影响。联系孩子们所在的学校，让学校老师参与其中，帮助该家庭的孩子树立正确的三观，并找准时机对这些孩子进行心理疏导。

目标系统在该案例中是张女士及其家庭。最重要的目标系统是这个家庭，为了使这个系统的现状发生改变，需要做的有很多。在改善家庭现状的同时，解决张女士的疾病、孩子的户口等问题。

行动系统是改变主体系统、张先生个人和他的家庭，共同促进这个家庭

---

① 但未丽：《社区矫正：立论基础与制度构建》，中国人民公安大学出版社 2008 年版，第 69 页。

现状的改变、问题的解决。

在为该家庭进行服务的过程中，还需要注意方法的运用。社会工作者可以运用优势视角的观点发现该家庭存在的可挖掘的长处，如张女士擅长做手工制品，张先生性格坚韧，大孩子对体育感兴趣等，以此促使他们发现自身的潜力与价值，树立生活的信心。除此之外，还需要积极发掘可利用的支持网络，寻找正式和非正式的资源。如家庭的支持网络，包括张先生的哥哥姐姐与张女士的娘家亲戚；学校支持网络，学校的老师们可以帮助孩子树立正确的价值观；社区支持网络，社区对职业技能进行培训并且呼吁居民对这个家庭进行帮扶，为这个家庭建立和谐的支持网络，可以对张女士的情况进行特殊处理。

2. 因溺爱铸成大错还不知觉悟的章姓夫妇

(1) 服刑人员及其家庭基本情况

章姓夫妇的儿子违法犯罪，夫妇两人对儿子的罪行进行隐瞒并且帮助儿子逃匿。因此，双双被判犯包庇罪，缓刑两年六个月，在社区接受矫正。

章姓夫妇犯罪时年均 47 岁，夫妻共育一女一子。女儿 23 岁，初中文化水平，已婚并育有一子，没有正式工作，在其父母被判罪后，会经常过来看顾他们，但终因自己有小家庭和孩子等诸多客观原因，在对原生家庭的照顾上也力有未逮。儿子 21 岁，高中毕业，因为没有考上大学也没有就业，在社会上接触了一些不良朋友而且联系密切，因违法犯罪，被判处有期徒刑 7 年，与父母之间关系紧张。

章先生的原生家庭中父母已经去世，有两个哥哥、一个姐姐，他们都有自己的家庭，虽然住得比较近，但平时联系不多。章先生出事之前在外打工，因为犯罪服刑需要回家务农。章太太原生家庭中父母也已经去世，有一个哥哥和弟弟，哥哥对她比较照顾，弟弟则还需要章太太及其哥哥平时的接济。

由于儿子犯罪及个人服刑，与邻居之间的关系并不好，况且在农村，人们对于犯罪的理解有很多偏见，眼光多带有歧视，所以章姓夫妇并不主动与邻居交流沟通，平常也不和别人交流。每周需要参与当地司法所的教育学习。在这样的情形之下，夫妻两人也没有朋友，除了参加矫正教育活动就是在家种地，没有其他社会活动。因为儿子还在监狱服刑，而同时夫妻两人也都在社区服刑，夫妻两人压力巨大，所以情绪很不稳定。尤其是在每个月会去看望监狱中的儿子，据章先生说，章太太只要想到儿子就会情绪崩溃，很绝望。因此，这样一个家庭急需要干预。如何有效干预，我们尝试对这个家庭进行系统处遇。

根据系统理论对该家庭产生的问题进行详细的分析，勾勒出一个生态系统图，如图 4－2 所示。从系统图中可以看出章姓夫妇及其家庭所处的大小环境，微观系统中的章姓夫妇活动和交往的直接环境仅限于家庭。但是问题却很多，首先是夫妇两人的心理压力巨大、情绪沉闷、焦虑绝望，这样的心理直接影响了他们的精神状态和生活水平。其次是夫妇两人因为儿子犯罪，自己也在服刑之中，很少主动与亲戚朋友联系，导致各种关系中断，特别是夫妇两人没有主动寻求问题解决的意识和能力，而是选择忍受、煎熬等消极态度，因此每每想到儿子在监狱服刑的事实，章太太的情绪就极其糟糕。

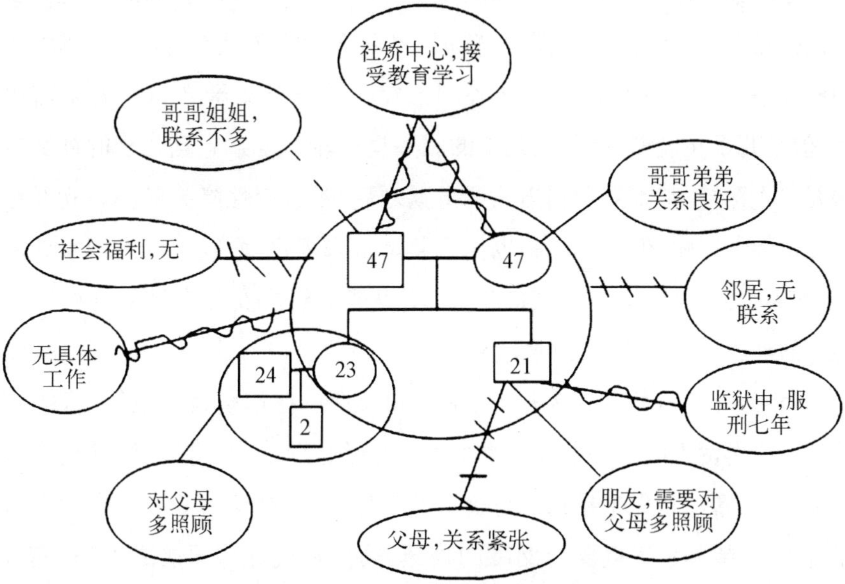

图 4－2　章姓夫妇的家庭生态系统

这样的情绪使夫妇与儿子在关系处理上出现问题。同时,夫妇两人各自与原生家庭的同胞兄弟姐妹的沟通联络也非常少,这使章姓夫妇及其家庭的非正式社会支持力量越来越薄弱。因此,通过家庭社会工作方法,协助章姓夫妇调节好情绪,改变当前的各种不良关系,获得亲戚朋友的支持则很迫切。

在中观系统中,章姓夫妇和邻居之间的关系亟须缓和和解决;夫妻两人的社交网络过小,平时无自己的娱乐活动,缺少沟通,情绪不稳定,无法倾诉;没有正式工作和外援经济支持,仅靠务农维护,家庭收入少,影响生活质量。在宏观系统上,该家庭需要诸如低保、就业扶持等相关社会政策的支持,与司法行政机关之间的互动也比较缺乏,致使他们参加相关社区矫正的教育活动很盲从,没有明确的改造目标,甚至对自己犯罪认识仍然停留在表面。

(2) 介入策略

从社会工作的系统来看,对该家庭进行介入,需要明确每个系统的角色与任务。案主系统为夫妻两人,但由于其所处的系统环境原因,其儿子女儿也包括在案主系统内部。需要解决夫妻两人的心理问题,尤其是章太太的心理状态,有抑郁的倾向,亟须心理治疗。儿子与父母之间的关系需要缓和,但是儿子在监狱中,所以儿子的服务模式较为复杂。且儿子的社交网络需要一直保持,基本应做到当儿子出狱之后,不适应性降到最小。女儿平时对父母多有照顾,但工作问题也会给父母带来困扰,所以可以发掘女儿的长处,联系资源,找到适合女儿的工作,不仅能够解决女儿自己家庭的收入问题还能够给父母带来更多的支持。

目标系统上,可以分为初期、中期和长期。在初期目标系统上,需要改善的有夫妻两人的心理状态,对章太太进行心理治疗。让他们发现自身的力量,并且帮助章先生找到一份合适的工作,以维持家庭收入。在中期目标系统上,主要是该家庭支持网络的构建,需要解决好与邻居之间的关系,可以在社区中进行号召。此外,该家庭与自己的亲戚之间的联系,尤其是章先生与自己的兄姐之间，应该加强关系网络的建立与联系，以扩大该家庭的支持网络。还包括女儿工作问题的解决、社会福利的申请，以及与社区矫正中心的矛盾，应该持正确的心理去对待社区矫正的学习教育工作。在长期目标系统上，需要解决的问题包括夫妻两人与儿子的关系问题、儿子的社交网络以及儿子出狱后的社会适应问题。最终需要达到的目标是该家庭各项功能健全，经济上独立，社交支持网络良好，从而能够自力更生。改变主体系统除了社会工作者及其工作的机构外，还包括社矫中心需要在一定程度上提供方便与帮扶。另外案主系统自身也需要参与其中为自己处境的改变出力。

行动系统则包括改变主体系统以及案主系统，共同为了目标系统的完成、环境的改善、系统的完善而努力。另外，在该家庭系统之外，也可以为其发掘其他系统，如章先生工作的系统、社区内其他家庭系统、女儿的家庭系统，等等，利用这些系统来对案主的环境进行改善，使得双向的影响朝向有利的方向发展。

（二）案例反思

在社会工作实务工作中，针对社矫对象的问题与需求，从系统理论的视角来看，能够很好地进行分析与提出服务方式。但是在实务工作的过程中也发现一些问题，因此作为社会工作者需要时常进行反思与总结，以期获得更好的服务效果。

1. 系统理论的局限性

系统理论的视角下对社区服刑人员的问题进行分析从而制订有针对性的服务方案，虽然能够从全局把握他们的问题，但是系统理论在实务工作中仍然存在着一些局限性。首先，系统理论只是提供了一种新的探究问题的视角，是说明性的而不是解释性的。虽然它提供一种思考的方式，使得社会工作者们能在各个系统之间建立联系，但是却不能解释问题产生的原因以及联系存在的缘由。其次，系统理论不是指示性的，它无法明确说出具体的服务方案，也无法预测服务形式对系统产生何种影响，而且无法控制干预效果。再次，系统理论的涵盖面过宽，认为并不是所有的事是相关的。系统理论假定系统内部的事物都是彼此联系和相关的，但是它却无法对这种联系进行验证。最后，系统理论可能夸大了系统中某些部分的重要性。如在上文案例中，运用系统理论的视角来看，章女士娘家的系统可能会对章女士的性格形成以及疾病有所影响，但是在实际情况中却无法对章女士家庭系统进行干预。总的来说，系统理论的合理运用，虽然有利于分析出问题产生的原因，从而使社工能够在相关系统层次上进行干预，但是提出的对策却不具有切实的指导性和明确性，这样的建议比较空泛，也没有找出重点和关键。故而，在具体操作过程中就需要社会工作者注意结合运用社会工作的其他理念与方法来应对案主的问题。

此外，系统理论注重系统对个人的影响，却往往容忽视了案主个人主观能动性的发挥。在社会工作中，认为个人行为与其生活的环境是密切相关的，尤其强调"人在情境中"，但是同时也主张个人发展是有目的的、主动的、积极的，鼓励案主自己做出选择及决定，这也是社会工作"助人自助"与"尊重案主自决"的具体体现。因此，在系统理论视角下看问题时，应当结合社会工作所倡导的基本价值理念与理论道德，还需要结合其他理论成果的运用，但要避免形而上学地运用理论，避免结论的偏颇性。

综上所述，在系统理论的视角下对社区服刑人员进行社会工作介入过程中，在顾全各系统的同时，也要更加注重比较重要的某些系统，对关键系统要有充分的认知和干预，从而能够更好地帮助案主成功适应各层次系统，切实解决案主的问题，满足他们的心理需求。

2. 道德抉择与伦理困境

社区矫正具有惩罚和帮扶的双重属性，一方面社区矫正作为一种非监禁刑罚方式，威慑犯罪的行为、惩罚管制犯罪者、保护公共的安全稳定是其重要的基本职能；另一方面，对犯罪者进行救助、提供帮扶、使其顺利回归社会也是社会矫正的职责所在。在这种情况下，系统理论视角下社会工作介入社区矫正中，帮助社区服刑人员解决问题、满足需求就常常需要有所抉择。

社会工作作为一门专业的助人职业，秉承平等、博爱、互助、接纳、个别化、尊重、同理心、案主自决等价值理念，使其更加关注为社区服刑人员提供服务、协助社区服刑人员满足其需求和问题的解决。然而在社区矫正社会工作中，社区矫正机构中的规定和服务并不是完全自愿的，社会工作者一般需要在一个相对权威的情境之中给案主提供服务，而这与案主自决的社会工作价值相冲突。另外，社会工作的工作原则要求社会工作者要同时忠诚于案主、雇主、社会机构、职业以及社会整体，然而这些有时是相互冲突的。在上文案例中，章女士的病情需要得到控制与治疗，但其现实情况却决定了章女士只能继续待在社区中进行矫正教育，这对于社会工作者来说并不容易进行抉择。

3. 社会工作者的角色与任务

在社区矫正的实务工作中，社会工作者能够认清自己的角色，根据角色来开展活动，这是保障介入工作顺利进行的前提。然而社会工作者进入矫正时角色定位并不清晰，社会工作者并不能知道自己究竟应该优先扮演哪一种角色。

社会工作者在介入的过程中，主要任务应该包括："协助人们使用和提升他们的能力，建立人们与资源系统之间的新的联系，协助改善人们与资源系统之间的互动关系，改善系统内部以及各资源系统之间的互动关系，协助建构和改变社会政策和规定，并向着有利于案主的方向发展，提供案主生活所需的各种实质帮助或心理支持，扮演社会控制代理人的角色，成为社会控制的主体之一。"[①]社会工作者的角色应该是随着这些任务的进行而改变的。

上述问题是社会工作介入社区矫正时都会出现的，我国正对此进行尝试与探索，本土化进程明显，也希望最终能够探索出适合中国国情的社区矫正新模式。

---

① 文军：《社会工作模式：理论与应用》，高等教育出版社 2010 年版，第 358 页。

第三节 社区服刑人员家庭实务反思

一、增能的意义

“增能”一词始于1970年前后，美国哥伦比亚大学著名学者所罗门(Solomon)提出重视美国非洲裔黑人，并为他们的工作增能，著有《黑人增权：受压迫社区中的社会工作》(*Black Empowerment: Social Work in Oppressed Communities*)。“增能”的英文名称为Empowerment，也翻译为“充权”以及“赋权”，解释为给予人更大量的责任感，促使他们有能力去干好分内之事。增能理论指出：弱势群体之所以具有较为强烈的无助思想，主要是因为当他们与环境交互时，往往会存在一些非良性经验，这些弱势群体的无助思想正是由于他们的各种非良性经验，才导致他们难以与环境进行较好的互动而产生的。此外，社会环境中一些阻碍能力发挥的制度、政策也会影响服务对象能力的发挥，并导致他们不能够与周围环境实现较高效的互动。增能发生的层次分为个人、人际和环境等三个层次。个人层次是自我感觉具有一定能力去处理或解决问题，改变自我的消权状况；人际层次是当自我与他人的协同合作从而解决问题；环境层次是指有能力去改变、影响制度以及一些规则。社区矫正对象处于社会地位的底层[①]，缺乏自我主张的能力。相应地，和正常家庭相比，社区服刑人员的家庭通常存在很多问题。社会工作者应当以增能的视角为社区服刑人员的家庭设计特殊的服务，使他们在接受服务的过程中增加自己的能力。要想更好地处理社区服刑人员面临的困难，需要社区服刑人员增强他们的家庭能力，只有家庭能力的提高才能更好地改善家庭成员的关系，让这些社区服刑人员具有更强的社会归属感。

① 骆群：《弱势的镜像：社区矫正对象社会排斥研究》，中国法制出版社2012年版，第7—8页。

二、实务过程中的现实问题

虽然我们开启了针对服刑人员家庭的社会工作实务，也收到了一定的成效，但是在整个实务开展的过程中我们也发现了一些比较明显的问题。通过对这些问题的反思，希望能够为促进家庭社会工作对服刑人员家庭介入得以展开，通过对服刑人员家庭的增能，来强化服刑人员的社会化功能。

（一）社会工作认可度低

社会工作不管是作为一门学科还是作为一种职业，在我国都还处于初期的发展阶段。在我国的大部分地区，特别是农村地区，大家对于社会工作都没有太多的了解甚至都没有听说过。这样在工作的过程中很容易产生对社会工作的曲解和意义的否定。在开展实务的过程中，我们组织的小组活动是需要占用社区服刑人员时间的，他们会觉得这是对他们生活的打扰、时间的浪费。每一次都会有社区服刑人员对于社会工作本身的定义以及我们活动的设计及其价值产生疑问。而由于社会工作专业的交叉性和融合性，我们很难通过通俗易懂的语言在很短的时间内用很小的篇幅为他们进行解释。这可能会导致他们对活动的参与程度很低，对活动的理解削弱，从而导致活动的效果受到影响。

社区矫正社会工作对大部分人来说是一个全新的事物，人们对社区矫正社会工作的内容并不是很了解，也对其专业性有所怀疑。很多人认为社区矫正社会工作不过是“换汤不换药”的传统民政工作。这增大了社会工作者开展社区矫正社会工作的工作难度。政府应当利用各种新闻媒体开展多样化的宣传工作，普及社区矫正社会工作的相关内容，同时注重宣传优秀的社工人才事迹，以提高全社会对矫正社会工作的认同度。

（二）沟通障碍导致活动浮于表面

在和社区服刑人员以及社区矫正工作人员接触的过程当中，由于种种因素，形成彼此之间沟通的障碍，导致活动浮于表面，不够深刻。首先，矫正社工虽然在社会工作方面具有专业性，但面对社区服刑人员时，不管是在司法行政政策方面，还是服刑人员的心理方面都把握不足。在前期，社工对于社区服刑人员的理解仅限于书本上的机械分类，而对于社区服刑人员的犯罪类型、年龄分布和受管制的程度都没有清晰的概念。这就势必导致社工在面对社区服刑人员时，有一定的恐惧心理。其次，社工本身和大多数的社区服刑人员都存在文化层次和人生阅历上的巨大差距，导致前期设计中的许多有针对性的活动在面向社区服刑人员时是难以被理解的，在实施时也就存在一定的难度。再次，社区服刑人员大多数是本地农村的，在和他们交流的时候，地域文化以及口音上的差别也是阻碍双方进一步交流的不利因素之一。这种差异导致社工有时候不能理解他们的思维方式，而社工的普通话也不会给服刑人员以乡音的亲近感。最后，由于社会工作者和行政机关的工作人员在思维和处事方面都存在比较大的差异，就导致双方在平时工作的过程中会有一些对接的问题。这使双方对于彼此工作的了解都停留在表面，也就谈不上通过双方的协作把工作推进到一个新的层次。

（三）社区服刑人员身份的特殊性导致难以进行全面介入

对于社区服刑人员社会支持网络构建的社工介入其实是应该涵盖其家庭、亲朋以及近邻的。但由于其身份的特殊性，社工虽然尝试过要进行全面的介入，但实际效果却并不理想。首先，社区服刑人员本身对于自我的暴露就比较抵触，除非本人出于自愿，否则其他家庭成员很难与之接触。对于其亲子关系的巩固也基本上只能讲一些理念或技巧，最多再加上亲身经历的分享，要使家庭成员到达现场形成互动几乎是不可能的。其次，如果真的要对社区服刑人员进行全面的介入，这就牵扯到了很多不同的政府部门，部门之间的协调也是一个很大的问题。因此，对于社区服刑人员家庭的介入只能是以服刑人员本身为主进行辐射，以达到预期目的。

（四）社会工作者对于实际资源的掌握较弱

社工应该是资源的链接者，但是当前中国的社工处于一种比较无奈和尴尬的境地。面对很多案主的请求，社工都不能做出实际的回应。比如有就业需求的社区服刑人员，社工能够做到的是为他们提供就业方面的指导或者就业技能的培训，但是对于他们来讲，他们实际上最需要的是一份切实的工作机会，而在这方面，社工能够提供的切实支持很有限。社工实际掌握的资源如果不能给社区服刑人员带来切实帮助，那么他们参与活动的热情和改变的信心也必然会受挫。

（五）受行政牵制导致控制力下降

社区服刑人员是一个具有特殊性的群体，和他们相关的很多话题都具有敏感性。一方面，社工没有办法在前期和服刑人员进行直接的接触，也就不可能亲自对对象进行筛选。司法局或者司法所在确定服务对象时虽然会在一定程度上考虑社工的要求，但由于思维方式的不同和现实条件的限制，适切性还是存在问题的。同时，服务对象的很多行动受到行政强制力的限制，他们有固定的集中教育时间，有很多相关的规定。因此，社工每次的活动时间、地点，甚至活动形式都要受到限制。同时，由于每次活动时，司法局的工作人员基本上都是在场的，导致社工和矫正对象的关系建立可能不会特别亲密，不密闭的空间也不能让服刑人员产生安全感。在这样的活动现场，服刑人员还是会产生压迫感，不能坦诚面对自己。这就导致举办的活动效果要打折扣。

（六）矫正社会工作人才匮乏和能力不足

我国矫正社会工作专业人才的匮乏主要体现在三个方面。首先，我国矫正社工的数量远远没有满足实际的需求。随着社区服刑人员数量的增长，矫正社工的需求也随之快速增长，矫正社工的缺口也在进一步扩大。但由于经费保障不足、队伍稳定性不高、职业体系不完善等原因我国矫正社工有一个较大的缺口。其次，我国社区矫正的社会工作者大多是刚从学校毕业的学生，他们缺乏一定的社会工作经验，同时欠缺过硬的心理素质，一些矫正社工可能无法克服自己内心的恐惧，不能摆正对社区服刑人员的认识，进而无法有效合理地开展专业矫正社会工作。最后，由于我国当前社会工作的发展与政府部门紧密相连，社工在开展社区矫正的工作中身兼管理者和帮教者的多重角色。社工仅仅按照行政系统对服刑人员进行帮扶，这会造成服刑人员的需求和供给的脱节。同时,按照监管的规定,服刑人员及其家庭必须接受社工的服务,导致服务过程中服刑人员参与度很低,这加大了建立专业关系的难度。我国社区矫正工作体制的不健全造成了司法专职干部工作繁杂,矫正安帮工作不能全身心投入,形成专职不专,使社工的职责不明确、界定不清楚。

(七)服刑人员及其家庭好面子而不愿意接受服务

面子文化在中国传统文化中扮演着重要的角色,它无时无刻不在影响着人们的生活习惯。在中国的传统文化中,父子不亲、夫妻不和、同胞不睦等问题都被看作家庭的内部问题。如果被外人知道了他们的家庭内部问题,他们认为是“丢面子”的。因为大部分中国人都持有“家丑不可外扬”的传统观念,所以很多社区服刑人员的家庭即使遇到问题,也不愿意接受、配合社会工作者的介入,更不可能主动寻求社会工作者的帮助。这对社会工作者介入社区服刑人员家庭的增能服务提出了极大的挑战。

第五章　社区矫正社会工作者能力提升

社区矫正作为国家的社区刑罚执行工作，应建立高素质的、适当学历的、稳定的社区矫正专业工作队伍，制订严格的社区矫正工作者的准入标准，实施社区矫正者职业资质认定和岗位准入制度。目前从事一线社区矫正工作的人员，面临社会转型、人员增多、服务内容等巨大挑战。这要求他们的知识水平和能力需求也要相应提升。

社区矫正领域的社会工作者，为更好地满足岗位需求，促进自身发展，能力培养及提升是不可缺少的部分，这是社区矫正事业是否能够长足发展，社区服刑人员能够接受稳定的、有针对性的矫正工作的保证。目前徐州市矫正社会工作者面临许多伦理困境，例如自身的情感、交流需求，专业能力欠缺，因此有必要将小组社会工作方法引入社区矫正社工能力提升的过程中。将理论与实务相结合，在研究的基础上，采取问卷法、访谈法等研究方法，指出徐州市矫正社工的能力现状及需求情况，并且选用小组工作方法，弥补其能力需求的短板，帮助其更好地提升综合能力，有利于建构一支更专业的社区矫正社会工作者队伍。

第一节 社区矫正社会工作者相关概念与理论

一、社区矫正工作者与矫正社会工作者

（一）社区矫正工作者

国内对于从事社区矫正工作的工作人员的内涵和外延界定在不断完善中，比如《关于开展社区矫正试点工作的通知》（司发〔2003〕12 号），在界定“社区矫正”中，涉及人员的表述为“专门的国家机关在相关社会团体和民间组织以及社会志愿者”。《司法行政机关社区矫正工作暂行办法》（司发通〔2004〕88 号）中第十二条规定：“社区矫正工作者应当由司法所工作人员、有关社会团体成员和社会志愿者组成。”《关于扩大社区矫正试点范围的通知》（司发〔2005〕3 号）和《关于在全国试行社区矫正工作的意见》（司发通〔2009〕169 号）都出现“社区矫正工作队伍”这个概念。2012 年 1 月 10 日，最高人民法院、最高人民检察院、公安部、司法部出台的《社区矫正实施办法》（司发通〔2012〕12 号）第三条规定：“县级司法行政机关社区矫正机构对社区矫正人员进行监督管理和教育帮助。司法所承担社区矫正日常工作。社会工作者和志愿者在社区矫正机构的组织指导下参与社区矫正工作。有关部门、村（居）民委员会、社区矫正人员所在单位、就读学校、家庭成员或者监护人、保证人等协助社区矫正机构进行社区矫正。”由此可见，政策法规中的“社区矫正工作人员”几乎是社会全员，但事实上能够对社区服刑人员发挥作用的，切实负有责任的人员是个什么样的状况呢？谁才是可以协助社区服刑人员矫正其犯罪心理和不良行为，促进其顺利回归社会并将其改造成为守法公民的人员？这里有个适切性的评估问题。

学者们对“社区矫正工作者”的界定存在认识上的不同。国内较早对这个概念进行界定的是席小华，她认为社区矫正工作者，是依托执法权限或专

业知识，在社区内针对矫正对象开展的管理和矫正等工作的人员。[①] 席小华在综合张昱和费梅苹的观点的基础上，认为“社区矫正工作者”应该由三个部分组成：社区矫正刑罚执行工作者队伍、专业的矫正社会工作者队伍和社区矫正志愿者队伍（包括社会团体、民间组织等力量）。[②]吴宗宪对英语国家研究比较后认为，“社区矫正工作者”是泛指所有从事社区矫正工作的人员，不仅包含专业人员（professional），也包括准专业人员（paraprofessional）和志愿者（volunteer）。[③] 这里的专业人员主要指缓刑官和假释官，准专业人员和志愿者统称其他人员。矫正志愿者（corrections volunteer）就是在矫正领域无偿进行辅助工作或者提供有关服务的人员。这里的“无偿”，仅仅是指不发薪水或者工资，而不是指不提供任何物质或者精神的帮助、支持等。[④]社区矫正领域中的准专业人员是指接受过一定正规训练、领取薪水、承担正规的义务和责任并在一定时间内开展社区矫正工作的人员。[⑤]

（二）社区矫正社会工作者

1. 概念的产生和发展

“社区矫正社会工作者”这个概念在国内社区矫正文件中没有明确提法。《关于扩大社区矫正试点范围的通知》（司发〔2005〕3 号）中规定：“社区矫正工作是将罪犯放在社区内，遵循社会管理规律，运用社会工作方法，整合社会资源和力量对罪犯进行教育改造，使其尽快融入社会，从而降低重新犯罪率，促进社会长期稳定与和谐发展的一种非监禁刑罚执行活动。”这是首次在政府文件中出现“社会工作方法”。社会工作者第一次在文件上被规定，是在 2012 年 1 月 10 日，最高人民法院、最高人民检察院、公安部、司法部出台的《社区矫正实施办法》（司发通〔2012〕12 号）第三条规定：“社会工作者和志愿者在社区矫正机构的组织指导下参与社区矫正工作。”自此，社会工作代替了“有关社会团体成员”的模糊说法。但，之后的国家政策法规中只使用社会工作者，没有出现“社区矫正社会工作者”的专有名词。“社区矫正

①② 张昱：《矫正社会工作》，高等教育出版社 2008 年版，第 181 页。

③④⑤ 吴宗宪：《社区矫正比较研究（上）》，中国人民大学出版社 2011 年版，第 266、298、311 页。

社会工作者”专有名词在《江苏省社区矫正工作条例》(2014 年 1 月 16 日江苏省第十二届人民代表大会常务委员会第八次会议通过)第二章第八条正式使用,第八条规定:“社区矫正工作人员由社区矫正执法工作者、社区矫正社会工作者组成。”“社区矫正社会工作者由下列人员担任:(一) 县(市、区)人民政府公开招聘的社会工作者;(二) 通过政府购买服务方式接受委托的社会组织派出的人员。县(市、区)人民政府应当按照规定配备社区矫正社会工作者,保证社区矫正工作需要。”除此之外,“社区矫正社会工作者”更多是由学者们研究使用。

吴宗宪(2006)在关于目前中国社区矫正的问题与前景问题的研究中指出,根据中国社区矫正工作的特点和国情,应当考虑建设一支中国社区矫正工作者队伍:第一类是社区矫正执法人员,由司法所中负责社区矫正刑罚执行事务的国家工作人员组成,可以将他们称为“社区矫正官”。第二类是社区矫正辅助人员,就是协助社区矫正执法人员开展社区矫正工作的人员,具体包括三种:一是专职的社会工作者,指根据一定条件选择并经培训后对社区服刑人员开展相关社会工作服务的全日制专业人员;二是合同矫正工作者,即通过订立合同开展社区矫正工作的专业人员;三是社区矫正志愿者,即无偿地为社区矫正工作提供一定服务的社区居民。[①] 曹扬文(2007)在研究社区矫正的本土化建设问题时,认为社区矫正的执行既是一项严格的执法活动,又是一项开放的社会活动,因此要培养专门的工作力量。应当考虑建立由专职社区矫正工作者、专业社会工作者、社会志愿者、非政府组织相结合的专门力量。[②] 吴宗宪、蔡雅奇、彭玉伟(2011)等在对社区矫正工作者总结时直接使用“矫正社会工作者”这个概念,并做了基本的界定:“矫正社会工作者,是指根据一定条件,选择并经培训后对社区服刑人员开展相关社

① 吴宗宪:“目前中国社区矫正的问题与前景”,载《辽宁公安司法管理干部学院学报》2006 年第 4 期。

② 曹扬文:“社区矫正制度本土化构建研究”,载《中国司法》2007 年第 6 期。

会工作的全日制专业人员。”[①]张昱(2015)进一步明确,“社区矫正领域的社会工作者,是社区矫正工作者的重要组成部分,是指具备一定条件的专门从事社区矫正工作的社会工作专业人员。”[②]

本书所使用的矫正社会工作者概念,是基于学者和政府文件两个方面的考虑以及《江苏省社区矫正工作条例》的规定而来的。矫正社会工作者是指通过江苏省徐州市县(市、区)人民政府公开招聘、经过培训的,专门从事社区矫正的社会工作专业人员。

2. 职业角色

社会角色理论认为,社会角色总是和社会地位或者身份联系在一起。社会每进行一次高度结构性的互动,都会形成一个社会“剧本”,每个社会成员在“剧本”中都扮演不同的角色。所以,社会角色是指人们与某种社会地位、身份相一致的一整套权利、义务与行为方式。它是人们对具体有特定身份的人的行为期望,构成了社会群体或者组织的基础。[③] 每一个人在整个社会结构中都有着自己的位置,这样的位置都代表着一个专门的角色。社会角色就是社会结构中与某一特定位置相关的期望和行为的集合。面对某种角色自身相对应做出的不同的变化,也就是我们在理解自身角色后的条件行为。

角色理论将人类行为视为一种互惠关系的模式;这种模式包含了一系列态度、信念、价值以及期望,从而规定了人们如何在特定情境中控制自己。[④] 人们通过学习一系列共同的社会化经验,不断调整自我行为而适应社会化和文化的需要,从而形成适当的角色行为。并且这种行为并非一次性形成,而是在社会多方面的鼓励和约束下不断调整的。也就是说社会角色总是与特定的行为模式有着密切联系,如教师就应该为人师表,医生就必须

① 吴宗宪、蔡雅奇、彭玉伟:《社区矫正制度适用与执行》,中国人民公安大学出版社 2012 年版,第 40—41 页。
② 张昱:《矫正社会工作》,高等教育出版社 2015 年版,第 184 页。
③ 郑杭生:《社会学概论》,中国人民大学出版社 2013 年版,第 155 页。
④ 郭瑜:“浅析角色理论在社会工作实务中的应用”,载《中国政治学院学报》2010 年第 1 期。

救死扶伤，法官就应该公正审判，等等，这样，使得人们知道某个人在处于某种位置上时，便能对他应具有的一系列与他自身地位相一致的行为模式进行预判。

随着社会和文化的变迁，很多社会角色都发生了变化，产生了新兴事物和新的角色。当社会上首次出现一种新的角色，人们还没能够正确认识其应有的权利义务，角色承担者本人不清楚，其他人的看法也不统一时，这时候我们认为该角色定位不明确，社会学称之为角色不清。矫正社会工作者是随着我国刑事司法领域不断发展而建立起来的一支新兴队伍，角色不清，是当下矫正社会工作者队伍中存在的主要问题之一。

对于社区矫正工作者的角色价值，国外内学者有着不同的观点，但总体来说趋于肯定。国外学者主要存在两种不同观点：一种是两角色说，一种是三角色说。两角色说是指福利角色（welfare role）或者临床医学家角色（therapist role）和控制角色（control role）或者执行角色（enforcement role）。[①] 三角色说是指从事救济事业的工作者（welfare worker）、保护代理人（或保护经纪人）（protective agents）和惩戒官（punitive officer）。[②] 通过比较可以发现，国内外学者对社区矫正工作者的角色定位存在一定的差异。国外学者是从宏观的角度对社区矫正工作者的角色进行定位，这样的定位有助于理解社区矫正工作者在整个社区矫正体系中的地位，并有助于分析角色冲突、角色模糊、角色偏好等问题。我国学者认为，社区矫正工作者担任的角色是社会经纪人、使能者、调停者、教育者、控制者、倡导者、管理者。刘强提出，“根据传统观念，社区矫正工作者的职责有两个：一是通过对罪犯的监督为公众提供一种保护；二是在矫治罪犯的同时对罪犯提供帮助，使其重新与社会结合。在现实工作中，社区矫正工作者承担着以下几种角色；惩罚的实施者、保护的工作者、福利的工作者、消极被动的矫正工作者”。[③] 张

① Callison，H，“Introduction to Community-based Corrections”，McGraw-Hill18，1（March2007）.

② Clear，T. Rand Latessa，“Probation officers' roles in intensive supervision：Surveillance versus treatment”，Justice Quarterly 10 1993，10（3）：441－462.

③ 刘强：《美国社区矫正的理论与实务》，中国人民公安大学出版社 2003 年版，第 321 页。

昱、费梅苹认为："矫正社会工作由多种角色组成，首先是对矫正对象的行为、思想的管理者和控制者，其次是法制、行为准则、人际关系、就业技能等方面的教育者；还是根据矫正对象的需要寻找社会资源的经纪人，发现并开发其能力和特长的使能者，承担冲突调停者，改善社区矫正制度和工作环境倡导者。"

3. *素质要求*

关于包括社会工作者在内的社区矫正工作者的素质问题，政策法规中的要求非常宏观，比如，《司法行政机关社区矫正工作暂行办法》(司发通〔2004〕88号)第十五条规定："社区矫正工作者应当遵守社区矫正规章制度，认真履行职责，公道正派，廉洁自律。"《关于扩大社区矫正试点范围的通知》(司发〔2005〕3号)提到："要加强社区矫正工作队伍建设，开展多种形式的业务培训，提高队伍素质。"

对社区矫正工作者素质比较细化讨论主要是学者，国内较早发表意见的是刘强(2003)，他指出："社区矫正工作者应特别具备以下素质要求：掌握在社区中执法的基本内容和要求，把握在社区中对罪犯进行改造和矫治的特点和规律，学会社会工作者应该具有的工作能力和工作方法，提高在社区矫正工作中的创新意识。"[①]廖斌(2005)对专职社区矫正工作者应该具备的资格、工作经验以及培训、人品等进行阐述，并从基本素养、知识素养、工作素养和责任素养等四个维度做了具体的素质要求。[②] 曹扬文(2007)认为，专职社区矫正工作者除了应当具备一般刑事执法者的政治素质、业务素质和身体素质外，还应当掌握社会工作的能力和方法，以充分利用社区资源对矫正对象进行帮助和服务。专业社会工作者由国家或矫正机构选任或聘用，具有社会学、犯罪学、心理学和有关学科领域的渊博知识和丰富阅历，领取必要的薪酬，对社区矫正对象提供相对专业的帮助和服务的专家、学者、社

① 刘强："社区矫正的定位及社区矫正工作者的基本素质要求"，载《法治论丛》2003年第2期。
② 廖斌："社区矫正工作主体初论"，载《法学杂志》2005年第4期。

会活动家。[①] 丁寰翔、陈立峰(2007)认为,社区矫正工作者角色的发挥要求其拥有较高的综合素质,具备发现社会问题、综合系统资源、解决实际问题的能力,这就在教育背景、知识结构、综合能力、道德素养、身体状况与心理素质等诸多方面都对社区矫正工作者提出了具体的要求。社区矫正工作者符合其角色应具备的主要素质,包括良好的政治素质、丰富的知识储备和高尚的职业道德。[②]

综合上述文献梳理,我们认为采用小组社会工作方法对社区矫正工作者的相关培训工作,主要是针对矫正社会工作者的社会工作实务能力进行的,这是基于研究主题是社区矫正社会工作实务的考虑。选择通过徐州市县(市、区)人民政府公开招聘的在岗的143名聘任制专职社会工作者作为小组工作的对象,用小组的方式进行社会工作综合能力和社会工作实务辅导训练。

4. 队伍建设

关于社区矫正人员配备涉及社区矫正的专业化队伍建设。有许多学者进行了研究,如吴宗宪(2006)认为,应当建设一支中国社区矫正工作者队伍[③];武玉红(2016)认为,社区矫正作为一种新的职业系列,承担着开放的社区对罪犯的管理职责,需要建立与普通公务员不同的保障制度,并给予相应的待遇,为这个职业留住人才提供基本保证。通过确立社区矫正工作人员的准入标准,建立岗位级别和专业职称以及与工作性质相匹配的考核制度,适当考虑工作人员的分工和强度,完善非执法人员的招募和聘用制度,同时确保社区矫正执法者具有必要的强制执行权。[④] 伴随我国社区矫正的推广规模的扩大,必须建立专业化的矫正官队伍。同时建立一支辅助性的工作

---

① 曹扬文:“社区矫正制度本土化构建研究”,载《中国司法》2007年第6期。
② 丁寰翔、陈立峰:“论社区矫正工作者的角色”,载《法制与社会》2007年第4期。
③ 吴宗宪:“目前中国社区矫正的问题与前景”,载《辽宁公安司法管理干部学院学报》2006年第4期。
④ 武玉红:“我国社区矫正队伍专业化建设探究”,载《北京联合大学学报(人文社会科学版)》2016年第3期。

队伍。[①] 这也是社区矫正发展的内在需要。

依据国家相关政策和《江苏省社区矫正工作条例》，徐州市社区矫正工作队伍取得一定成效。徐州市社区矫正工作队伍主要由社区矫正执法工作者、社区矫正社会工作者以及社区矫正志愿者组成。徐州市司法局在社区矫正队伍的建设中采取了以下几点主要做法：一是发展工作队伍正规化，在具体实施中，按照公务员招录标准为执法队伍充实人才、严格社区矫正社工录用、组建高质量社区矫正志愿者队伍，吸收社会上有激情、乐于奉献的“五老”、高校资源的加入。二是强化制度管理，明确工作权责，先后制定《徐州市社区矫正工作责任追究实施办法》《徐州市社区矫正社会工作者管理办法》《徐州市社区矫正志愿者管理办法》，转发省厅社区矫正权力清单、责任清单等系列规范，通过考试竞赛等方式，确保了制度深入人心，实现了队伍管理科学化和权责明确化，执法活动和工作程序规范化。同时实行准军事化管理，扎实工作作风，健全考核机制，保障奖罚分明。三是以履职能力为载体，推进工作队伍专业化。强化业务培训，注重知识更新，注重制度规范，如执法人员与社会工作者配发统一服装，规范执法人员的行为及用语。四是以发展专业技能为突破，推进工作队伍职业化。加强心理咨询人才培养，增加社工师人才储备，注重专业化人才技能训练，联合中国矿业大学、徐州师范大学、徐州心理卫生协会、徐州鹏程社工服务中心等高校和社会组织，为专职社会工作者提供专业的培训。

二、小组工作及其功能

（一）小组工作

小组工作又称团体工作，是社会工作的三大基本工作方法之一。美国学者科伊尔（Grace Longwell Coyle）在1946年“全美社会工作大会”上提出，“小组工作应该是社会工作方法”被大会接受。从此，小组工作成为社会工

---

① 郭建安、郑霞泽：《社区矫正通论》，法律出版社2004年版，第340—341页。

作的三大基本方法之一。不同学者对小组工作理论、原则、技能及方法等持不同的观点。刘梦认为:“小组工作是小组工作员带领小组成员,运用小组工作专业理念、专业技术和专业方法,通过小组组员及小组工作员之间的互动,解决小组成员存在的共同问题,促进小组成员共同发展的社会工作方法。”①科伊尔认为:“社会团体工作是一种教育的过程,通常由各种志愿结合的团体,在团体工作者的协助下,在闲暇时间内实施。其目的在于团体中通过个人人格的互动,以促进个人成长;以及为了达成共同目的而促成团体成员间互助合作的集体行动,以创造团体的情境。”②柯诺普卡认为:“社会团体工作是社会工作方法之一,他通过有目的的团体经验,协助个人增强其社会功能,以及更有效地处理个人、团体或社区的问题。”③

本书对矫正社会工作者能力提升采用的小组工作方法,既有一般性的小组(团体)工作的普遍性特征,也有一定的灵活性。由于矫正社会工作者是在职人员,工作时间与学习时间不能严格分开,同时依据社会工作实务教育实践性强的特点,我们在培训过程中把“教—学—做”三个过程进行充分的融合,目的是力图实现三个过程功能的耦合。具体的做法就是采用小组工作方法,让小组成员一边学习小组工作的理论和体验小组工作方法,一边利用小组工作方法组织服刑人员进行教育培训和公益活动,在实践中检验所学的理论,发现理论与实际工作的差距及存在的问题,然后反馈给培训者,大家针对实践中的焦点问题展开讨论,再采用角色扮演的方法,模拟相关的场景。这样就把工作者能力培训与他们实际的工作能力严密结合在一起,对于实际的能力提升有明显的效果。

(二)小组工作的类型和功能

1. 类型

按照目的不同,小组工作可以分为很多种类型,包括以学习新知识、新

① 刘梦:《小组工作》,高等教育出版社2003年版,第6页。
② 白秀雄:《社会工作》,三民书局出版1986年版,第237页。
③ 徐震、林万亿:《当代社会工作》,五南图书出版公司1985年版,第168页。

方法来转变对问题的固有看法，发掘新观点促进问题的解决为目的的教育小组，这种小组在学校、社区以及医院等场所应用得比较多；以挖掘潜能，通过自我探索促进个人正常健康发展为目的的成长小组；以通过成员互助，帮助案主自我分析达到交流思想共同解决问题为目的的支持小组；最后一种主要是针对生理、心理上的偏差导致生活失常的成员，以缓解成员病症，帮助创伤恢复，减轻和消除不良症状，促进人格改变为目的的治疗小组，比如由社区矫正成员组成的“美沙酮治疗小组”等。我们对矫正社会工作者能力提升的小组工作，兼顾了教育、成长和支持等三种类型。

2. 功能

人具有社会性，人的自我意识与个性是在群体生活中形成的，人的价值观念与理想是在群体生活中获得的，个人问题产生于群体生活，自然需要在群体生活中获得解答。与个案工作方法不同，小组工作以重建团体情境、通过团体互动为手段达到治疗的目的。

小组工作在中国最早的实践，可以追溯到20世纪90年代张和清及其同事在昆明主持的盖勒普小组，这是一个提供戒毒服务的小组。[①] 云南省昆明市盘龙区金碧办事处巡津上段居委会金碧社区，从1996年3月被选定为国家禁毒委与联合国亚太经社理事会合作进行的“减少毒品需求、预防艾滋病”项目的国家试点单位，经过努力，已经发展成了社区禁吸帮教“五心”工程的金碧模式。张和清认为，“金碧模式”所提倡的“五心”工程，其实质就是对“小组工作”的某种尝试。他们借助团体的力量，彼此互动，形成一个相互支持的系统，使成员建立信心，实现自身价值。这就是社会工作的专业方法“小组工作”。每个月社区都定期举办活动，这就是他们所办的“戒吸班”，从1996年至今已举办了110多期。每次活动让学员自己主持，自己设计节目。学员在小组过程中彼此分享，共同提高。这实际上已经做了专业尝试。[②]

---

① 刘梦、朱凯：“坐而论道走向实践行动——中国小组工作二十年”，载《中华女子学院学报》2013年第4期。

② 张和清：“中国传统文化价值观在小组工作中的运用——对云南省昆明市金碧社区‘金碧模式’的探讨”，载《华东理工大学学报（社会科学版）》2000年第4期。

克莱因(Klein)提出小组工作具有八个功能和目标。(1) 康复：针对有问题的组员，帮助其在情绪、行为、态度和价值观等方面恢复到原来状态的过程；(2) 能力建立：组员在小组中成长和发展的过程，是一种通过教育和技能培训提升意识和自信心，而不是治疗的过程；(3) 矫正：协助违反社会秩序、道德规范或侵犯他人利益的“问题”组员，在小组工作中改变的过程；(4) 社会化：协助组员学习社会规范和人际关系技巧的过程；(5) 预防：预防是对可能发生的困难做预测，并提供人们所需要的环境支持；(6) 社会活动：通过鼓励组员参加社会活动，使个人学会领导、服从、参与、决策等方法，并承担社会责任；(7) 解决问题：协助组员作出决定并解决问题；(8) 社会价值：鼓励组员实现其社会价值。我们对矫正社会工作者开展的小组工作服务，从主持者来说是对矫正社会工作者的能力建设和解决问题，从矫正社会工作者来说是协助社区服刑人员的矫正、再社会化以及预防重新犯罪和协助服刑人员实现社会价值，以获得社会的接纳和尊重。矫正社会工作者也可以通过内部团体互动的方式，包括以学习新知识、新方法来转变对问题的固有看法，发掘新观点，促进问题的解决，以进行自我管理、自我教育及自我激励，以实现从单纯的司法管理发展为结合资源链接、事务管理、生活辅导等为体的综合职能，这正是对矫正社会工作者队伍的专业化和专家化建设提出的要求。

（三）小组工作方法的理论基础

1. 优势视角

优势视角理论最早由 Dennis Saleebey 提出，它关注人的内在力量及潜在优势，而社会工作的主要任务就在于发现、挖掘和充分利用案主的潜能，使案主实现自我价值的最大化。① 从利用小组工作提升自身能力的优势来看：第一，社区矫正社会工作者是经过严格筛选和正式录用的专业工作者，具备开展社区矫正社会工作的基本素质和能力要求。第二，社会工作者接

① 董明伟：“优势视角下的社会工作介入青少年社区矫正初探”，载《山东省青年管理干部学院学报》2008 年第 5 期。

受过专业培训，在长期工作中积累了大量经验，具有丰富的社区矫正知识储备和经验储备。第三，在社会工作社区矫正新方法的不断引进、接受和学习中，培养了良好的学习能力和对新事物的接受能力。第四，近年来，国家对于社区矫正问题日益重视，经过了若干年的社区矫正工作，发展出诸多社区矫正方法和模式，相关法律的颁布和各项政策的不断完善为社区矫正方法的完善提供了强大的法律和制度保障。

2. 行为主义学习理论

行为主义学习理论认为，人类的思维与行为与外界环境是相互作用的，即产生"刺激—反应"的结果。斯金纳强调有效学习有三个条件：循序渐进学习，学习者自主设定学习步调，对学习者的行为反应给予适当反馈。[①] 斯金纳在行为主义学习理论中关于学习、学习方法和教学方式的研究，对于社会工作者为自身开展小组社会工作培训提供了强大的理论基础和借鉴：第一，小组工作的课程设置应根据社会工作者接受能力设置；第二，针对矫正社会工作者的不同特点使其自主决定学习步调；第三，对在小组过程中矫正社会工作者产生的种种反应给予及时反馈和处理；第四，不断强化矫正社会工作者对社会工作知识和方法的学习；第五，遵循循序渐进的小组发展模式。

3. 小组动力学理论

小组动力学理论最早由美国心理学家库尔特·勒温于 1944 年提出，是小组社会工作中被视为最重要的理论之一。在小组活动中，矫正社工可以影响小组中的显性或隐性的所有心理和行为内容，从而达到小组的预期目的。在为矫正社工开展小组活动时，可以展现小组的运作和控制及相关组员的互动、改变和反馈等，帮助小组成员进行过程学习，达到预期目标。小组气氛和小组凝聚力是进行矫正社工小组时需要格外注意的两个重点。保证和谐的小组氛围、提升小组凝聚力，对达成共同的小组目标具有重要意

① 谢应宽："B·F·斯金纳强化理论探析"，载《贵州师范大学学报（自然科学版）》2003 年第 21 期。

义。由专业社会工作者对矫正社工开展教育，可以更好地促进小组成员内化专业价值观，习得专业理论和方法。矫正社工在这个过程中也可以不断扩展自己的人际交往圈，认识更多的同工，不断解决工作及生活中遇到的问题，摆脱心理困扰，增加自我认同感，促进身心健康，提高生活质量。

三、小组方法对于矫正社会工作者能力提升的意义分析

（一）矫正社会工作者能力提升的必要性

1. 矫正社会工作者队伍专业化程度急需提高

作为矫正工作人员队伍中的重要组成部分，在社区矫正领域工作的社会工作者的素质要求，在政府的各种政策法规中一直是很宏观的要求，因此，社区矫正工作者的整体素质没有得到应有的重视。而且，从目前我国社区矫正运行情况来看，虽然社区矫正工作已取得不错的成绩，但严格来说，社区矫正专业化队伍尚未真正建立起来。从总体的运作上看，司法所社区矫正专职人员整体素质不高，执法水平偏低，影响刑罚执行的权威性。在全国具有标杆式意义的上海社区矫正社工也并未显示出理想效果。[①] 在调研中，我们也发现徐州市矫正社会工作人员共计 200 余人，他们分布在徐州市司法局、司法所之中。这些人员的专业背景大都不是社会工作专业，与专业出身的工作人员相比，对于社工的专业理念的理解和专业知识、理论和专业方法的运用还存在差距，这不仅有违考试初衷，在单位也发挥不了应有的专业作用。所以社工人才就成了“所谓社工人才”，社工人才建设遭遇了瓶颈。首先一线矫正工作者的专业化、职业化程度较低。现有大部分社会服务方式停留于管理层面，忙碌于档案管理、网络统计等较为烦琐的重复性工作。其次是缺乏社会工作专业理论的支撑。现有大部分矫正社会工作人员并没有经过系统的专业学习，专业理论不扎实，专业技能薄弱。

这里仅强调的是，社区矫正从理论到实践，都可以称得上是一个专业。

---

① 武玉红：“我国社区矫正队伍专业化建设探究”，载《北京联合大学学报（人文社会科学版）》2016 年第 3 期。

从事社区矫正工作，是一个专业性的职业。就像法院的法官、检察院的检察官一样，社区矫正工作及其工作人员，应被视为专业和职业化来设置和对待。要解决职业化问题，首先，要从思想上解决认识问题。不要把社区矫正工作当作“熟练工”的岗位，而要从当前和长远发展着眼，将它作为一个刑罚执行和社会工作专业性很强的岗位来看待（事实上也是如此）。[①] 但是社工的专业化、职业化水平不高却是一个不争的事实。社工作为社区矫正事务性工作领域的专业人士，在基础知识和专业知识包括实践和培训方面都无法完全满足社区矫正工作需要。同时，社区矫正中社工的职位晋升与工作发展问题，目前还处于相对不明朗的状态。社工的人才培养体系与职业晋升体制都不完善。职业发展的瓶颈让许多社工看不到发展前景，因此，出现了一低一高现象，即职业认同感低而职业倦怠感却很高。

关于社区矫正专业的发展认识，我们应该遵循专业发展的基本规律，美国社会学者格林伍德认为，专业化的构成要素有五个：系统的理论体系、专业的判断标准、专业的道德及信念、获得社会的认可和一套专业的文化。[②]“专业化”中“化”应该理解为一个渐进的变化发展过程。专业化即从专业标准来看，是指一门职业从“半专业”或“准专业”向“完全专业”“专门职业”的转变过程。也就是说社区矫正无论从理论还是实践的专业化，首先不是一蹴而就的，而是一个长期的过程，并且带有明显阶段性特点，是一种螺旋上升的发展过程，不同阶段专业化的程度和水平存在差别。其次，一种职业的专业化的过程正是该职业的整体社会地位不断提高的过程，在此过程中的该职业文化与非职业文化界限越来越明显。再次，专业化有着严格的标准以不断实现该标准为方向递进，这是专业化的核心。最后，不同职业标准各异，比如矫正社会工作者的专业化标准有着自身特有的构成要素。综上所述，我们认为，矫正社会工作者的专业化进程应从两个方面来看待：一方面

① 许振奇：“一个亟待考量的顶层设计———关于社区矫正机构设置和人员培训”，载刘强、姜爱东：《社区矫正评论（第六卷）》，中国法制出版社 2016 年版，第 203 页

② GreenwoodE：Attributeofaprofession，Socialwork，1957，pp. 44 - 55.

是从矫正社会工作者个体来看，专业化是矫正社会工作者通过学习、培养从初学者逐渐发展成为一名兼具高超的理论与实务水平的成熟型矫正社会工作者的发展过程；另一方面是指矫正社会工作者队伍整体由非专业、准专业向专业化递进的过程。就目前而言，我国矫正社会工作者专业化水平的短板恰恰也就体现在这两个方面。所以，无论对于矫正社会工作者个体还是整个队伍的专业性发展状况，在客观上是需要列入培训教育计划的。

2. 矫正社会工作者队伍职业化进程需加速

职业化是指某种社会活动被社会认定为是一种职业，并得到发展的过程。一种社会活动被认为是一种职业，是由人类生活和社会发展的需要所决定的。在现代社会中，随着经济与社会的发展，社会分工不断加剧，某些专门的社会服务活动（社会劳动）逐渐成为有独特的技术、专门的服务对象、共同的标准的群体，在社会分工体系中占有着不可替代的作用，这就预示着新职业的诞生。当这种社会服务活动（社会劳动）被社会认可并得到发展的时候也就开始了职业化过程。① 就矫正社会工作者来说，职业化发展一般会有以下表现：一是司法社工教育培训成规模化兴起，包括高水平的师资队伍、完整的课程体系、适合本土的教材、教育与实习场地等；二是政府和民间机构要重用相关专业的人才；三是工作人员本身要拥有良好的职业操守和专业能力。对照这三个条件，目前我国社会工作职业化发展还存在着诸多问题和挑战。社会工作方法应用不娴熟，就是其中一个很大的问题。社会工作者不仅要熟练地运用专业方法帮助社区服刑人员顺利完成矫正，而且还要精湛地运用以帮助自己克服社区矫正工作中自己的弱势，提高自己的专业能力，培养自己的情绪控制能力，更好地服务于社区服刑人员及相关工作。

（二）小组工作方法对矫正社会工作者能力提升的意义

1. 小组工作是有效提升矫正社会工作者能力的方法

矫正社会工作者是同质性较高的群体，他们的工作也是面对同质性较

① 黄春梅："职业化背景下的中国高校社会工作专业教育"，载《传承》2009 年第 16 期。

高的群体，因此可以采取专业性强的小组工作的形式开展活动。根据社区矫正社会工作者的需求评估，综合运用优势视角、行为主义学习、小组动力学等理论，通过小组互动和多样化的小组活动，在提升小组成员自我认知的基础上，使小组成员更好地习得专业方法，从而提升小组整体效果。在矫正社工能力提升的过程中，小组工作能够将一群具有提升能力需求的同质性组员组织在一起，运用各种丰富的小组活动促进其问题得到解决。小组工作方法能够在较短的时间里，延伸小组的影响范围，帮助矫正社工学习小组工作的理念及方法，习得矫正社会工作实操能力。在这一过程中，需要重视组员之间关系的平等，帮助矫正社会工作者逐渐形成小组意识。

2. 丰富小组工作在社区矫正领域的应用

随着社会工作在我国的发展，小组工作方法被应用到社会领域的方方面面，如思想教育、预防犯罪、老年人照料、儿童虐待等。小组工作在社区矫正领域的应用集中于对服务对象开展支持性小组和治疗性小组，对矫正社会工作者开展小组活动的研究实在是非常少。纵观近十年有关社区矫正方法的研究，主要还是采取更为严格的惩罚性方法，而社会工作的价值理念并未深入这一过程中。本书旨在通过小组活动的方式，为社区矫正工作人员提供社会工作培训，使其习得并充分掌握小组工作的基本内涵和操作模式。在社会工作价值观指导下，将小组工作方法更好地运用到服务对象身上。

第二节 社区矫正社会工作者能力提升的一个小组工作实务样本

一、小组筹备和调研阶段

在进行矫正社工能力提升培训之前，我们要对徐州地区需要培训的社工做需求评估，以了解被培训社工的基本现状，从生存和发展两个方面进行全面的评估，从而获知徐州社区矫正社工能力方面存在的问题，确定本项培训的具体目标。

本次小组开展是“尚善工程”社区矫正社工服务提升项目的组成部分，在项目开展之初就对分布在徐州市各基层司法所的206名矫正社工进行了预评估。由于各基层司法所分布在各乡镇，相对比较零散，项目组成员划片、分区，实行责任到人，先后在徐州市贾汪区、沛县、邳州市、睢宁县、铜山区、鼓楼区、云龙区开展协同调研工作。

在需求评估阶段，链接中国矿业大学社会工作系师生和大学生志愿者，采取小组方式进行，由社工带队，组成“社工＋志工”的模式开展前测问卷。带队调研和指导，不仅保障了问卷的质量，更是通过直接接触，和各司法所社工建立了关系，为以后开展小组活动奠定了良好基础。

二、小组需求评估阶段

通过对徐州市矫正社工预评估以及需求评估，在了解矫正社工现在的工作和发展状况之后，我们发现徐州市矫正社工能力方面存在着以下几个问题：

首先，一线矫正工作者的专业化、职业化程度较低。现有大部分社会服务方式停留于管理层面，忙碌于档案管理、网络统计等较为烦琐的重复性工作。

其次，缺乏社会工作专业理论和实务技能的支撑。现有大部分社会工作者持证者，大部分是通过考试拿到社会工作证，并没有经过系统的专业学习，专业理论不扎实，专业技能薄弱，运用实务时存在误区。

最后，个案小组等实务操作能力弱。部分矫正工作者缺乏实务技能，必要的人文关怀不足，又落入旧式的管理窠臼，这不利于社区矫正社会工作的全面开展。

在小组调研基础上，综合考虑社区矫正司法所分布及其社区服刑人员数量等因素，我们选取徐州市铜山区司法局和睢宁县司法局为两个典型样本，评估矫正社会工作人员的实际需求，确立了项目具体的目标：第一，普及社工知识与理论,使得一线矫正工作者对于社工知识知晓率达到90%以上;第二,通过培训,矫正工作者可以独立撰写专业方案;第三,实践出真知,矫正工作者在接受理论培训后,可合作开展一两个小组活动。

三、小组活动开展阶段

这一阶段基于先期需求评估之上,开展小组活动。这样可以一方面提升矫正社工的理论知识,另一方面提升他们的实务能力。另外,为了保障小组工作的顺利进行,在这一过程中确定了小组工作的介入方式,即每月为一个周期,利用社工大规模集中培训学习的时间契机,进行社会工作能力培训。

矫正社工小组活动的总体设计思路:首先在确定针对矫正社工的具体活动方案之前,明白在此活动中应该采取什么样的方式来满足并提升矫正社工的能力。其次,根据矫正社工的表现来确定选取整场活动的指导模式,包括适合其发展的理论基础、完善的活动开展过程和专业的实务技巧。最后,结合小组目标,策划具体的活动方案。根据问卷调查和访谈的结果,专业的社会工作者可以初步了解到矫正社工在工作中的表现。以矫正社工的能力需求为基点,再对小组活动进行设计。设计时着重考虑小组工作模式的选择、活动主题的设计和小组过程的选择等三个方面。

(一)小组工作模式的选择

社会工作是在一定的理论指导下,运用专业的方法和技巧进行的助人服务活动。所以,在小组工作模式的选择中,我们要特别注意保持它的专业性,以便小组成员更好地在过程中学习。矫正社工在全面开展服务之前,需要选择一种专业的工作模式作为实务的处置原则。同样,为矫正社工服务的小组活动也不例外,我们在选择社会工作模式时,应考虑本模式能帮助矫正社工疏导情绪,管理情商,培养专业度。

(二)活动主题的设计

结合为矫正社工服务的目标,社会工作者在对活动主题进行设计时主要考虑了以下三个方面。第一,促进矫正社工能力提升是其主要目标,在小组的全过程中,要始终注重组员的自我成长。在小组活动中,强调组员与人合作的重要性,并且引导他们构建社会支持网络。第二,根据主导原则,社会工作者在小组活动的设计中,需要引导矫正社工进行倾听和分享,注重解决他们在工作中的情绪问题,引导他们主导小组活动过程的全流程。第三,依据主体原则,可知矫正社工在整个小组活动中发挥的是主体作用。所以在整个小组活动中,包括活动策划、活动形式安排、活动的开展以及评估反思等,小组负责人应听取组员的意见,共同制订活动方案,以训练其主体作用。

(三)小组活动过程开展的选择

根据前文中关于小组模式开展过程的阐述,我们决定将整个小组活动开展过程分为准备期、前属期、权利与控制期、亲密期、分辨期和结束期。[①]根据不同阶段和矫正社工的能力需求,我们不断调整小组工作的活动模式,最终固定为"热身游戏+主题活动+组员分享",具体情况可以依据实际情况改变。

四、小组后期调研阶段

在相关培训结束之后,从对服务对象、落地地区或合作机构等相关方面产生的影响和获得的评价进行全面总结,旨在检验小组活动的效果,并且从社会、经济、政策等方面总结矫正社工能力提升培训产生的影响。

第一,对服务对象产生的影响。社区矫正社会工作者的理论知识、实务能力都有显著改善或提升。首先是社会工作理论知识掌握水平提升,在先后接受小组活动的55名矫正社会工作人员的访谈中,从社会工作基本特征、伦理价值、小组工作、社会工作通用过程等方面进行了知识调研及成果反馈。从每次小组的知识测评来看,矫正社会工作人员对理论知识的掌握有

① 刘梦:《小组工作》,高等教育出版社2013年版,第184—185页。

显著提升，从服务对象满意度调查来看，矫正社会工作人员对培训基本上非常满意。其次是社会工作实务能力提升，经过 12 个月的社工介入，55 名社区矫正社会工作人员大部分现已具备开展小组活动的能力。

第二，对所在社区产生的影响。通过积极引导社区矫正工作人员运用所学参与所在社区社工实务活动，为社区矫正工作人员创造条件、搭建舞台，既有利于社区矫正工作人员自身发展，也有利于社会的和谐发展。故而，经过小组工作能力提升训练的矫正社工，也对社区服刑人员开展了更多的专业性活动。

第三，对合作机构产生的影响。“尚善工程”培训项目被列为“司法局社工人才培训计划”，作为徐州市司法局社工尤其是青年社工的工作福利，提高青年司法社工的工作热情，有利于稳定青年社工的队伍。作为徐州市司法系统如此大规模长期性的培训，也可算是首次，在徐州市司法矫正工作队伍建设上有社会工作示范意义。

五、小组评估与反思

对小组的各个方面进行综合的评价和反思，以及在此基础上涉及矫正社工能力提升下阶段的工作，旨在有进步和提升。

（一）小组工作的成效

社区社会工作人员社会工作理论知识、社会工作实务能力都有显著改善和提升。在先后接受能力建设课堂培训的 55 名矫正社会工作人员中，从社会工作基本特征、伦理价值、个案工作、小组工作、社区工作、社会工作行政、社会工作通用过程、心理学等方面进行了公开授课和知识分享，取得了很好效果。

同时对开展小组工作的合作机构也产生了一定的影响。比如，铜山区司法局计划成立项目指导委员会，由司法局人事处进行统一通知，并进行备案。由市司法局领导担任指导委员会组长，铜山区司法局相关领导担任指导委员会组员，并由徐州市鹏程社会工作服务中心建立三方互助机制。徐州市鹏程社会工作服务中心"尚善工程"培训项目被列为"铜山区司法局社工人才培训计划",作为铜山区司法局社工尤其是青年社工的工作福利,提高了青年司法社工的工作热情,稳定了青年社工的队伍。

(二)不足

1. 矫正社工在理论的理解与梳理上,与实践存在差异。对矫正社会工作实务的认知差异性大,而矫正社会工作人员对实务工作的认知也不同。项目中,需要及时督导和化解困惑。

2. 志愿者管理与培训要及时、有效。志愿者多充满热情和爱心,但缺乏技巧,存在工作方式上的不足,由于服务群体的特殊性,这就要求社工在每次开展活动时,要事前培训、事后反思,尽量满足志愿者、服务对象沟通基础上的双向需求。

3. 应对和处理小组成员的多样性是对社工的一大考验。当面对沉默寡言、对活动不投入的组员时,工作者应该将更多的注意力投注在这些组员身上;对于较强势、态度过硬的组员,工作者则应采用合适的说话方式,运用恰当的方法对其进行引导;对于懒惰者来说,学习如临大敌,督促、鼓励和定期检查家庭作业完成情况,可以使组员养成不怠惰的好习惯。

六、反思和展望

(一)反思

小组工作以其独特的视角和方法为我们展现了其为具有相似问题和目标的对象进行服务的高效和便捷。在此过程中,小组工作者可以要求投入小组活动的始终,而且社会工作者对专业价值原则的遵守,对他们的尊重、包容、耐心和专业对小组成员来说至关重要。我们尝试用小组工作的方法对徐州市矫正社会工作者进行能力提升培训,使社会工作的方法和价值观进入社区矫正领域内,完善社区矫正工作方法,为社区矫正成效的提高贡献了一分力量。然而社会工作作为一门综合性专业课程,本身充满了科学性和复杂性,由于时间和其他各种原因的限制,短短几次小组活动远远不能使小组成员完全习得社会工作的方法和要义，也不能完全培养小组成员的情绪控制能力及专业能力。故小组在活动的设计上，着重从专业价值原则、个案辅导以及小组工作中的支持性小组和成长性小组入手，旨在提高组员的实际操作能力，而对于理论的学习却不够系统。在小组的目标和成员需求上都偏向于整体性，一定程度上忽略了组员的个别需要和目标，尤其是对有某方面特殊能力的组员没有进行特殊培养，造成了一定的损失和遗憾。而且，从社会工作者角度来看，本小组对组员的专业性和能力要求比较高，在实际操作中社会工作者能否应对庞杂的小组问题并做好培训工作，对专业社工来说是一大挑战。矫正社会工作者作为小组成员，这一工作对象主体也需要个别化对待，清晰其需求，针对这一主体的特殊性，在设计小组活动的时候，可以向其他小组工作活动寻找可借鉴的方面。而且国外的小组活动，更加偏向心理学方面，对于能力提升方面设计得较少，我国也可以弥补这一空缺。

（二）展望

1. 创新社会工作服务模式

问题式诊断模式、简单的临床治疗模式已不能满足矫正社会工作服务的需要。因为我国内地开展社工服务的时间短，不同群体、不同地区人们生活水平、需求层次参差不齐，所以介入的侧重点不同。但是从总体上讲，服务还被限制在临床治疗的体系内，以问题式诊断模式为主。但仅用该模式就如同头疼医头，脚疼医脚，不能从根本上解决问题。西方国家社会工作理论的发展经历了实证主义阶段、存在主义阶段和人本主义阶段，并在后现代主义思潮的推动下不断反思，他们对案主的定位已经走过了问题式诊断时期，而把重心转向发掘案主潜能；从协助案主解决问题转向与案主探讨如何发展、进步；不仅关注案主的物质层面需求而且重视案主精神层面的需求。若立足长远，对矫正社会工作人员的介入服务应将服务的重心转向矫正社会工作人员的发展式需求。这是以人的全面发展、增权理念、平等接纳等社会工作理念为指导的服务方向，更合乎矫正社会工作人员的未来发展和需求。

2. 矫正社会工作发展与多方参与

矫正社会工作人员的引进和培养在近几年刚兴起，但这个过程大体上也体现了“专业性”社会工作在中国内地发展过程中与制度和文化互动的情形及可有的选择。首先，目前矫正社会工作处于发展初期，缺乏理论知识的指导，因此实务能力不足。矫正社会工作服务项目大多数要立足于社区，使案主所在的社区理解、认同进而支持社会工作，而又保证社会工作的专业性问题。在保证专业性的同时回应多方需求，建构推动社会工作发展的多元社会支持网络。

3. “助人自助”观念引导，提升矫正社会工作人员的价值追求

马斯洛需求层次理论认为，实现自我价值是人的最高需求。矫正社会工作人员希望被视为独立的人，有获得被理解和被尊重的需求，受专业理论知识的限制，其工作能力的价值追求受到不少影响。通过积极引导他们参与社工实务活动，为他们创造条件、搭建舞台，既有利于矫正社会工作人员自身发展，也有利于社会的和谐发展。

4. 社区矫正社工能力提升的未来空间

目前徐州市社区矫正专职工作者共有200多人。从年龄结构上来看，35岁以下占58.9%，36岁至50岁占28%，50岁占13.1%。从学历结构来分析，高中(中专)学历占8.4%，大专学历占64.9%，本科占26.7%。从专业结构上来看，法律类占37.8%，其他类专业占62.2%。

以上数据可以看出，近四成人员无大专学历，而大专学历中也多数不是法学、心理学、社会管理等与社区矫正相关的专业。而社区矫正作为社会创新管理手段，既是刑事执行，又是一项综合性的社会工程，知识性、专业性和执法管理技术性要求非常高。专业人才缺乏，直接造成社区矫正日常管理乏力，矫正质量难以保证。

一是加强业务培训。通过培训，使司法所工作人员和社会工作者熟练掌握国家有关社区矫正工作的政策、法律法规及矫正专业知识，以适应新形

势下社区矫正的工作需要。二是学习执法经验。组织司法所工作人员和社会工作者赴监所和其他业务开展较好的地区考察学习，借鉴先进经验改善自身工作。三是旁听案件审查。组织司法所工作人员和社会工作者到法院旁听审前社会调查案件的庭审过程，熟悉办案程序和要求，为开展社区矫正审前社会调查工作打好基础。

5. 三社联动中的社工功能定位

“三社联动”是以政府购买服务为牵引，以社区为平台，以社会组织为载体，以社工为骨干，以满足居民需求为导向，通过社会组织引入外部资源和社会力量，通过社工提供专业化、针对性服务，把矛盾化解在社区、把多元服务供给实现在社区的一种新型社会治理模式、社会服务供给方式和全新的社会动员机制。

“三社联动”机制不是简单的联合、互动，也不只是“三社”一起工作，其实质是政府与社会组织分工合作，打破原有的服务提供方式，形成基层社会治理新模式，即坚持政府主导，政府与社会组织充分合作、分工，在政府的监管下由社会组织带领社区居民充分参与基层治理，根据需求提供个性化、专业化的服务。

第六章　观察和思考：专业社会工作对社区矫正的嵌入

正式开始于2003年的社区矫正在除了上海地区把专业社会工作纳入体制、制度考虑并实施外，其他省市地区的社区矫正的本质基本是行政性的矫正工作，而且这种行政性矫正工作的惯性已经形成。尽管随着社区矫正工作的日益深入，尤其是专业社会工作在社会治理各个领域的功能越来越彰显，特别是上海等地的专业社会工作在社区矫正领域的深入嵌入，这对促进专业社会工作进入社区矫正发挥了重大的促进作用，不仅在国家的政策法规中开始出现社会工作方法、社会工作者这样的字眼，而且很多地方也开始采取政府购买、社工岗位开发等措施促进专业社会工作进入社区矫正领域。在这方面，江苏全省走在了全国的前列。

当然，在当前的社区矫正领域明显有两种社会工作并存的现象：一是传统的行政性、非专业的社会工作及所谓的社工公益岗位所承载的社会工作；二是专业的社会工作在项目化和岗位购买过程中得以体现的社会工作。事实上后者相对于前者来说是极为弱势的，甚至于微不足道，而且后者是积极努力地在前者的领地中寻找可嵌入缝隙或者空间。因此，作为社会工作教育者和专业社会工作人才的输送者，对于徐州市的社区矫正工作，正如前文所言，我们是主动寻找可以发挥作用的机会的。社会工作是一个实践性极强的专业，我们寻找实践领域的目的很明确，在实践中学习和成长。这样的理念与著名的教育家陶行知的“教学做合一”的思想是一致的，这也正是当代中国社会工作教育的引路人——北京大学王思斌的专业社会工作的嵌入性发展的思想。那么，在我们参与徐州市社区矫正工作的过程中时，我们对专业社会工作与社区矫正工作有了一定认识，因为仅仅是一种辅助性的、参与性的服务，更多的还在边缘，我们的视野受到限制，所以，本书只能是一个专业社会工作者对于社区矫正的一种情怀、一个愿景、一点认识，作为我们在社区矫正服务领域的一场专业对行政的嵌入总结。专业社会工作在中国有政策就得有实践，政策要落地才能生根。中国的社区矫正实践时间很短，特别是在“柔”术上应该下功夫，而这种术是需要实践、实践、再实践的。社区矫正领域的专业社会工作怎么做才能做好，一句话就是：做中学，学中做，做了才会做；谁先做，谁会做。本章作为本书的结尾，试图表达一些对专业的认识和思考。

第一节　社区矫正工作的当前状态：“严与宽”的不当

“宽严相济”是社区矫正工作的理想情况，“严”意味着社区矫正的惩罚性本质，“宽”意味着社区矫正的恢复性本质。一般而言，“严”的责任由司法行政机关来承担与负责；“宽”的理想状态应由社会工作来提供。

我国是一个有着重刑传统的国家，但与总体上属于轻刑国家的美、英、加拿大等国相比，我国社区矫正在惩罚力度上明显偏轻、形式单一。[1] 这是

① 武玉红：《社区矫正管理模式研究》，中国法制出版社2011年版序。

目前我国社区矫正工作面临的一个普遍问题，即惩罚性严重不足，无法对服刑人员起到应有的震慑及惩戒效果。与此相对的是，作为一种以实现犯罪预防和服刑人员再社会化为目的的非监禁行刑方式，社区矫正的另一本质特性——恢复性目前也同样存在严重不足的问题。目前，全国各地的社区矫正都开始重视社会工作对社区矫正的作用，但除上海、广州等个别经济发达、社会工作起步较早的地区矫正社会工作的发展相对较好以外，总体上国内目前社会工作对社区矫正的介入仍处于十分初级的状态，绝大多数地方虽然有了名义上的矫正社工，但在实际的矫正工作中，即使是理应由社会工作来提供的恢复性功能，在实际的工作过程中还是以传统的行政性来处理，社会工作专业理念和方法的发挥大部分徒有虚名。

除此之外，在目前的基层司法所中，还普遍存在三种不同的表现形式：其一是“重宽轻严”，其二是“重严轻宽”，其三是“宽严分离”，这三种宽严状态不同程度地出现在全国各地的基层司法所中，其中以“重宽轻严”最为普遍。“重宽轻严”指的是基层司法所存在重教育帮扶轻监督管理的倾向，甚至只抓教育帮扶，忽视监督管理。这种现象的后果就是从根本上失去社区矫正作为刑罚执行的惩罚性，工作没有严肃性、权威性，社区服刑人员可以轻易找个借口不遵守司法所的规定和要求，而让司法所感到束手无策。“重严轻宽”指的是基层司法所只抓监督管理，忽视教育帮扶。其结果必然是不了解服务对象的个性，困难重重，矛盾激化，难以达到预期目的，甚至走向反面。“宽严分离”指的是监督管理与教育帮扶相互脱节。其表现是信息相互不通，各搞一套；不做深入分析，简单从事。其结果是不能相得益彰，不能形成合力，虽然花了很多时间和精力，但事倍功半。① 在基层司法所出现的这三种状态中，表面上看是“宽严相济”过程中尺度拿捏不恰当、是“宽严”的倾向性问题，但深入研究会发现，症结并不在此。当下社区矫正工作所面临的最大问题不在于“宽严”的倾向性，而在于“宽严不分”并且都有严重不足。

① 刘强、姜爱东：《社区矫正评论（第三卷）》，中国人民公安大学出版社 2013 年版，第 15 页。

正如上文所述，目前国内的现实情况中，即使是理应由社会工作来介入和提供的社区矫正恢复性功能，实际上仍然深受传统的行政思想的影响，表面看上去由矫正社工的介入，但实质上是完完全全的行政手段，社会工作很难发挥应有的作用。“宽严不分”的实质在于，在社区矫正工作中，无论是体现惩罚性的监督管理还是体现恢复性的教育帮扶，不仅存在传统行政与社会工作理念的混乱，而且两者都存在严重不足的问题，两项工作都有很多不到位的地方。徐州市社区矫正目前存在的一个明显特点就是“严不足、宽不够”。一方面对社区服刑人员的惩罚性不够，现有的管理和教育措施无法引起服刑人员的重视，达不到惩戒犯罪的效果；另一方面对社会工作介入的投入又十分不足，社会工作力量十分薄弱，社区服刑人员的再社会化难以保障。这种现状与特点，在对徐州市社区矫正领域相关负责人和一线工作者的访谈和调查中可以得到证实。因此，社区矫正“宽严相济”的目标还有待实现。

第二节　专业社会工作对社区矫正的嵌入背景：他山之石

一、关于嵌入（嵌入性）的理解

嵌入在汉语字典中的意思是牢固地或深深地固定或树立，紧紧地埋入，镶入。嵌做动词，把东西填镶在空隙里：嵌入、镶嵌、镶入，入做动词，象形。甲骨文字形，像个尖头器具，尖头器具容易进入。嵌入的学科研究在数学、物理学、建筑学、计算机信息等自然学科比较普遍，其应用范围也很广泛。除此之外，通过文献检索，我们还发现，嵌入还是一个生物学术语，意为放线菌素、氨基吖啶等分子插入并结合到DNA链中相邻的碱基对之间。放线菌素、氨基吖啶等分子插入并结合到DNA链中相邻的碱基对之间，使DNA螺旋倒扭18°，以致增大了原为0.34纳米左右的碱基对的螺距，使整个分子的黏度增加,从而引起 DNA 的变性。由于这种机制,使得放线菌素能抑制核酸的合成。此解释对于本书的"嵌入"也有启发意义。

20 世纪 50 年代,经济史学家卡尔·波兰尼在其论文"作为制度过程的经济"中指出,"人类经济嵌入并缠结于经济与非经济的制度之中。将非经济的制度包容在内是极其重要的。对经济的结构和运行而言,宗教和政府可能像货币制度或减轻劳动强度的工具与机器的效力一样重要"(Polanyi,1957/1971)。波兰尼理论的意义不在经济领域,如诺思所言,波兰尼对经济学家产生较小影响,但同时,却对其他社会科学家和历史学家有着很大的影响(诺思,1991)。在人类学家和社会学家中,他的"嵌入"概念受到特别重视,引发了讨论。[①] 到 80 年代中期,经格兰诺维特更为理论化和操作化的探讨,"嵌入性"视角得到更为广泛的重视,并成为目前美国新经济社会学的一个基础性概念。格兰诺维特的探讨事实上涉及两个基本层面:一是社会科学中研究人的行动的视角,即以"嵌入性"视角来挑战主流经济学和社会学中关于人的行动的基本假设;二是在"嵌入"的具体内容上,把人际关系网络作为要素,从而把社会学研究中的一个主要关注领域引入进来。这两个层面使他和波兰尼相区别。在波兰尼那里,一方面,问题没有提到人类行动的基本假设的抽象程度,另一方面,注意的是经济嵌入于制度,而不是人际关系网络。提出一个视角并不等于形塑了一个具有分析力的操作性架构。从操作性架构的角度来看,"嵌入性"可以引导出不同的研究策略。一种策略也称之为"可分析策略"。在这种策略下,当我们说"A 嵌入于 B"时,是将 A 和 B 作为两个相对独立系统看待,并认为嵌入的机制是可分析的。与此相对的策略可称为"不可分析策略"。在这种策略下说"A 嵌入于 B"时,恰是反对将 A 和 B 看作两个相对独立系统的观点,强调面对的是不可解的一体化事物,从而嵌入机制是不可分析的。[②]

这些关于嵌入的研究以及很多有趣的嵌入现象对我们观察当前的矫正

①② 刘世定:"嵌入性与关系合同",载《社会学研究》1999 年第 4 期。

社会工作在社区矫正领域的生态有启发的价值。由此，我们可以对矫正社会工作与社区矫正有这样的假设：一是专业社会工作与社区矫正工作存在嵌入的关系，即两者有嵌入的必要性；二是专业社会工作具备了嵌入社区矫正的条件；三是社区矫正允许专业社会工作的嵌入；四是专业社会工作与社区矫正两者实现融合。

二、一般性社会工作的嵌入(嵌入性)研究

(一)“体制嵌入”的思考

较早在社会工作领域对“嵌入(嵌入性)”进行理论讨论的中国学者是北京大学熊跃根，他认为无论从历史还是现实，无论从西方还是中国的经验来看，社会工作专业的发展都是在政治经济制度、文化系统和特定的社会背景下综合作用的产物。[①] 继而，他用布迪厄以实践理性为基础的行动理论，同时借用格兰诺维特的“嵌入性”概念，提出并使用“体制嵌入”的概念来形容教育领域的行动者与政府组织(权力)场域主动联结或被动吸纳的交互关系。[②]在社会工作专业教育发展过程中，作为行动者的专业院校，它们几乎都普遍意识到，在推进社会工作专业化的过程中，院校与政府部门的合作是必不可少的，因此，主动建立与社会福利服务部门的联系，将专业教育嵌入现行社会服务体制中是一个必要的行动策略。这些行动策略包括院校建立与政府社会福利服务部门的组织联系，通过政策研究协助政府改善相关政策的制定以及对社会工作专业的宣传，与此同时，社会工作专业院校还通过建立专业培训项目建立与当地社会福利部门的合作机制。[③]熊跃根主要用“体制嵌入”的概念，从我国社会工作教育领域的行动者与政府组织(权力)领域主动联结或被动吸纳的交互关系的角度去看待“嵌入性”关系。他的观点对于当今的矫正社会工作很顺利嵌入社区矫正领域仍然是一个非常有

---

①②③　熊跃根：“论中国社会工作本土化发展过程中的实践逻辑与体制嵌入——中国社会工作专业教育10年的经验反思”，载王思斌：《社会工作专业化及本土化实践——中国社会工作教育协会2003～2004论文集》，社会科学文献出版社2006年版第195、197、205页。

效的路径，实践也证明了无论是评估环节还是社区中的入矫仪式、教育培训等，首先必须是体制上的认可接纳，这个门槛进不去，所有的政策也只能是条文而已。

（二）专业社会工作嵌入性发展研究

北京大学王思斌和香港理工大学应用社会科学系阮曾媛琪认为，由于我国的专业社会工作面对四个方面的结构性张力：第一，从计划经济体制延续下来的行政官僚体制还相当强大；第二，居民对政府的依赖情结；第三，现行人事制度对专业社会工作的排斥；第四，非营利机构不发达，难以发挥吸纳专业社会工作者的作用。[①] 因此，在当前和未来的一段时期内，专业社会工作与行政性社会工作将会共存。由于路径依赖，行政性社会工作还会依政府的行政框架和经费支持承担着重要的公共服务与社会管理责任，而专业社会工作在这个框架内可能会处于相对辅助的地位。对于占主导地位的行政性框架来说，专业社会工作的地位是一种“嵌入”。它将嵌入现有的公共服务和社会管理框架之中，开展专业服务，并获得嵌入性发展。在这里，专业社会工作的“嵌入”指的是它必须进入行政性社会工作占主导地位或基本覆盖的社会空间发挥作用。由于这种社会空间具有很强的行政性、层级性和自上而下的特点，与专业社会工作发挥作用的自由空间有较大差异，所以专业社会工作只能在嵌入中推进。专业社会工作的嵌入性表现在诸多层面：第一，制度层面的嵌入；第二，项目层面的嵌入；第三，服务层面的嵌入。[②]

王思斌认为，专业社会工作在中国的发展是一种嵌入性发展。在回顾和分析“嵌入性”概念的基础上，对“嵌入”概念从结构的角度进行理解，以理解中国社会工作发展的特点。社会工作自恢复重建以来，其发展基本上呈政府主导下专业弱、自主嵌入状态，随着改革的深入和社会转型的加深，新的社会治理格局的逐步形成，社会工作将走向政府—专业合作下的深度嵌

①② 王思斌、阮曾媛琪：“和谐社会建设背景下中国社会工作的发展”，载《中国社会科学》2009年第5期。

入。他还讨论了社会工作嵌入发展的建构性，并从社会建设的角度理解社会工作的嵌入性发展。[①] 至此，中国专业社会工作的嵌入性发展理论已经成熟，被社会工作理论界、社会工作教育界和实务界广泛接纳。

相关的研究还有周沛(2011)在直面社会工作亟待解决和提高的问题研究中提出，当前国内社会工作的教学与研究、介入与实务要做到“介入性”与“嵌入性”的结合。[②] 梁淑平(2012)表达了与王思斌类似的观点，认为在我国现有政策制度体系中，要使一个新事物得到发展，就必须在遵循现有体制的前提下实现嵌入式发展。一方面，不适应现代社会发展的制度与政策在某种程度上会制约社会工作模式的形成与发展，另一方面，适应与融合的创新制度安排也能为社会工作制度及模式建构提供制度保障。因此，从宏观制度层面讨论社会工作发展模式具有重要意义。李迎生、方舒、徐道稳等学者提出了社会工作发展的“内生模式”和“嵌入模式”。“内生模式”以“在职培训论”和“专业转化论”为发展基调，“在职培训论”指通过拓宽人才开发渠道，使社工人才逐步渗透到实际工作岗位和职务中；而“专业转化论”指的是转化存量岗位资源，通过岗位设置，将社会工作嵌入现行的社会管理与服务体系中。“嵌入模式”则以“专业替代论”为发展态势，是指通过培育社会服务机构，建设新型社会服务组织，使其成为专业社会工作者发挥才能的平台。[③] 赵琼(2016)在王思斌的专业社会工作嵌入性发展理论的启发下，进一步分析了专业社会工作嵌入性发展的结构性特征。从专业发展目标递进过程的视角提出了嵌入性发展的四个阶段，即专业性参与、结构性融入、互惠式建构和专业互构发展阶段，深入分析了每个阶段发展的主要任务和面临的挑战。[④] 这些研究无疑加强了嵌入性理论的生命力，也增加了专业社会工作发展的道路选择可能性。

---

① 王思斌：“中国社会工作的嵌入性发展”，载《社会科学战线》2011年第2期。
② 周沛：“谈社会工作实务的‘介入性’与‘嵌入性’”，载《浙江工商大学学报》2011年第4期。
③ 梁淑平：“我国大陆地区社会工作发展模式研究综述”，载《社会工作》2012年第9期。
④ 赵琼：“专业社会工作嵌入性发展的阶段性再探索”，载《社会工作与管理》2016年第6期。

（三）其他社会工作实务领域的嵌入研究

首先，社会工作实务领域的嵌入研究，比较早而且对矫正社会工作实务有指导和借鉴的意义的是华东理工大学教授徐永祥对灾后社会工作的总结提炼。他在带领专业社会工作服务团进行汶川灾后社会重建的过程中，认识到以社会工作的视角来看，灾后社会重建的价值就是在社会关系恢复与重建的基础上，恢复和重建遭到灾害破坏的社会支持体系、社会服务体系、社会管理体系和社会保障体系。因此，社会工作介入灾后社会重建，本质上就是一种宏观与微观相结合的建构式社会工作。那么，在灾害地区尤其是尚未建立社会工作制度的地区，社会工作服务应该秉持怎样的理念呢？这实际上是一个关于社会工作怎样才能介入、如何提供服务、如何获得理想效果的问题。[①] 他基于灾后社会工作实务的经验，认为"嵌入"概念涉及的是社会工作者与受助对象（组织、个人、社区等）的关系，其原有含义是指社会工作者在主观意识和行动上要自觉纳入受助对象的关系网络之中去，争取最大限度地获得受助对象的理解和支持。就灾后社会工作而言，解决"进场"问题是开展工作的重要前提。因此，社会工作者必须主动将自己纳入灾区的行政体制，视自己为灾区政府工作的组成部分或者助手，努力赢得当地政府的理解、信任和支持。非此，社会工作者就不可能进入灾后重建工作的核心圈子，相反只会始终徘徊在重建工作的边缘。[②] 灾后社会重建中的社会工作嵌入理念和做法，与当前我国的社区矫正中社会工作介入的情景十分类似，一个是通过种种路径、方法、手段取得司法行政的"入场券"，另一个就是入场后，与服刑人员的关系建立。如果不能与服刑人员建立真正的人际关系，那么社会工作的所谓"柔"术是无施展机会的。当前这种关系已经成为矫正社会工作实践的瓶颈。如果很多关系只是行政性的，没有专业性的社会工作关系的存在，那么专业性的矫正效果是难以保障的。

其次，深圳市南山区社会工作试点的经验。南山区是深圳市最早开展

①② 徐永祥："建构式社会工作与灾后社会重建：核心理念与服务模式——基于上海社工服务团赴川援助的实践经验分析"，载《华东理工大学学报（社会科学版）》2009 年第 1 期。

社会工作试点的区。徐道稳(2010)把深圳(南山区)的社会工作发展经验概括为“嵌入模式”,意指社会工作作为一项制度从体制外切入,逐渐成为整个社会结构的有机组成部分。嵌入模式的特点有三个：第一,社工主要在大学毕业生中招聘;第二,政府购买,民间运作;第三,重视督导,提高专业水平。[①]经过艰苦的努力,深圳的“嵌入式”社会工作发展模式取得了明显的成效：一是建立了政府购买服务的机制,即“政府购买,民间运作”。购买有两种,一种是购买服务岗位,一种是购买服务项目。二是开发设置了试点岗位。三是培育和发展了一批社工机构。如在2007年7月23日,深圳市首家民间专业服务机构“深圳市鹏星社会工作服务社”揭牌成立,此后,深圳市民间社工组织如雨后春笋般出现。四是在多领域开展了专业服务,完成一批案例,积累了经验。[②] 当然,这种模式与国内很多地方执行的“内生模式”相比,尽管成本高、推进缓慢,但其对社会工作的职业化和服务的专业化、规范化,意义是巨大的。特别是在社会工作发展的现阶段,应该直接招聘社会工作专业的毕业生进入社会工作岗位,而不是从体制内转化,那只是一个名分的改变。就如徐州市之前的社区矫正领域,矫正社工几乎没有社会工作的任何学习经历,所从事的工作也基本是司法行政性的,与专业的社会工作几乎没有关系。

再次,是在社会救助领域的探索研究。李全彩、夏晋城曾基于福建省泉州市海西社工事业发展中心承担的“泉州市街头流浪乞讨人员救助社会工作服务项目”的相关素材,对专业社会工作以组织化形式介入流浪乞讨人员救助管理服务过程进行研究,总结出了“三工联动”的社会组织介入模式以及从政策法规落地生根、社会力量参与的成效凸显和全民公益氛围得到加强等三个方面的明显成效。[③] 有学者直接借鉴王思斌的嵌入理论,认为社会

---

① 徐道稳:“我国社会工作发展模式研究——以深圳、长沙试点区调查为基础”,载《华东理工大学学报(社会科学版)》2010年第1期。

② 宾丽平:“我国社会工作‘嵌入式’发展模式研究——基于深圳市的调查”,载《社会工作(学术版)》2011第4期。

③ 李全彩、夏晋城:《社会救助服务研究》,中国矿业大学出版社2016年版。

工作参与社会救助就是嵌入理论在一个具体的实践领域的运用。社会工作参与社会救助的过程是符合嵌入理论的。[①] 社会工作嵌入社会救助的实践方法可以是制度的对接、资源的整合、平台的共享和对象的转介。[②]这些观点与当前专业社会工作介入的社会救助工作非常相符。

最后，是学者对司法社工服务的讨论。杨旭（2012）认为司法社工与我国传统的调解制度之间有很多的契合性，将调解纳入司法社工服务的视野不仅是社会工作本土化的重要体现，而且在调解中注入司法社工的价值观、服务方法等内容也是社会转型中调解制度创新的重要内容。[③] 蔡祥云（2007）、[④]李晓凤（2009）和贺永文（2014）[⑤]等对人民调解中专业社会工作的介入进行了研究，认为专业社会工作和社区人民调解在本质与功能、价值观与工作原则、对实践经验的态度、实务技术提供等方面的契合性为专业社会工作的嵌入提供了可能性和可行性。专业社会工作作为嵌入主体对嵌入客体嵌入后，对案主承担着协助者、教育者、资源整合者、服务提供者等社会角色。作为嵌入客体的社区人民调解对嵌入主体的反馈是理念、知识和实务技术方面的支持。

（四）社会工作嵌入性发展中问题与对策研究

宋言奇和余力对处在“嵌入”性地位的中国专业社会工作发展的困境从文化和实务两个层面进行研究，认为文化困境主要表现在“集体主义文化”与“个体独立性”之间的矛盾、“宿命论文化”与“个体能动性”之间的矛盾、“因果报应文化”与“无条件接纳”之间的矛盾、“差序格局文化”与“平等待人”之间的矛盾、“人情文化”与“按规章办事”之间的矛盾等；实务困境主要表现在“保密原则”“案主自决原则”“案主利益至上原则”“增权原则”等。[⑥]

---

①② 孙莹、李涛：“嵌入式视角下的社会工作参与社会救助”，载《中国民政》2017 年第 7 期。

③ 杨旭：“司法社工服务对我国调解制度的嵌入性研究”，载《华东理工大学学报（社会科学版）》2012 年第 6 期。

④ 蔡祥云：“社会工作方法在人民调解中的运用”，载《人民调解》2007 年第 4 期。

⑤ 李晓凤：“专业社会工作实务方法在人民调解中的运用”，载《社会工作》2009 第 10 期。

⑥ 宋言奇、余力：“‘嵌入’视角下我国社会工作发展的困境与对策”，载《南通大学学报（社会科学版）》2016 年第 2 期。

毋庸讳言，“嵌入式”的中国大陆专业社工的发展是一个必经的环节，但随着社会的发展和专业的成长，以及“嵌入”本身存在的问题、矛盾、困境也越来越多，无论是学者还是实务工作者越来越清晰地认识到“嵌入式”发展的路径和模式已经成为制约我国社会工作发展的因素。有学者指出，“嵌入式”发展是以往只有政府作为单一主体进行社会管理的时代产物，即社会工作组织由于缺乏主体地位导致的通过向政府游说而获得少量的购买社会服务资金来开展的社会工作，这使得社会工作始终处于消极被动的艰难发展状态，也使得我国社会工作发展面临众多的困境，诸如社会工作政策不完善、立法不足、民间的参与度不足、地区差别化、农村社会工作滞后、缺少对社会工作的社会认同、社会工作机构和人员素质不高，等等。而造成这些困境的主要根源就是原有社会管理体制的制约，即政府作为单一的社会管理主体，由此带来社会工作发展的一系列弊端。要改变这种状态，就必须实现社会工作从“嵌入式”向“合作式”发展路径或模式的转变，即社会工作组织作为与政府一样的主体，与政府等主体合作共同发挥在社会工作事业发展中的作用。这不仅是打破制约社会工作发展的瓶颈的需要，也是完善市场经济所必需的条件，因为市场经济的发展必须有完善的公民社会的配合，社会工作、公民社会、市场经济三者之间相互制约、相互影响，理顺它们之间的关系是推动三者共同发展的重要条件。[①] 其实，在中国引入社会工作的几十年，在发展道路上的争论一直没有消停过，有学者把争论观点梳理为三论，即“西方论”“本土论”和“融合论”。[②] 这三论在某种程度上也就是社会工作在中国的成长阶段：由最初的全盘接收到逐渐寻找社会工作落地生根的路径，在不断寻找探索的过程中，发现了应该促成“舶来品”与“本土”的“融合”才是当前我国社会工作发展的方向。当然就如学者认识的那样：要真正实现“外来因素”与“本土因素”的融合，并不是一件容易的事情。在当下的我国

① 卞文忠、梅梅：“从‘嵌入式’转向‘合作式’发展——治理背景下社会工作的发展路径”，载《人民论坛》2016 年第 2 期。

② 宋言奇、余力：“‘嵌入’视角下我国社会工作发展的困境与对策”，载《南通大学学报（社会科学版）》2016 年第 2 期。

社会工作发展状况下，我们认为，当前应当坚持“渐进推进”“适当变通”以及“整合资源”三个原则，将“外来因素”与“本土因素”有机融合，解决“嵌入性”社会工作的文化困境与实务困境，推进社会工作可持续发展。①

第三节　专业社会工作与社区矫正关系呈现：理论上的高契合度

一、在目标和功能上社会工作与社区矫正高度一致

社会工作是以促进人的自我发展与成长为价值理念的科学方法和专业，是一种帮助人和解决社会问题的工作。在服务对象层面的目标是解救危难、缓解困难和促进发展，为个人及家庭提供直接的服务，帮助个人和家庭发挥正常的社会功能，承担社会责任。具体来说是促进服务对象正常生活和促进人与社会环境的相互适应。基于此观点，社会工作专业的服务目标是建立个人与环境之间的良好互动。一方面要提高个人适应社会环境的能力，另一方面则要改善环境，调动环境中的资源，排除环境中的障碍。社会工作在社会层面的目标则是解决社会问题和促进社会公平公正，社会工作对社会最主要的作用是维持社会秩序和促进社会和谐。

社区矫正的本质也是一种在宽严相济理念的指导下，通过社区矫正与教育帮扶，对服刑人员采取惩罚和恢复措施，达到惩戒和教育罪犯的效果，并在此基础上以实现犯罪预防和服刑人员再社会化为最终目的的非监禁行刑方式。从该理念这一角度来看，无论是惩罚性还是恢复性，在社区矫正的本质中兼而有之。刘强认为，社区矫正的第一位任务是惩罚犯罪，教育矫正并非社区矫正的根本任务和核心任务，而是在社区刑罚执行中派生出来的任务。刑罚执行的本质属性是惩罚性，需要通过惩罚来实现国家对罪犯的

① 宋言奇、余力：“‘嵌入’视角下我国社会工作发展的困境与对策”，载《南通大学学报（社会科学版）》2016 年第 2 期。

否定评价以及一般预防和特殊预防作用，体现社会公平与正义。① 所以，社区矫正的惩罚性和恢复性并重，而且恢复性是为惩罚性服务的。在中国目前社会背景下，强调惩罚性有利于确立其权威性。但从长远的目标来看，必须重视其恢复性性质，这是社区矫正最高的目标所在。②社区矫正的重要功能和目标就是"促进社区服刑人员回归社会"。"回归社会"是指恢复社区服刑人员的社会功能，使其成为主流社会中的正常人员，消除其引发犯罪的诱因，使其问题得到相应的解决，形成新的生存方式而且具有自我改变和自我发展的能力。由此，社会工作的宗旨和社区矫正的最终目标高度一致，都是以人为本的社会发展理念的重要体现。社会工作最本质的社会功能是运用科学理念和方法，调节社会关系、整合社会资源、预防解决社会问题，减少犯罪，实现个人与社会的和谐关系，提升社会福利与保障水平，维护社会稳定与进步。③ 社会工作的恢复性、整合性和发展性很好地契合了社区矫正中的恢复性本质，这是社会工作可以介入社区矫正最根本的原因。

二、社会工作的理论优势

（一）"人在情境中"理论给服刑人员矫正环境塑造提供理论依据

人类行为与社会环境知识强调个体生理、心理、社会发展的特征及其所受的不同环境系统的影响，这些知识是社会工作价值观、社会工作理论和实务的重要基础。20 世纪 80 年代以后，"人在情境中"被称为社会工作的独特理论。社会工作者在社会工作实务各个阶段的介入过程中，把握人类行为和社会环境之间的关系对工作的开展起到至关重要的作用。人类行为和社会环境的知识是社会工作的基础，社会工作者和案主是两个环境的产物。"人在情境中"描述的是人类行为和社会环境之间的关系，人只有与社会环境相互依存、相互适应，社会才能和谐。根据这一理论基础，利用组织结构

①② 上海政法学院社区矫正研究中心："社区矫正十周年'回顾与展望'研讨会综述"，载刘强、姜爱东：《社区矫正评论（第四卷）》，中国人民公安大学出版社 2014 年版，第 57 页。

③ 刘强、姜爱东：《社区矫正评论（第四卷）》，中国人民公安大学出版社 2014 年版，第 161 页。

提供关于案主的人际、环境、心理和生理健康问题的简明一致的描述，并被用于说明案主所面临的问题。社区服刑人员在社区中进行矫正活动，需要适应新的社区环境，改变自己不良的行为，学习社会环境赞许的行为。社区环境状况会影响服刑人员的行为，一旦接触恶劣的社会环境，比如人们对于服刑人员充满敌意，不接受服刑人员融入社区生活，这种现象会严重干扰服刑人员进行社区矫正活动，会给服刑人员重返社区生活带来严重的障碍。社会工作者有责任帮助案主获取合适的资源，积极协助案主改善产生其问题的环境，给案主有效的帮助。

（二）“增能”理论是矫正社会工作实务开展的基本指导原则

“增能”一词的使用可以追溯到20世纪70年代，当时美国哥伦比亚大学学者 Yolomon 提出对被歧视的美国非洲裔黑人增能的工作，从而把增能注入了社会工作甚至社区工作的议程。20世纪90年代以来，增能已成为社会工作领域提倡的重要价值观念和工作模式之一。增能是个人在与他人及环境的积极互动过程中，获得更大的对生活空间的掌控能力和自信心，以及促进环境资源和机会的运用，以进一步帮助个人获得更多能力的过程。在现实生活中，由于社会利益的分化和制度安排的原因，处于社会底层或社会边缘的弱势群体总是缺乏维护和实现自我利益主张的能力。若要改变这种状况，就必须增强他们的能力。社会工作所关注的能力发展不只是指技术性能力，而是指在现实社会中生活的能力。社区服刑人员属于特殊群体，有些被限制人身自由和一些相关权利。服刑人员身份的特殊性，导致他们无法享有公民的基本权利。社会工作的理念是助人自助，社会工作者不仅要帮助社区服刑人员解决困难，而且要帮助他们增强能力以应对各种挑战，即帮助他们增强战胜困难的能力，以达到自助。社区服刑人员能力的提高不但有利于解决现时的种种问题，而且对于克服未来社会生活中的困难也有帮助，并能促进以后的发展，实现更好的矫正。

（三）再社会化理论明确了矫正社会工作的宗旨

社会化，就是指个体由生物人成长为社会人，并逐步适应社会的过程。

如果个人在社会生活中接受与社会主流文化相抵触的反社会文化，就有可能产生反社会或反社会化倾向，犯罪就是最严重的反社会化行为。“再社会化，从狭义上讲专指‘罪犯再社会化’，它是指那些在基本社会化过程中失败的个人，迫于个人生存的需要及外部社会的要求，而被迫接受的一种‘重新社会化’过程。对罪犯的改造就是再社会化的一种形式。”[①]再社会化采取强制手段，强迫社会化失败者改变以前的价值标准和行为方式，并向其灌输社会的规范和行为方式，确立新的生活目标。社区矫正工作把服刑人员重新放置在社会中，尽可能塑造一种与正常社会相仿的矫正环境，努力促进服刑人员与社会保持良好的互动关系，从而使服刑人员融入社会生活中，达到再社会化目的。服刑人员行为认知出现错误的偏差，做出了违反社会道德规范的行为，受到了法律的制裁。服刑人员重新进入社会后，在相应法律机构和政府的监督下，由专业社会工作者介入，改变服刑人员错误的认知行为，消除服刑人员的反社会心理，加强服刑人员人际沟通，指导服刑人员正确对待、处理人际关系，建立良好的社会关系，重新学习社会认知行为和道德规范。社会工作者为服刑人员提供与社区居民进行密切互动的机会，使得服刑人员能够融入正常社区生活，利于社区矫正工作的顺利开展，为服刑人员进行再社会化助力。

（四）社会支持网络理论给予矫正社会工作提供了宏大的视域

社会支持网络指的是个人之间的接触，通过这些接触，个人得以维持社会身份并且获得情绪支持、物质援助和服务、信息与新的社会接触。根据此理论，一个人所拥有的社会支持网络越强大，就能够越好地应对各种来自环境的挑战。个人所拥有的资源可以分为个人资源和社会资源。个人资源包括个人的自我功能和应对能力，社会资源是指个人社会网络中的人所能提供的社会支持功能的程度。以社会支持理论为取向的社会工作，强调通过干预个人的社会网络来改变其在个人生活中的作用。特别对那些社会网络

① 仇晶、张桂蓉：“论社区矫正与和谐社会的构建”，载《长沙民政职业技术学院学报》2006年第5期。

资源不足或者利用社会网络的能力不足的个体，社会工作者致力于给他们以必要的帮助，帮助他们扩大社会网络资源，提高其利用社会网络的能力。社区服刑人员的社会融入存在着社会功能的弱化甚至消失、社会支持网络不足等问题。社会支持网络对服刑人员应对生活困难，解决生活中遇到的问题，摆脱心理困扰，减少社会排斥，促进身心健康和提高生活质量起着重要的调节作用。社会工作者帮助服刑人员挖掘社区资源，充分利用社区的便利条件，为服刑人员争取应有的权利。社会工作者组织社区居民和服刑人员共同参加社区活动，增强彼此了解，消除排斥情绪，为社区服刑人员建立了良好的社会人际关系支持网络。

三、社会工作的价值优势

社区矫正的性质包括了两个层面：一是，“社区矫正是与监禁矫正相对的行刑方式”，是“非监禁刑罚执行活动”；二是，社区矫正是矫正罪犯的“犯罪意识和行为恶习，并促进其顺利回归社会的矫正活动”。这表明社区矫正具有刑罚执行和矫正双重性质。无论是刑法执行还是矫正，它们的根本目的是恢复社区服刑人员的社会功能，使社区服刑人员回归社会，促进人与社会的和谐发展，这与社会工作的专业价值观存在一致性。

（一）社区矫正需要社会工价值观的指导与应用

社会工作是一项助人的专业，它强调从人与环境的互动出发，在服务中时刻考虑环境对个人的要求、个人与环境的互动、个人在环境中的资源状况等因素。对在社区中接受矫正的社区服刑人员而言，社会工作者会将人与环境的结构作为其介入行动的焦点。同时社会工作积极的人道主义观点与社区矫正的人性关怀紧密联系。社会工作的基本信念是相信每个人都有与生俱来的价值和尊严，而这种价值和尊严带给每个人不可剥夺的社会权利，因此社会工作者在这种价值理念的支持下能够接纳社区服刑人员，做到不批判、不歧视，能够更好地与社区服刑人员建立信任关系，发现并解决其问题。所以根据以上分析，对于矫正犯罪对象的意识和恶习，并促进其顺利回归社会的社区矫正活动，社会工作的专业价值理念能够更好地指导社区矫正，同时在社区矫正过程中更好地被实践。

（二）矫正社会工作理念是社会工作普遍价值观指导下的特殊领域

矫正社会工作是社会工作实务的一个工作方向。随着社会的发展变化、社会问题的复杂化和社会的进步，社会工作的工作对象和工作领域也在不断地扩大，涉及救济、治疗、预防与发展等更多方向的结合。注重人的发展和社会进步的社会工作基本的价值观，也被应用于社区矫正中。社会工作所倡导的尊重、平等、接纳、保密、自决等原则同样指导社区矫正工作实践。同时针对特殊的社区服刑人员和工作领域，在具体的实践和指导原则上，社区矫正的价值理念又具有其特殊性和适用性。①

可以从三个方面来探讨价值理念在社会工作中发挥的优势。首先，从价值与总体社会工作的关系来看，价值是社会工作的灵魂。“社会工作是一个以价值为本的专业。它不仅是做事情的一种方式，而且是做什么事情是有价值的和它应该如何去做的准则。”②其次，从价值与社会工作者的关系来看，社会工作者一旦从事社会工作行业，那么，就必须把社会工作的价值作为最高指导，并且不断内化成为自己的信念。最后，从价值与社会工作实务方法与技术的关系来看，价值不仅对社会工作实务方法和技术具有方向性的指引作用，而且它本身就具有方法论上的意义。通过对价值的深刻把握，社会工作者可以正确处理工作中的两难处境，尽量避免做出有违职业道德的事情。具体来说，在矫正社会工作领域应该坚守并依据服刑人员身份特殊以及矫正工作的性质妥善处理各种伦理关系。

1. 接纳

没有人生来就是罪犯，每一个服刑人员的背后必然有一段痛苦的经历，简单的惩罚不利于服刑人员恢复正常的社会功能，只有充分接纳才能对其有所帮助。接纳意味着在开展矫正工作时，社会工作者要将服刑人员视为

① 谭祖雪、夏延芳：“论社区矫正的社会工作介入”，载《人民论坛》2012年第36期。

② 王思斌：《社会工作概论（第三版）》，高等教育出版社2004年版，第41页。

一个独特个体，认识服刑人员的存在价值，相信并尊重对方人格，不带有任何歧视或排斥眼光，时刻对服刑人员保持接受和尊重的态度。这就要求社会工作者随时随地充分考虑服刑人员的内心感受和真实想法，包括服刑人员的优点或缺点、积极或消极的人生观、建设性或破坏性的行为等，社会工作者都要给予接纳并采取恰当的措施加以引导，而非采用斥责、批判的态度。在实践中态度平和地与服刑人员深入交流，换位思考，体会服刑人员的此刻的想法，并采取适当举措，切不可盛气凌人，使服刑人员感受到身份或地位上的差别。

2. 尊重

尊重作为社会工作最基本的价值观之一，就是不论服刑人员此前犯过多么恶劣的罪行，社会工作者都应该尊重其人格。尊重可以为服刑人员提供一种安全、轻松、开放的环境，便于与社会工作者建立相互信任与合作的关系。通过表达尊重，使服刑人员重新感受到社会的温暖，认识自己，发掘自身价值，重塑走向社会的信心和勇气，实现服刑人员自决，进而顺利回归社会。在这种价值观的指导下，社区矫正首先要排除社会中部分人对服刑人员的歧视，社会工作者要在充分尊重服刑人员的基础上，协助他们通过充分利用社会和社区的资源来开发自身潜能，要为每个服刑人员提供同等的发展机会，尊重服刑人员自身想法，尽可能帮助服刑人员满足自身需求。

3. 案主自决

自决，即自我决定，是指案主有表达自己观点并据此行动的权利。自决的主体是案主而不是工作人员，案主才是主要的问题解决者。这就要求社会工作者在服刑人员拥有自决能力和后果绝对无害的前提下，尊重服刑人员个人意愿。当然，这不意味着袖手旁观、不闻不问，社会工作者在服刑人员自决过程中要给予积极关注和反馈，及时鼓励和支持服刑人员的正确选择和正面表现，让他们感受到温暖，感受到被尊重和自身价值。只有服刑人员自己决定的改变才是真正可持续的改变。因此，在矫正社会工作实务过程中要尽量避免出现工作人员替服刑人员做决定、全权代理的现象，从而导致服刑人员更加地依赖而不是自信与自我效能，甚至提出现难以兑现的无理要求。

4. 个别化

社会工作承认个体的独特性，认为个体在社会化的过程中，通过与社会环境的互动和人际交往，所受到的影响是不同的，因其成长环境、生活经历、人际圈子的不同而造成个体个性、观念、意识和行为的不同。个别化要求社会工作者在尊重服刑人员的前提下，充分评估每一个服刑人员，依据其独特性展开适当的矫正活动，安排行之有效的矫正项目。[①] 一方面要将服刑人员群体个别化，单独为其设立区别于正常社区人员矫正场所；另一方面，即使同为服刑人员也千差万别，社会工作者必须对症下药，走进服刑人员的世界，真正了解他们、懂得他们，使矫正过程因人而异、有的放矢。

5. 保密

保密，即保护案主信息，不与任何人分享。因此，在互动过程中，社会工作者应尽可能地让案主确信他们是可以信赖的。服刑人员因其经历的特殊性而更应该严格执行保密制度，包括服刑人员的个人信息、犯罪情况、矫正项目以及达到的效果等，即使服刑人员没有意识到这一点，作为一名专业社会工作者也应该时刻认识相关信息保密的重要性。在具体的实践过程中，社会工作者要正确处理服刑人员透露和提供的内容，不向任何人透露或泄露，以确保服刑人员的利益不受侵犯。但是，属于例外的情况要严格区分，比如确认第三者会遭遇严重的、可预见性的、立即的伤害时，或是法律或法规要求揭露的情况就不需要案主同意。

四、社会工作的功能对社区矫正的满足性

2006 年 10 月中共中央十六届六中全会发布了《中共中央关于构建社会主义和谐社会若干重大问题的决定》（以下简称《决定》）。按照《决定》的精

---

① 孙静琴、张培忠："社区矫正与社会工作的关系"，载《行政与法》2009 年第 8 期。

神，结合国内外经验，有关部门指出，社会工作是社会建设的重要组成部分，它是一种体现社会主义核心价值理念，遵循专业伦理规范，坚持“助人自助”宗旨，在社会服务、社会管理领域，综合运用专业知识、技能和方法，帮助有需要的个人、家庭、群体、组织和社区，整合社会资源，协调社会关系，预防和解决社会问题，恢复和发展社会功能，促进社会和谐的职业活动。作为一种职业活动的社会工作是问题导向的职业，社会工作者从人与社会环境互动的角度看待社会问题，与其他职业相比，此职业更可能发现问题和解决问题。社会工作干预的焦点就是人与社会环境互动中产生的社会问题。社会工作的功能与其干预的焦点密切相关，但是我们应当摒弃消极的观点，用积极的观点来考察社会工作的功能。首先是恢复功能，其次是预防功能，再次是发展功能。①

（一）恢复功能

恢复功能是社会工作的基本功能，即解决社会问题，包括治疗和康复两个层面。社会工作通过治疗手段，激发服务对象的潜能，恢复他们的生活自信，让他们回归社会；通过康复手段，帮助服务对象恢复失去的生活功能，回到正常的生活状态。治疗就是针对社会病态采取措施，使之恢复和重建，以发挥良好的社会功能。治疗在微观层面上是指对个人、团体的直接服务，帮助他们恢复受创的社会功能，治疗也包含着恢复，就是重组和重建社会系统。② 社会工作的治疗功能就是指社会工作者能通过恢复服务对象的社会联结或自我联结，帮助服务对象形成新的社会适应方式，解决他们存在的各种问题，从而帮助服务对象发挥正常的社会功能。通过康复手段，帮助服务对象恢复失去的生活功能，达到正常的生活状态。在社区矫正中，由于社区服刑人员曾经或长或短地有过一段被监禁、被拘留的生活，他们的正常社会化进程被迫中断，原来的就业、人际交往等社会联结都发生了改变甚至断裂，在重新回到社会时，要进行多方面社会关系的联结和重构。此时，社会

---

① 张乐天：《社会工作概论（第三版）》，华东理工大学出版社 2007 年版，第 10－11 页。

② 王思斌、马凤芝：《社会工作导论（第二版）》，北京大学出版社 2011 年版。

工作的恢复功能就能有效地帮助社区矫正服刑人员恢复他们的社会联结和自我联结，重新链接和构建他们的社会网络，帮助他们回归正常社会。但是，从治疗的层面讲，社会工作的这一功能大多出现在服务对象出现问题之后，因此，社会工作的恢复功能具有一定的消极性和被动性。

（二）预防功能

预防的功能，即预防新的社会问题的产生或者旧的社会问题再生。预防以社会问题的可能发生为前提，发现问题的早期表现，分析它们的原因，通过干预、防止或者减少社会问题的产生。预防是一种积极的社会工作功能。在具体服务中，社会工作的预防功能通过社会工作者对服务对象提供服务，防止服务对象社会联结和自我联结的偏离、中断以及失衡现象的形成。[①] 社区矫正社会工作的重要价值应该是防患于未然。在对服刑人员开展预防工作时，首先对其犯罪行为进行全面的分析，了解其犯罪的动机，犯罪人用不惜违法犯罪获得的满足感是什么，我们引导其用正当的途径和手段实现，在源头上使其没有欠缺感。一个人在日常生活工作学习中没有缺憾了，基本的需要都能基本满足了，作案动机就会减少。其次是引导犯罪人树立正确的“三观”，这是深层次的预防，因为很多祸端的产生是由不科学的世界观、不合理的价值观和不正确的人生观导致的。比如，有的服刑人员犯罪就是因为看不惯邻居富有，经常破坏邻居的生产工具，东窗事发，致使被抓；有的农村妇女种“大烟”被抓，当被问起知道自己是怎么犯罪的，竟然浑然不知，觉得没有什么大不了的；等等。因此，社会工作者应该把服刑人员的基本需求作为监测点，随时关注其需求的变化，随时协助其合理需要的满足。重点引导其“三观”提升，这是根治犯罪行为的根本措施。

（三）发展功能

社会工作的发展功能是指社会工作者发掘和充分利用社会资源，激发

---

① 施洪深、张昱：《上海购买社区矫正社会工作服务十年实践与探索》，华东理工大学出版社 2015 年版。

个人或制度的潜能，以使个人或群体成长。有效发掘个人的社会功能，使社会制度为个人与社会的发展创造条件，并提高人们的生活质量。与恢复和预防不同，发展的功能是一种动态的成长。恢复和预防都着眼于事物外部的变化，而发展着眼于个人与制度内部的能力的成长，把解决问题的着眼点放在增强服务对象的能力上。通过挖掘社会资源，开发个人潜能，提高个人的能力，积极地发展社会生活，提升社会大众的生活质量，最终实现社会的繁荣与公平。发展的功能是社会工作更为积极的一种功能。在社区矫正中，社区服刑人员由于社会关系的暂时断裂，想重新回归社会时会面临人际交往、就业、生活等多方面的困境，社会工作的发展功能就能很好地帮助社区服刑人员提升他们的社会技能、链接他们所需的社会资源，为他们重新融入社会创造有利条件。

五、社会工作的专业方法对社区矫正的适合性

个案社会工作是以个人和家庭为服务对象的一种工作方法，通过社会工作者的服务，改善服务对象的环境以及服务对象与环境的关系，同时增强服务对象自我发展的能力。社区矫正工作中的个案工作是由专业的社会工作者运用有关人与社会的专业知识和技巧，为个人和家庭提供物质和情感方面的支持与服务，目的在于帮助个人和家庭减轻压力、解决问题，达到个人和社会的良好福利状态。在此过程中，个案工作者与案主之间维持着面对面或一对一的专业关系，运用专业知识、理论、方法与技巧协助失调的个人改善环境，增进生活适应能力，协调社会关系，建立良性互动网络调适自我功能，促进人格发展以健康、成熟的心态，来正确认识及面对问题，充分发挥自己的潜能，善用社会资源和机会，来解决问题，以提升自我信心和生活质量。

小组工作可以为矫治对象提供一个可“分享”的小群体。在此群体中，成员都是有过犯罪经历的人，相同的经历使得他们相互之间更容易交流，与矫正工作者进行交流相比，减少了心理上的压力与不适。在小组中，小组成

员通过有目的的小组经验来改变其思想和行为，从而增进个体的社会功能。[①]

社区社会工作主要以社区为对象开展工作，它不把个人或团体作为自己的直接服务对象，而是通过促进社区发展，达到解决社会问题的目的。社区层面的矫正工作主要包括帮助社区服刑人员建立社会支持网络以及在社区内培养社区服刑人员的公益意识和服务社会的能力。支持网络主要包括亲情支持、资源支持和专业服务支持。矫正工作者通过与政府和社会各方面资源的协调和联系，为社区服刑人员争取社会保障政策、安排就业岗位、帮困解难、调节家庭关系和社区关系，使社区服刑人员与其家庭、社区和社会重新建立起一种连接，这种连接可以促使社区服刑人员进入具有支持性的社会网络中，逐渐实现再社会化。[②]

六、社会工作和社区矫正过程的一致性

由法院判决到接受社区矫正有一个转接的过程，社区服刑人员在接受社区矫正之前，要与矫正机构签订协议，这就意味着矫正过程的开始。通过宣告和签订矫正协议，矫正社会工作者和社区服刑人员的关系开始建立，但并非完全建立。签订协议的过程带有一种强制性，因此社区服刑人员与矫正机构的关系是一种带有强制性的关系，而非真正意义上的专业关系。矫正社会工作者只有运用平等、尊重、信任、接纳、同理心等这些价值理念去对待社区服刑人员，在此基础上才能与社区服刑人员建立完全的专业关系。矫正工作者在与社区服刑人员建立了专业的关系之后，此后的工作便是收集社区服刑人员的资料、分析资料和解释资料、认定社区服刑人员的问题、做出评估报告和进入介入阶段。由此，社会工作和社区矫正的过程基本上是同步进行的，二者的介入过程具有同一性。

---

① 杨彩云、高梅书、张昱："动态需求取向：小组工作介入社区矫正的探索性研究——以N市C区社区服刑人员角色认同小组为例"，载《中国人民公安大学学报（社会科学版）》2014年第1期。

② 高梅书："超越惩罚：罪犯再社会化的障碍及消解路径研究综述"，载《科学经济社会》2012年第4期。

七、社区矫正工作对社会工作的需求性

大量关于社区服刑人员需求的调查表明：39.67％的服务对象存在情绪方面的问题，42.76％的服务对象存在认知方面的问题，34.88％的服务对象存在行为方面的问题，29.67％的服务对象存在社会交往方面的问题，36.65％的服务对象存在家庭方面的问题，33.82％的服务对象存在社会适应问题，34.41％的服务对象存在因资源缺失而导致社会功能失调方面的问题，27％的服务对象存在就业方面的问题。[①] 这表明，社区服刑人员即矫正服务对象的需求存在多样性和复杂性的特点，单一的刑罚执行或单一的说教帮扶难以满足社区服刑人员的复杂需求，简单地依靠某一专业技术或人员也难以满足社区矫正实践的需要，需要一种具有综合性特征、整合社会资源功能和兼具多种专业特色的专业才能满足，社会工作就是这样一种专业。而从目前来看，也只有社会工作才符合此要求。从另一个角度分析，社区服刑人员存在多样化和复杂的需求，要帮助其恢复正常的社会功能，实现社区矫正“矫正罪犯的犯罪意识和行为恶习，并帮助其重新社会化，回归正常社会”的目标，也需要“具有综合性特征和多样化功能”的专业社会工作的助力。

第四节　专业社会工作嵌入社区矫正：当前状态与努力方向

一、社会工作嵌入社区矫正的状态

（一）社会工作在政策法规层面的嵌入地位

2005年司法部关于进一步提高对扩大社区矫正试点工作重要意义的认

① 施洪深、张昱：《上海购买社区矫正社会工作服务十年实践与探索》，华东理工大学出版社2015年版。

识中明确："扩大社区矫正试点规模和范围、进一步推进和深化社区矫正工作，是加强党的执政能力建设的必然要求。社区矫正工作是将罪犯放在社区内，遵循社会管理规律，运用社会工作方法，整合社会资源和力量对罪犯进行教育改造，使其尽快融入社会，从而降低重新犯罪率，促进社会长期稳定与和谐发展的一种非监禁刑罚执行活动。"[①]这是社区矫正工作开展以来，第一次出现"运用社会工作方法"的字眼，尽管就是这样的几个字，但却对参加试点地区的社区矫正引入社会工作有了政策的指导，也给各地尤其是社会工作教育群体及其举办的社会组织提供了可以积极主动进入社区矫正的缘由。2009年，《关于在全国试行社区矫正工作的意见》把社区矫正工作队伍建设作为全面试行社区矫正工作的主要任务之一，要求建立专群结合的社区矫正工作队伍，充实司法所工作力量，确保有专职人员从事社区矫正工作。广泛动员社会力量参与社区矫正工作，建立健全社会工作者和社会志愿者的聘用、管理、考核、激励机制。切实加强社区矫正工作队伍的培训，提高队伍综合素质，提高做好社区矫正工作的能力和水平。[②] 社会工作者作为社区矫正工作队伍中一个重要组成部分被单独分离出来。这样的表述明确了各地社区矫正工作引入社会工作进入是政策的要求、规定，不再是可有可无的事情。这样的规定被写在了《社区矫正实施办法》第三条。[③]

应该说，从2005年到2012年，社会工作方法和社会工作者被政策嵌入了社区矫正工作中。政策法规对于社区矫正和社会工作来说非常重要，因为这两个领域的工作都是舶来品，在中国都是自上而下的推进过程，这个推进过程的实质就是政策的不断推进。尽管相比起社区矫正来说，社会工作只是其中的一个有独立名字的社会力量，是"参与"的身份，而且社会工作者

① 2005年1月20日，最高人民法院、最高人民检察院、公安部、司法部《关于扩大社区矫正试点范围的通知》（司发〔2005〕3号）。

② 2009年9月2日，最高人民法院、最高人民检察院、公安部、司法部《关于在全国试行社区矫正工作的意见》（司发通〔2009〕169号）。

③ 2012年1月10日，最高人民法院、最高人民检察院、公安部、司法部《关于印发〈社区矫正实施办法〉的通知》（司发通〔2012〕12号）。

和志愿者一样，要在社区矫正机构的组织指导下参与社区矫正工作。[①] 司法行政机关要指导社会工作者、志愿者，并广泛动员村（居）委会等社区组织以及包括社区矫正人员家庭在内的社会力量协助做好社区矫正工作。[②] 但是对于社会工作来说，允许进入这个实务领域，对于社会工作实务经验的积累和社会工作发展空间，无疑都是一件了不起的大事。虽然各地行动快慢不一、进入程度不同，但做了就是经验的积累。随着经验的不断习得，矫正领域的社会工作实务就会不断推陈出新。

（二）实践层面的社会工作嵌入

2014年10月，习近平总书记在党的群众路线教育实践活动总结大会上指出，通过活动，广大人民群众感到领导见得勤了，办事不卡壳了，政策能落地了，能掏心窝子的党员、干部多了。这次活动积极回应群众关切，着力打通联系服务群众的“最后一公里”，形成了人往基层走、钱往基层投、政策往基层倾斜的良好导向，改作风改到群众心坎上。[③] 由此各级各部门各行各业都在检视这“最后一公里”有没有打通，怎么打通的问题。其实，最后一公里的原意也是指完成长途跋涉的最后一段里程，被引申为完成一件事情的时候最后的而且是关键性的步骤，而且通常来说这最后的步骤充满着困难。对于很多领域的工作来说，我们的政策法规几近完备，但是政策的落地问题却极为困难，这也几乎成了各行各业发展的瓶颈问题。社区矫正自2003年正式试点至今已经十几个年头，政策法规趋于完善，包括社会工作在内的社会力量参与社区矫正的专门文件都已经出台。上海是中国大陆社会工作职业化最早的地区，也是在司法行政改革中最早引入社会工作人才，并以政府购买社会工作服务的形式来运作社工队伍的地区，上海市这种“政府主导推动、社团自主运行、社会多方参与”的社区矫正工作思路将社区矫正与社会

① 2012年1月10日，最高人民法院、最高人民检察院、公安部、司法部《关于印发〈社区矫正实施办法〉的通知》（司发通〔2012〕12号）。

② 2012年2月15日，司法部《关于认真贯彻落实最高人民法院、最高人民检察院、公安部、司法部〈社区矫正实施办法〉进一步做好社区矫正工作的通知》（司发通〔2012〕33号）。

③ 习近平在党的群众路线教育实践活动总结大会上的讲话，载《人民网》2014年10月9日。

工作结合起来，这种实践层面上的嵌入给予国内很多地方以直接的模仿和借鉴。

江苏省作为第一批试点地区不仅积极打通政策落地的“最后一公里”，而且还做出了全国的很多首创，形成了本省的独特的政策实施体系。同样，徐州市作为江苏省第二批试点地区，在执行国家和江苏省的政策过程中，不仅克服重重困难，竭尽全力把政策落实好，还充分利用地方优势资源，一方面继承江苏省的经验，学习国内其他地区的先进做法，另一方面积极探索地方性工作特色。

1. 利用“三社联动”机缘，推进组织化的社会工作专业嵌入

当前，社区、社会组织和社工队伍已经成为发挥社会矛盾调处功能、服务社会功能、促和维稳功能的重要载体和动力之源。一个和谐的社会，必定是社区、社工、社会组织这些社会管理中最基础的元素发挥作用最为突出的社会。我国的“三社联动”是以政府购买服务为牵引，以社区为平台，以社会组织为载体，以社工为骨干，以满足居民需求为导向，通过社会组织引入外部资源和社会力量，通过社工提供专业化、针对性服务，把矛盾化解在社区、把多元服务供给实现在社区的一种新型社会治理模式、社会服务供给方式和全新的社会动员机制。这样的社会治理契机与社区矫正的本质是一致的。源自西方的社区矫正非常重视“社区”在社区矫正中的作用。有学者认为，社区矫正是在社区中进行、与社区共同进行、由社区进行、为了社区进行的矫正[①]，是通过各种非监禁性刑罚或刑罚替代制度，使罪犯得以留在社区中接受教育改造，以避免监禁刑可能带来的副作用，并充分利用社区资源参与罪犯矫正事业的一种犯罪处遇制度。[②] 社区矫正的目的在于通过矫正使社区矫正人员更好地融入社会，社区矫正的终极目标不是惩罚社区服刑人员，而是消除社区服刑人员自身的社会危害性即再犯可能性，使其重返社会

① 郑霞泽、吴宗宪.：“澳大利亚社区矫正概况”，载《犯罪与改造研究》2005 年第 9 期。
② 冯卫国：《行刑社会化研究：开放社会中的刑罚趋向》，北京大学出版社 2003 年版，第 181 页。

从而成为社会的一员。[①] 司皓洁认为，社区矫正的性质是专门机关工作与社会工作的结合体，是融社区刑罚执行、监狱行刑社会化等多方面内容为一体的综合性制度，其目的是通过社区矫正对矫正人员进行再社会化的教育，使其适应并顺利回归社会。同时，通过社区矫正的实施，增强社区居民的法律意识和社会责任感，从而预防犯罪，维护社会稳定，实现国家的长治久安。[②]

因此，社区矫正的优越性是不言而喻的。这种优越性的主要体现就是社区中的社会团体、民间组织、志愿者等社会力量，如果这些社会力量能够充分发挥其应有的作用和价值，那么社区矫正的目的才能实现。就犯罪人回归社会的矫正根本目标来说，单单依靠司法行政的力量是远远不够的。根据我国社区矫正的有关规定和工作实践，司法行政机关的工作人员承担社区矫正的主要管理工作，是社区矫正工作的主要承担者。然而，基层的司法所工作人员常出现混岗的情况，既要负责镇上的事务，有时还会被派去村上与各村处理有关政府公务，又要兼顾司法所事务。故而，如果仅靠司法所工作人员的监督，很容易留下监管的空当。而社会力量自身具有人数众多、分布广泛的特点，在其参与下，能够使社区矫正对矫正人员的监管无处不在。[③]蔡荣认为，社会矫正的价值和预期效果，实际上就是将犯罪人矫正成功的希望寄托在社区功能和社区建设的先设基础之上。在社区矫正过程中，社会力量在知识结构、专业技能、职业背景、引导方式等方面的多样性，可以满足不同的社区服刑人员需要解决的不同问题。[④] 常宇刚认为，社区矫正的特点在于服刑人员在社区中服刑，从而克服短期自由刑的避害，使社区服刑人员能够顺利重返社会，成为社会的一员，而不再危害社会。在社区中服刑，社区服刑人员必然会接触社会上的其他人，如果不给社区服刑人员机会与社会接触，那么社区矫正将失去意义，社会力量的普遍参与不可避免。[⑤]

---

① 宋友艳、刘智勇：“浅谈我国社区矫正社会力量参与”，载《法制论坛》2016 年第 18 期。

②③ 司皓洁：“社会力量参与社区矫正问题研究”，载《法制与社会》2013 年第 12 期。

④ 蔡荣：“社区矫正中社会力量参与研究”，载《景德镇学院学报》2015 年第 15 期。

⑤ 常宇刚：“浅析社会力量参与社区矫正”，载《法制与社会》2014 年第 7 期。

宋友艳认为，社会力量的参与可以缓解社区矫正领域人力资源匮乏、教育深度不够的问题，为提供更多更好的个别化矫正服务创造条件。志愿者等社会力量的加入可以适当减轻执法人员的工作强度，为社区矫正人员投入足够的时间和精力创造可能。吸收具有法律专长、社会学、心理学等专业人才参与，优化知识结构，与社区矫正人员进行情感沟通、心理疏通，提供技能和知识，实现传统管控和社会专业方法的对接，进一步提高矫正效果。①

我国从 2003 年起开始社区矫正试点时就明确，社区矫正是积极利用各种社会资源、整合社会各方面力量，对罪行较轻、主观恶意较小、社会危害性不大的罪犯，或者经过监管改造、确有悔改表现、不致再危害社会的罪犯在社区中进行有针对性管理、教育和改造的工作，是当今世界各国刑罚制度发展的趋势。后来的政策法规中都有进一步的明确，到 2014 年相关部委又专门就如何组织社会力量参与社区矫正工作作了原则性的规定：新形势下，进一步鼓励引导社会力量参与社区矫正，是完善我国非监禁刑罚执行制度，健全社区矫正制度的客观需要；我们要切实增强责任感和紧迫感，从政策制度上研究采取措施，充分发挥社会力量参与社区矫正工作的积极作用。② 从国外经验看，理想的社区矫正状态应该是专职执法队伍和社会工作者、志愿者、社会组织、家庭成员等社会力量共同发挥作用，即专业人员和社会力量配合，发挥各自的职能作用，综合运用心理学、教育学、法学、社会学等，为社区服刑人员顺利回归社会创造条件。③

从徐州市的实践经验来看，当前社会力量发挥作用比较好的机制是社区、社会组织和社工的联动，其中的社工与社会组织是一体的，没有社工，社会组织的存在就没有意义和价值。当然，社工必须是组织化的行为，也就是说社工不是一个具体的人，社工是依附社会组织存在的一个群体。目前的三社联动有很多种方式，我们在社区矫正领域的当前做法是以社会组织的

---

①③ 宋友艳、刘智勇："浅谈我国社区矫正社会力量参与"，载《法制论坛》2016 年第 18 期。

② 2014 年 11 月 14 日，司法部、中央综治办、教育部、民政部、财政部、人力资源和社会保障部《关于组织社会力量参与社区矫正工作的意见》(司发〔2014〕14 号)。

名义申请政府财政项目或者直接与司法机构达成购买服务意向，一旦项目申请成功或者司法机构愿意购买某种服务，下一步就是与社区联络沟通，在社区中要联动的是物质资源，这些可以与驻社区的企业、学校、政府办事机构协商解决；人力资源如社区工作人员、社区活动群众积极分子、“五老”人员、学生、企事业工作人员等都可以进入项目或活动中。在这个模式中，社会组织和社工是主动的一方，这正好符合专业社会工作的理念。当然，也有社区作为主动者引入社会组织协助进行社会治理，社区矫正工作被包裹其中；也有司法机关自己孵化出专业的社会组织分担事务性的工作，或者主动找社会组织参与相关的教育、矫正、心理咨询等工作。徐州的做法正如前文所述，社会组织申请了中央财政项目，解决了经费问题，就目前社会工作难以进入社区矫正的情况来看，司法机构管理者和基层司法所的工作人员是认可社会工作者等专业人士的进入的。徐州市重视矫正社工队伍的建设和培育，但终因这个岗位不能满足社工的需求，比如众所周知的收入偏低，导致这个岗位的人员流失率非常高。因此，我们认为社会组织带着经费进入社区矫正工作领域，既不要人员费，也不要活动费，这样的好事是不会被拒的。事实的确如此，绝大多数的行政领导支持我们的介入，并表示要全力支持，基层司法所的工作人员的配合度也是高的。接下来的就是社会组织、社工和司法所的通力合作去链接社区的资源，也正是这三方的共同出面，社区层面的联动就自然很顺利。因为这里面有政府的行政力量发挥作用，这也是一种社会工作方法及社会工作行政，社工要善于运用党和国家的政策法规为服务对象谋福利，同时社区也是宣传社区矫正政策的最好场所，体现了“社区矫正是在社区中进行、与社区共同进行、由社区进行、为了社区进行的矫正”。①

2.“系统增能”型社会工作介入矫正社会工作服务的机制

对于一个犯罪人的矫正，无论在监狱还是社区，有一个基本的认识：这

① 郑霞泽、吴宗宪：“澳大利亚社区矫正概况”，载《犯罪与改造研究》2005年第9期。

个犯罪人是在一定的社会环境下的犯罪，社会环境既是犯罪的平台也是滋生犯罪的土壤，没有人天生就是犯罪人。因此，一切脱离社会的矫正制度、措施都是不利于犯罪矫正目标实现的。对犯罪人进行矫正目的其实很简单，就是使其不再犯罪、恢复到一个合格的社会公民。社区矫正作为一种非监禁刑刑罚制度，在社区执行对犯罪人的矫正，其实质就是社会生态系统理论框架下的一种新的社会工作实践模式，强调从人与环境的互动出发去解决实际问题。社会生态系统理论分析问题的出发点不是有问题的个人本身，而是聚焦个人与其社会环境之间的相互影响和相互联系。[①] 因此，社会工作者对于社区服刑人员的矫正工作要从评估服刑人员与社会生态系统的状况开始，分析出服刑人员犯罪行为产生的原因，勾画出服刑人员与其微观、中观和宏观系统的互动状况、存在的问题，这个工作做得完善是服刑人员实施有效矫正的关键，也是矫正工作可以治本的重要基础。如果找到对服刑人员的犯罪行为产生的影响环境，那么接下来就是采取措施解决问题，属于哪个系统的问题就着力解决哪个系统的问题。这如同医生治病，既要看病情也要看人，因为治病的过程就必然了解病人的生活方式、生活习惯，病人的家族病史，等等。因此，处罚罪犯的对策绝非“谁犯罪处罚谁”那么简单。诚如犯罪心理学研究者李玫瑾所认识的那样，我们在治理犯罪问题上必须具有政治的高度和社会的广度。政治的高度意味着犯罪防控不仅仅是刑事司法领域之事，更重要的是社会政策和社会关系的调整；社会的广度意味着犯罪防控不单单是法律之事，还需要有社会学、心理学等角度的研究，只有从多学科的角度研究犯罪问题才能完整并准确地认识犯罪现象，从而提出一个完整和谐的犯罪预防对策，建立一个整体和谐的犯罪防控体系。[②] 社会生态系统理论为我们深入理解人与社会环境的复杂联系提供了重要的理论参考，有助于我们从社会工作的视角逐步改变和完善人类行为得以产

① 付立华：“社会生态系统理论视角下的社区矫正与和谐社区建设”，载《中国人口·资源与环境》2009 年第 19 期。

② 李玫瑾：《犯罪心理研究——在犯罪防控中的作用》，中国人民公安大学出版社 2010 年版，第 3 页。

生的各种微观、中观、宏观系统。社会工作者将服刑人员置于该群体形成、发展的整个系统中，以优势视角去整合各种社会资源，结合社会工作的基本理念，强调从人与环境的互动出发去协助服刑人员解决系统互动中存在的问题，在协助服刑人员解决其与各个系统的不良关系的过程中实现服刑人员的改善。在三个系统的关系改善中，针对微观系统我们重点开展了家庭的社会工作服务，对于中观系统我们以解决服刑人员的就业和创业为目标开展了良好关系的建构，在宏观系统中我们利用社区平台，运用社会工作行政方法，化解了服刑人员对社会的不满情绪。针对家庭这个微观系统的工作，本书作了详细叙述，不只是因为家庭是一个人的根基，也不只是家庭对于一个犯罪人矫正的意义重大和最可持续，而是基于作者的一种认识：家庭在家人走向犯罪成为犯罪人员的路上，有其不可以推卸的重大责任。正如社会工作专业创始人 Mary Ellen Richmond 所认识的那样，人的问题与家庭有关联(Richmond，1917)。[①] 所以，我们认为，开展服刑人员家庭的社会工作是必需的，一个方面通过家庭社会工作实现微观系统关系的改善，利用亲情教育感化社区服刑人员，使社区矫正人员在家庭的氛围内得到心理和行为上的矫正。[②] 另一个方面就是通过家庭社会工作协助服刑人员家庭平稳渡过亲人犯罪给家庭带来的恐慌、焦虑等不良情绪和各种的破坏性的影响；通过家庭社会工作服务协助服刑人员处理与家人紧张的关系和很多棘手的事情的处理；通过家庭社会工作对服刑人员家庭人员进行增能服务。调查发现，社区服刑人员及其家庭成员不同程度上表现出较为强烈的无助感，一些社区矫正人员的家庭类型存在缺陷，如单亲家庭、隔代抚育家庭，还有一些社区服刑人员的家庭教养方式存在问题，如溺爱型、专制型和放任型教养方式。面对这样的境况，我们发挥社区和社会组织力量，通过个案、小组、社区等专业社会工作方法，对社区服刑人员家庭开展需求评估，分类服务，重

① 周月清：《家庭社会工作——理论与方法》，五南图书出版公司 2001 年版，第 2 页。

② 王春林、冷勇：“论社区矫正的家庭参与”，载《江苏省第八届学术大会学会专场论文哲学社会类论文汇编》2014 年。

点实施了困难性、支持性、发展性社工服务，助力社区服刑人员进行矫正，优化其未成年子女成长环境，在个人、人际和环境三个层次上实现了增能。

3. 助力社工，增强人力资本

中国社会工作的社会认知度低、专业人才流失现象严重是一个不争的事实，在社区矫正领域的社会工作者更是如此。职业认同感较低是造成人员流失的主要原因之一，此外从业人员的生存状态差、职业能力弱也是重要的原因。西方的社会工作是从职业化开始的，那么最先从事社会服务的那些社工基本上是行善事的本意，比如救弱济贫，对犯罪人家属、对未成犯罪者的帮扶，慢慢才发展成为一种职业。也就是说，最初的社工不是为了谋求生存发展去做这个职业，而是一种信仰驱使、一种爱心使然，职业者的心灵是崇高的，其自身没有生存之忧。换句话说就是不靠这份工作养活自己。但在中国的情形是非常不同的，中国的社会工作起源是学科、教育先行，然后才陆续有职业的概念，而这种职业开始的地方不是政府、企事业单位，而是民办非营利的社会组织。民办非营利的社会组织最初被称作第三方组织，地位如此，而且是非营利。在其中的社会工作者，是出自高等学府的饱学之士，心中装着满满的、崇高的、正义公平之感，像个斗士一样去拯救弱势群体。然而，这样的强劲动力很快被一个最基础的生理需要击败了，很多社工发现，在机构工作连自己的生存也不能得到有效的满足，这些人不禁自问：我为弱势群体挣得公平，我的公平谁为我保障，一个不能自我保障的人，谈何去保障所谓的弱势群体。因此，走了“高大上”路线的社工最后被自己击败，自己才是最弱最弱的一群人。

如此，绝非主观的臆想，这是中国当前社会工作者的实际生存样态。这就是为什么我们在社区矫正社会工作服务中有“矫正社工能力提升的实务”一章内容的安排。本意就想通过对社区矫正领域中的社会工作者的生存状况的调查以及为他们的服务，一是唤醒政府社会公众对社会工作职业的理解；二是希望大家明白，社会工作是一个职业，作为职业就应该是职业的薪酬待遇，社工不是慈善者，不是不吃饭的天使。因此，我们应该理性对待社会工作者和社会工作这个职业。

何谓理性？我认为要认真分析社区矫正领域中的社会工作者的生存状态，并理解他们为什么是个高流失的群体。也就是说在社区矫正领域的社会工作实务，不仅仅是服务好服务对象，也要服务好社工。在服务社工的过程中让社工学会服务对象。

调查数据显示，徐州市目前在岗的矫正社工相关专业背景的大多是法学，除了个别的人员持有初级社会工作师证，还有一部分人是按照江苏省招聘的公益岗位通过考试进来，还有委托人力资源和社会保障部门公开招聘的劳务派遣类的社会工作者，也有教育部门借调到基层司法所的在编公办教师，部分县区的大学生村官或苏北服务志愿者，社会工作者来源渠道多种，身份各有不同。有事业编制、大学生村干部、聘用工人、志愿者、临时工等。他们的收入只在500～2 000元之间，有的基本保险都没有。即便如此，但由于近几年社区矫正工作深入开展，司法所工作任务逐渐增多，在编制未增、人员未有大的增加情况下，这些工作人员除了承担社区矫正工作任务外，还有安置帮教和司法系统的其他业务工作以及地方政府随时交办的临时性工作，导致专职社会工作者兼职太多，无力承担繁重工作的局面。因此，司法行政部门也认为要解决上述问题，首先要建立矫正社会工作者制度，实现社区矫正社工职业化、专业化。要在法律层面上建立起社区矫正作者制度。通过法律法规规范社区矫正社会工作者的工作性质、准入条件、身份和晋升机制。社区矫正工作者应成为与法官、检察官、律师一样的司法系统的职业之一。社会工作者可以通过政府购买服务方式实现，通过参加社会工作者资格证的考试，持证上岗，有编制，有职称，有专业技术职称晋升制度，使得社会工作者有正规的职业定位、发展空间和职业吸引力。其次是加强工资待遇和福利保障，提高工作积极性和队伍稳定性。必要的薪酬待遇是调动工作者的积极性和能动性的重要机制。要建立专业的社区矫正人才队伍，需要稳定的资金作保障。政府要形成一套完整的社会筹资制度，积极拓展社会资本进入社区矫正的领域，通过成立社区矫正基金会，工作协会等形式多方筹资，提供保障，促使社区矫正社会工作者队伍稳定增长，适应不断增加的社区矫正人员数量和工作量。再次要加大学习培训力度，提升专业素质和业务水平。一是加强业务培训。通过培训，使司法所工作人员和社会工作者熟练掌握国家有关社区矫正工作的政策、法律法规及矫正专业知识，以适应新形势下社区矫正的工作需要。二是学习执法经验。组织司法所工作人员和社会工作者赴监所和其他业务开展较好的地区考察学习，借鉴先进经验改善自身工作。三是旁听案件审查。组织司法所工作人员和社会工作者到法院旁听审前社会调查案件的庭审过程，熟悉办案程序和要求，为开展社区矫正审前社会调查工作打好基础。最后，强化队伍管理，完善司法所岗位责任制。通过建立绩效考核机制引入竞争和鼓励争先，及时调整不合格工作人员，激发社会工作者的工作积极性、主动性、创造性。完善社会工作者考核机制，定期对其业务技能、工作情况进行考察评估，提高社会工作者队伍的工作效能。

面对这些社会工作者以及他们的生存状态，可以想象他们所做的社会工作与专业的社会工作会有多大的差距。因此，我们专业教育团队进入矫正领域，就把当下的矫正社会工作者队伍的社会工作专业能力的提升作为工作的一个重点。一方面协助他们学习专业的社会工作理论，另一方面进行实务的训练，这种实务训练不是在大学课堂或者实验室的训练，而是在实践过程中的实务训练。由于时间和经费的短缺，我们进行了选择性的训练，招募了具备一定技能、对矫正工作有着特别感情的、有一定文化背景的社工，组成一个同质小组。用小组的方法训练他们的小组、个案和社区等实务能力以及社会行政的运用。小组工作以其独特的视角和方法为我们展现了为具有相似问题和目标的对象进行服务的高效和便捷。然而，作为一个专业的教育，社会工作充满了科学性和复杂性，由于各种因素的限制，短短几次小组活动远远不能使小组成员完全习得社会工作的方法和要义，也不能完全培养小组成员的情绪控制能力及专业能力。故小组在活动的设计上，着重从专业价值原则、个案辅导以及小组工作中的支持性小组和成长性小组入手，旨在提高组员的实际操作能力，而对于理论的学习却不曾涉及。在小组的目标和成员需求上都偏向于整体性，一定程度上忽略了组员的个别需要和目标，尤其是对有某方面特殊能力的组员没有进行特殊培养，造成了一定的损失和遗憾。另一方面，从社会工作者角度来看，本小组对工作人员的专业性和能力要求比较高，在实际操作中工作者能否应对庞杂的小组问题并做好培训工作，对他们来说是一大挑战。而且矫正社会工作者作为小组成员，这一工作对象主体也需要个别化对待，清晰其需求，针对这一主体的特殊性，在设计小组活动的时候，缺乏同类主体的参考。

我们的尝试虽然有太多的不足和不完善，但是作为注意到矫正社会工作实务领域的这一服务群体而且开展了我们的服务的行动来说，其价值就在于我们作为一个实践研究者在具体的实践情境以专业的眼光发现了必须要解决的实际问题，而且用实际行动尝试去解决。这种精神应该在中国的社会工作教育界和理论界被推广。诚如香港学者古学斌所言，实践研究是以在具体的实践情境中解决问题为优先考虑的。这样，研究就被具体的实用性关怀所指导，而不是研究者随意的选择。因此，实践研究以应用为导向，更多的是为了产生解决问题的方法而不是纯粹为了产生新的知识而推动的。实践研究，对于前行中的中国社会工作发展是非常必要的。①

二、社会工作嵌入社区矫正需要努力的方面

对当前的现状进行反思后，下面结合实际的运作情况对当下专业社会工作对社区矫正的嵌入不足与努力方向进行论述，主要思路按照嵌入的主体、嵌入环境和嵌入机制几个环节进行。

（一）作为嵌入主体的社会工作（者）嵌入乏力

国内社会工作建设是直接在党和国家的重视之下进行的，起点很高。众所周知，党的十六届六中全会通过的《中共中央关于构建社会主义和谐社

① 古学斌："为何做社会工作实践研究？"，载《浙江工商大学学报》2015 年第 4 期。

会若干重大问题的决定》，作出了“建设宏大的社会工作人才队伍”这一战略决策；党的十七大之后，我国的社会工作行业人才制度建设稳步推进，社会工作建设实践也得到了不断深入的探索；2012 年，中组部等 19 部委又联合下发了《社会工作专业人才队伍建设中长期规划》，明确了到 2020 年时我国社会工作专业人才队伍建设规模、目标和主要任务；党的十八大报告突出加强“提高社会管理科学化水平，必须加强人才队伍建设”；党的十八届三中全会作出了“推进国家治理体系和治理能力现代化”“创新社会治理体制”的重大战略决策；2016 年，“社会工作”被写进政府工作报告，在建立当代治理体制的过程中，社会工作的成长、社会工作人才队伍建设占据极为重要的地位。至此，国内的社会工作发展的政策环境是成熟的，这是毋庸置疑的。但是政策的落实，尤其是在具体服务领域的落实情况还存在层次上的差距，国内的青少年社会工作、妇女儿童社会工作、老年社会工作相对积累了比较丰富的经验，但社区矫正社会工作、医务社会工作、企业社会工作等相对不成熟。而在不同地区的落实境况更是程度不同、千差万别，如上海地区的几乎所有的社会工作实务都起步早，经验丰富，深圳青少年社会工作实务、社区社会工作等发展非常有特色。社会工作发展有如此宏大的政策背景和先行先试的实务经验基础，这些给予社区矫正中社会工作的嵌入提供了必要的条件。因此，社区矫正领域的社会工作地位也有了明显的提升和推进。

在社区矫正实务领域嵌入的主体同我国一般意义上的社会工作嵌入主体一样，指的是专业社会工作，既表现为一个专业的活动，也表现为代表这个专业的群体。此处，我们主要分析的是这个人群是否具备嵌入的条件。俗话说，没有金刚钻，就不揽瓷器活。由于不断深入的改革开放进程以及社会转型的多元化，社会大众对社会工作的需求越来越大、对社会工作者的职业化、专业化要求也越来越高。随着社会建设步伐的加快，社会问题的增多，政府职能的转变速度和力度逐渐加大，社会工作的功能越来越得到彰显，其活动的空间变得越来越开阔。也就是说，社会工作可以嵌入的领域大了、多了，但是作为社会工作从业者准备好了吗？进入这些领域的工作社会工作者能够胜任吗？社会工作者具备了基本的职业能力吗？这些问题是在我们的实践过程中不断涌现的。其中的核心就是社会工作者是否具备了相应服务领域的服务能力，即胜任力问题。

社会工作者的胜任力是指社会工作者能够把自己的理念、知识、方法、技能应用到实际的社会工作服务当中，达到社会工作服务目标的能力。它包括对所提供服务的组织和设计，处理非常规问题的能力，也包括在工作时与同事、上级、案主处理好关系所需要的个人特质等。具体来说，当代中国社会工作者应该具备理论把握、实务操作、学习训练、经验总结、报告撰写、资源链接、组织动员、人际沟通、文艺表演以及心理调适等十种专业能力。[①]而且，对于一线社工来说，还要具备社会工作服务项目所应具备的核心能力，即一线社会工作者在服务项目立项、实施及总结与评估过程中所应具备的核心能力。例如，始终恪守社会工作的价值与伦理；能够通过对整个项目人群的需求调查和分析，设计、撰写整体服务项目方案；能够与不同话语体系对话，并进行需求整合；能够在服务中与服务对象高效地建立专业关系，多元化地链接相应资源，并整合性地运用专业方法提供服务；能够提炼、反思并保持批判性思考。可以说，以上这些能力就是经项目运作所积累的，能使社会工作者持续发展并处于竞争优势的能力。[②] 然而，有研究发现，社会工作者的专业理论水平较低，专业的研究能力不足，由于受到环境因素的影响，社会工作者的很多专业行为能力得不到发挥，专业的工作模式也受到限制，政府购买式的社工生存模式使得社工变得“身不由己”，常陷入专业角色和工作角色的两难境地。[③] 显然，与社会工作应该具备的能力发展水平是有距离的。一方面，当前国内大部分地区的社会工作者职业能力是欠缺的，与传统社会工作者相比，没有多少核心竞争力；另一方面，社会各界对社会工

① 张金俊、王文娟：“当代中国社会工作者专业能力及其发展路径研究”，载《社会工作与管理》2017年第1期。

② 孙斐：“社会工作服务项目运作中的社工核心能力研究”，华东理工大学2015年硕士学位论文。

③ 韩学伟：“社会工作者胜任力研究——以北京市社会工作者为例”，中国青年政治学院2015年硕士学位论文。

作者又寄予了很高的期望，特别是政府部门希望社会工作者能够在短时间做出成绩，甚至希望社会工作者能够将自己部门解决不了的问题都解决了。社工在无形中被视为无所不能的超人。

我国社区矫正工作经过十多年的发展已经取得较大进步，转而进入更加深化、细致的探索阶段。在社区矫正工作队伍建设方面，需要社会各界力量分工合作，社会工作者即是其中一支重要队伍。与此同时，专业社会工作者的教育体系、职业水平资格认证制度也逐步完善，为社区矫正社会工作者队伍的发展提供了潜在的人才支持。在此形势下，如何加强社区矫正社会工作者队伍建设、提高社区矫正社会工作者队伍素质成为一个关键问题。大量的研究调查发现，当下社区矫正社会工作者的职业认同普遍偏低，尤其是持续认同感即受尊重感非常低。此情况主要是由社区矫正社会工作者欠缺专业性、没有明确的工作和角色定位所导致的。[①] 这与我们的调查研究非常一致。

首先，所谓的社工岗位是有名无实的。同全国其他地方一样，徐州市司法局在社区矫正工作中设置了社会工作岗位，也通过专项资金招募了一批“社会工作者”，表面上看来社工人才进入了社区矫正，社工岗位得到了充分的利用，而实际情况却并非如此。徐州市司法局招募的“社会工作者”多为有着司法行政经验的体制内退休人员，“社会工作者”的主要工作内容为大量的行政工作，辅助矫正工作员从事其他工作。无论从社工岗的招募对象还是工作内容来说，不能算作真正的、专业的社工，因此徐州市社区矫正社工岗位有名无实。其次是社工流失严重。一般而言一个基层司法所的正式编制是 1－3 人，但基层司法所有九项常规任务，社区矫正只是其中一项。由于人手不够，往往需要通过招聘临时人员来做社区矫正工作。被招聘来的社区矫正专职工作者或社区矫正社会工作者等一般不具备公务员身份，不能享有相应的待遇。这些人员工作任务繁重且带有一定风险，也没有执法

---

① 凌捷：“社区矫正社会工作者职业认同调查”，福州大学 2014 年硕士学位论文。

的地位和身份。势必导致许多人把这一岗位作为过渡的跳板，频繁跳槽势必严重影响这一具有连续性的工作，难以在社区矫正管理工作中形成分工，难以提高专业化程度和工作效率。因此，将我国社区矫正基层管理的分散状态逐步向区县一级集中，以团队和专业化分工形式开展工作，是我国社区矫正组织管理模式走向成熟的必经之路。① 最后，矫正社会工作者的工作方法不专业，平时的工作内容主要是监管、矫正，工作行政化严重。监督管理、教育矫正、适应性帮扶是社区矫正工作的三大任务。引入社区矫正这项非监禁刑罚的初衷主要是为了更好地对社区服刑人员进行教育矫正，即以社会工作的专业方法对服刑人员进行矫正，教育矫正是社区矫正的核心任务。而在实际工作中，社区矫正工作的重心一直放在了监督管理上，社会工作者大都沿用传统的行政性管理模式，对于社区服刑人员的教育矫正也按照形式化管理模式进行。如社区服刑人员每月按时到司法所报到，定期提交思想汇报，提交自主学习汇报，叙述活动轨迹，再给服刑人员布置下个月的学习内容，完成谈话笔录，这样当月的教育矫正工作就算结束了。服刑人员参加矫正期间的教育矫正大多是以这种形式进行。日常工作非常形式化、行政化，这些跟专业背景及工作经历息息相关。调研发现司法助理员多为法律、军事类专业，返聘的社会工作者退休前也多在司法系统内工作，多年的体制内工作经验使他们形成了惯性思维，这种行政化的工作模式也延续到了社区矫正工作中来。与此同时，矫正工作人员少有真正社会工作专业背景，也少有社会工作师（助理社会工作师）资格认证，简单的培训很难让他们具备社会工作专业价值观、掌握社会工作专业方法，急需更加专业的社工人才加入社区矫正工作中来。

（二）社会工作嵌入社区矫正工作的生态环境不成熟

社会工作嵌入社区矫正是在国内社会工作嵌入性发展的大背景下进行的。我国专业社会工作正式恢复重建的几十年发展进程在某种角度上说是

① 刘强："'朝阳中途之家'的贡献与我国社区矫正基层组织管理模式探究"，载刘强、姜爱东：《社区矫正评论（第四卷）》，中国人民公安大学出版社 2014 年版。

与政府部门对社会工作的接纳相关联的，政府部门对社会工作的接纳对社会工作的发展来说就是一种嵌入。因为专业社会工作在中国重建和发展是一个过程，开始它只是一种教育的发展，后来逐渐与政府主导的实际社会服务相结合，在开展实际社会服务的过程中既服务于社会的宗旨，又获得发展。[①] 随着社会工作专业的成熟程度不断提高，政府职能的转变力度越来越大，又因为改革开放和社会转型而带来的新问题层出不穷，社会工作嵌入的社会服务领域也越来越多，嵌入的程度也由原来的边缘性辅助慢慢转向核心领域即核心化嵌入。从 2003 年开始，国内就以两个模式在社区矫正领域进行专业社会工作嵌入。上海地区一开始就是自主性嵌入模式。自主性嵌入指的是专业社会工作力量独立自主地进入社会服务领域并发挥作用，它可以不受或少受主体社会服务系统的支配，而相对独立地开展活动、发挥作用。上海早在 2002 年就率先开始了社区矫正工作的探索，在两院两部的《关于开展社区矫正试点工作的通知》下发之前，上海就已经开始了社区矫正工作的探索，将试点工作移交给司法所，由司法所开展具体的社区矫正工作，为解决司法所社区矫正工作人员不足的问题，2004 年 1 月，上海成立了专业社会工作机构——新航社区服务总站。上海市新航社区服务总站，是全国最早从事社区矫正、安置帮教社会工作的社会组织，是上海预防和减少犯罪工作体系、创新社会治理的重要组成部分。新航总站业务主管单位为上海市司法局，新航社工本着“以人为本，助人自助”的工作宗旨，运用社会工作理念和方法，为居住在上海市辖区内的社区服刑人员、五年内刑满释放人员提供专业化帮教服务，使服务对象的法制意识和道德观念有所增强，心理状态和行为习惯有所改变，家庭关系和社会支持系统得到修复，实际困难得到缓解，生存环境得到改善，从而实现其增强社会适应能力，顺利融入社会，减少其重新违法犯罪的目的。[②] 上海采取“政府主导推动、社团自主运行、社会多方参与”的社区矫正工作思路将社区矫正与社会工作结合起来，也将“预

---

① 王思斌：“中国社会工作的嵌入性发展”，载《社会科学战线》2011 年第 2 期。

② www. xhang. com/org. asp.

防和减少犯罪工作体系”纳入社区矫正工作中来。

除上海之外的国内其他省(自治区、直辖市)都可归为另一种模式——依附性嵌入模式。依附性嵌入是指专业社会工作不能独立地开展活动,必须依附在主体社会服务体系上发挥作用的现象。在社会工作恢复重建之初乃至现在,在有些地方和某些领域,专业社会工作并未被赋予独立服务的权力,他们没有相对独立的活动空间,而只能依附于主导性的社会服务活动。在此情况下,专业社会工作的作用是被纳入主导性的社会服务之中的,是作为它的附属物而存在的。实际上,不论是社会工作的发展初期,还是在新进入的社会服务领域,这种依附现象都是存在的。① 据此界定,我们认为国内绝大多数地区的社会工作嵌入模式是依附性嵌入。原因有二,一是政策法规中的“社会工作”是依附性的。比如在2003年试点时国家政策法规中没有“社会工作”的字样,可能存在“相关社会团体和民间组织以及社会志愿者”中间,这样的政策规定下,各地的社会工作的嵌入活动零星地出现;在2005年《关于扩大社区矫正试点范围的通知》(司发〔2005〕3号)首次提及“社会工作方法”,2012年《社区矫正实施办法》(司发通〔2012〕12号)中出现“社会工作者”的说法,在政策法规中的社会工作完全是依附状态。二是,在实务领域的社会工作者是通过招聘或者购买服务的形式进入岗位的,这些社会工作者在各级司法体系中被叫作专职社会工作者,但在实际工作中,这些社工所投身的工作不能体现社会工作者的价值,与司法行政工作人员职责几乎没有区别。主要的原因是基层司法所人力有限,工作任务繁重,每一个人要负责多头工作,所以实际上专职社工是极为不专一的,在形式上社会工作与司法行政融为一体了,此样态说明社会工作是严重的依附,甚或是被行政化,这些名义上的专职社工除了完成社区矫正行政工作外,还从事刑释解教人员的安置帮教和其他司法行政业务工作,甚至还要作为乡镇司法所的工作人员的身份参与地方政府的维稳、计划生育、拆迁征地、清收贷款、到田间

① 王思斌:“中国社会工作的嵌入性发展”,载《社会科学战线》2011年第2期。

地头执行春种秋收时的禁烧令等工作。在访谈中，很多社工反映，除了身份、工资待遇、福利待遇与正式工作人员不同外，其他的诸如工作内容、纪律要求都是一致的，甚至为了考勤方便，社工的考核与司法工作人员一样运用考核机，每个人上下班要打卡。这样的工作强度和工作纪律，使得社工工作时间缺乏灵活性，难以开展家访、需求调查等专业服务。

国内专业社会工作对社区矫正的嵌入，从政策环境上已经有很明确的定位，《社区矫正实施办法》规定“社会工作者和志愿者在社区矫正机构的组织指导下参与社区矫正工作”。① 在实务层面很多地方是把社会工作介入作为一种创新工作进行尝试，而非常态的制度安排。之所以是这样的样态，据观察我们发现，是因为当前也可能在更长的时间内，嵌入的两个要素——社会工作和社区矫正存在着彼此的低认知度，两方要么处于非关系状态，要么处于不信任，总体上嵌入的生态环境不成熟。这些既有上文所言社会工作者能力欠缺的问题，但更多还是社区矫正领域的问题。首先，社区矫正的刑罚执行性质决定政府维持社会稳定和政治稳定的目标，不能也不想把这样严肃的实务交给一个还没有成熟的社会工作组织来执行，更不用说是独立执行，所以社区矫正在政策上对社会工作者的安排是在社区矫正机构的组织指导下参与社区矫正工作，这对当前的社会工作和社区矫正都是很适合的安排。但是这样的政策安排在落实上还是存在问题的，很多的地方在社会工作者这个人员安排上是名不副实的，正如前文所说，名义上的社会工作者是多数，社会工作者从事的工作更是一般的行政性工作。这样的政策落实的最大问题是对社区矫正的宗旨的扭曲，只是把监狱管理移植到了社区，只有刑罚的“严”而没有“宽”，所谓宽严相济只是一句空话，对我国积极探索的刑罚执行制度改革的宗旨是一种片面的理解。因此，我们认为，社区矫正的专业性需要“两个并重”，一是刑罚执行与教育矫正并重，二是司法行政人员建设与社会工作等社会力量的建设并重。社区矫正的管理思想上要解

① 2012年1月10日，最高人民法院、最高人民检察院、公安部、司法部关于印发《社区矫正实施办法》的通知（司发通〔2012〕12号）。

放，对社区矫正的真正的价值和意义要有深刻的认识。我们国家的社区矫正的目的具有层次性，直接目的是兼具惩罚和改造罪犯；第二层次的目的是一般威慑、特殊威慑、安抚被害、转变观念；最终目的是预防犯罪和保护公众。[①] 这三个层次目的的实现，既需要在社区矫正执行中充分体现社区矫正的根本属性，也应该在满足社区刑罚执行惩罚罪犯、确保社区安全的前提下，尽可能加强社会工作和社会福利对社区服刑人员的影响，充分展示当代社区刑罚执行的特色和优越性。[②] 因此，社区矫正不能单单理解为司法行政工作，它的应然状态是一种多专业协同治理的工作。当然，在这一领域内司法机构的角色是主要的，甚至是其他组织无法替代的。但是就当前国内的基层社区矫正机构的设置状况：乡镇（街道）司法所行政上属于司法局，工作上要对乡镇（街道）负责，司法所及其工作人员要听从乡镇（街道）的各种工作安排。就司法所本身的业务来说是以人民调解为主，包括法制宣传、安置帮教、基层法律服务、信访接待等多项职责，后来又加上社区矫正的实施，工作内容增加了，但人员并没有增加，目前全国绝大多数的司法所正式编制人员就是1～3个，事多人少是客观的情况。面对这样的机构人员情况，社区矫正工作如何才能有效落实，诚如很多被访的矫正社工所言，每天忙于应付上级的各种条块工作、各项检查、考核评估，对社区服刑人员我们都保证不出现大的乱子就算是烧香拜佛了，根本就没有时间去进行有针对性的教育、心理咨询、家访等工作。

如何破解这种事多人少而人又一时不能增加的困境呢？其实在开始试点时，“两院两部”发布《关于开展社区矫正试点工作的通知》（司发〔2003〕12号）就有明确指示，“相关社会团体和民间组织以及社会志愿者”协助专门的国家机关对置于社区内的罪犯进行矫正活动。社区矫正实施的策略就是要“积极利用各种社会资源、整合社会各方面力量”。我国从2003年起开始社

① 刘强：“试论社区矫正的目的”，载《法制研究》2015年第6期。

② 刘强：“论社区矫正的性质”，载刘强、姜爱东：《社区矫正评论（第六卷）》，中国人民公安大学出版社2016年版。

区矫正试点，到2011年《刑法修正案八》立法明确作为刑罚执行方式，现已经进入全面推行阶段。在社区矫正组织体系中，除国家机关与其他社会组织外，社区志愿者无疑也是社区矫正一支不可忽视的力量，它具有成员构成多样化、服务内容丰富化、服务方式人性化的特点，从而可以有效地拉近人与人之间的距离，减少疏远感，有利于社区服刑人员重新适应社会。[①] 从国外经验看，理想的社区矫正状态应该是专职执法队伍和社会工作者、志愿者、社会组织、家庭成员等社会力量共同发挥作用，即专业人员和社会力量配合，发挥各自的职能作用，综合运用心理学、教育学、法学、社会学等，为社区服刑人员顺利回归社会创造条件。[②] 为了强化社区矫正工作的社会化，司法部、中央综治办、教育部、民政部、财政部、人力资源社会保障部在2014年11月14日再次专门下达《关于组织社会力量参与社区矫正工作的意见》(司发〔2014〕14号)，再次重申"相关人民团体、社会组织和社会志愿者的协助"功能，强调社会力量的参与则是健全社区矫正制度、落实社区矫正任务的内在要求。新形势下，进一步鼓励引导社会力量参与社区矫正，是完善我国非监禁刑罚执行制度，健全社区矫正制度的客观需要；是提高教育矫正质量，促进社区服刑人员更好地融入社会的客观需要；是创新特殊人群管理服务，充分发挥社会主义制度优越性，预防和减少重新犯罪，维护社会和谐稳定的客观需要。我们要切实增强责任感和紧迫感，从政策制度上研究采取措施，充分发挥社会力量参与社区矫正工作的积极作用。[③]

虽然，我国已经将社会参与力量逐步写入了社区矫正的相关法律规范中，通过立法的手段将社会参与力量纳入社区矫正法制化的轨道上，使我国的社会参与力量能够在司法行政部门的监督和管理下更加规范地开展社区矫正工作，有利于我国社区矫正工作的执行效果，有利于多管齐下地整合各

① 吴军："社会工作志愿者参与社区矫正的思考"，载《云南警官学院学报》2012年第6期。

② 宋友艳、刘智勇："浅谈我国社区矫正社会力量参与"，载《法制论坛》2016年第18期。

③ 2014年11月14日，司法部、中央综治办、教育部、民政部、财政部、人力资源和社会保障部《关于组织社会力量参与社区矫正工作的意见》(司发〔2014〕14号)。

种社会力量维护好社会的稳定和社区矫正制度的规范开展。[①] 自社区矫正工作开展以来，各地始终坚持紧紧依靠基层组织，广泛发动人民群众参与社区矫正工作，从实际出发，积极研究探索采取政府购买服务的方式，充实社区矫正机构工作人员，发展壮大社会工作者、志愿者队伍，专群结合开展社区矫正工作，取得了良好效果。目前全国从事社区矫正工作的社会工作者79万人，社会志愿者642万人。我国社会力量参与社区矫正工作取得了明显成效，但还存在着制度不健全、政策不完善、规模范围小、人员力量不足等问题，与社区矫正工作全面推进的要求相比尚不适应。[②] 这与我们在调研中的观察基本相符。首先，当前社区矫正工作领域的社会力量主体是面向社会公开招聘专职社工岗位的人员，还有一部分临时工。志愿者队伍主要是响应政府部门的宣传组成，自愿参与到社区矫正志愿服务活动中的志愿者，与其他项目诸如养老服务、困境儿童服务、社会救助服务等志愿人员相比规模偏小。社会力量整体参与力度、规模小的原因是多方面的，其中的社会工作者数量少、流动性大、专业性不高、参与机制不全等原因以及如何应对有专章论述，在此不再赘述。社会志愿者的参与度不高、参与人数少的原因可能是，一是许多人对于社区矫正没有足够的认识，不知社区矫正为何物，也不知道怎么参与。二是，许多人对社区矫正的认识有偏差甚至误解，认为罪犯犯了罪就要坐牢，就应该在监狱服刑，不应在社会改造，不应给他们过多的自由，社区矫正就是把服刑人员“放羊”，会对社会造成很大危害。因此，很多人对服刑人员有一种潜意识的戒备以及对立感，想远离服刑人员，参与志愿服务的动机不强，没有参与的兴趣和热情。三是社会对社区矫正重要性认识不足，重刑主义思想仍然存在。目前我国社区尚存在“二元区隔”现象，即除了极少数人关心社区活动与事务外，大多数人对此漠不关心，社区

---

① 王靖翔:“我国社会力量参与社区矫正问题研究”，北京林业大学2015年硕士学位论文。

② 2014年11月14日，司法部、中央综治办、教育部、民政部、财政部、人力资源和社会保障部《关于组织社会力量参与社区矫正工作的意见》(司发〔2014〕14号)。

的凝聚力非常有限。[①] 四是，目前的社区矫正志愿者队伍参差不齐，专业人才严重缺乏，尤其是广大农村地区。自愿来做社区矫正志愿者的人数很少，稳定的志愿者队伍难以组织。[②]

其次，从“两院两部”2003 年发布《关于开展社区矫正试点工作的通知》(司发〔2003〕12 号)到 2012 年 1 月 10 日《社区矫正实施办法》(司发通〔2012〕12 号)出台，再到 2012 年 2 月 15 日，司法部《关于认真贯彻落实最高人民法院、最高人民检察院、公安部、司法部〈社区矫正实施办法〉进一步做好社区矫正工作的通知》(司发通〔2012〕33 号)，都强调社会力量的协助、参与，但社会力量参与的具体方式、途径和内容，以及权利、义务等缺乏明确规定。[③] 因此，当前社会力量参与社区矫正的现状一是没有科学的管理机制，二是没有严格的选拔机制，三是没有合理的激励机制，没有建立或者健全吸纳社会力量参与的政策及相关制度，四是没有有效的参与平台。[④] 因此，尽管国家政策法规明确社会力量参与是健全社区矫正制度、落实社区矫正任务的内在要求[⑤]，但是在政策落实时还是存在很多阻力和障碍，主要是政策实施的决策层的认识不到位。一是决策层对社会力量的力量存疑。调查中发现很多领导对包括社会工作者在内的社会力量没有概念，至于能不能参与到社区矫正、在社区矫正工作中能干什么、应该干什么，也就更加疑惑。二是，决策层认为社区矫正是专业性极强的工作，当前的社会力量很少具备相关的专业性，即使是被称作社工的人员专业性样态也很难让人信服，与其用不靠谱的社会力量可能会给社区矫正工作带来很多风险，还不如不用，而且，就目前的司法行政人员力量来说也没有精力去做好社会力量的组织管理工作。因此，当前的社区矫正工作主要是司法机构的行政人员对社区服

① 张鹏飞：“社会力量参与社区矫正工作比较研究”，载《中国司法》2016 年第 1 期。
② 肖春竹：“‘恢复性司法’理念下社区矫正社会参与模式的完善”，载《法制与社会》2016 年第 3 期。
③ 金登尚：“社会力量参与社区矫正工作路径研究”，载《中国司法》2015 年第 8 期。
④ 司皓洁：“社会力量参与社区矫正问题研究”，载《法制与社会》2013 年第 34 期。
⑤ 2014 年 11 月 14 日，司法部、中央综治办、教育部、民政部、财政部、人力资源和社会保障部《关于组织社会力量参与社区矫正工作的意见》(司发〔2014〕14 号)。

刑人员做日常行政管理和监管、教育工作，至于个性化的教育、心理矫治辅导、家庭服务等社会化恢复工作，还是停留在文件和文案层面。三是决策层对于个人主管工作的态度仍然是唯考核的指标为工作第一原则，当前，在社区矫正工作领域，社会力量参与不仅没有分解出详细的考核指标，而且在参与机制、组织管理、经费投入等都没有可操作的方法措施都与此有关。故而某种程度上讲，地方不能完全落实相关政策也是情有可原。

三、理想型社区矫正工作构建对策

（一）建立专职社区矫正队伍

专职的社区矫正队伍在社区矫正工作中起主导作用，并关系着我国社区矫正工作的发展。然而，目前我国社区矫正队伍缺少大量专职的并具有专业知识背景的人才，尤其是社会学者、律师、教师、培训师、心理医生等专业型人才。因此，结合我国目前社区矫正工作开展的实际情况，可以采取以下方式建立专职的社区矫正队伍。

1. 应当弥补社区矫正队伍人员的不足

在目前我国社区矫正队伍人员短缺的情况下，可以继续以往的经验，从监狱、司法所等相关职能部门抽调具有长期工作经验的工作人员加入社区矫正队伍，并将他们作为开展社区矫正工作的核心力量。这样不仅有利于提高我国社区矫正队伍的业务水平，而且还能够充分发挥他们的“传、帮、带”作用。同时，我们还要再从高等院校选拔一些具有相关专业（如社会工作法学、管理学、心理学、社会学等）知识的毕业生。这样做不仅可以在一定程度上缓解部分毕业生的就业问题，而且也有利于提高我国社区矫正队伍的人员素质。

2. 应当建立社区矫正队伍的资格准入制度

社区矫正工作是一项既具有法律性，同时又兼具社会性的刑罚执行活动，其执行过程具有很强的专业性和政策性。在进行社区矫正工作的过程中，社区矫正工作人员的业务能力、工作经验、专业化程度都会在一定程度上直接或间接地影响社区矫正工作的效果和质量。因此，为了保证社区矫正工作的效果和质量而建立一支业务能力强、专业化程度高、工作经验丰富的社区矫正队伍，就有必要建立社区矫正队伍的资格准入制度。对此，可以参考目前我国法官、检察官和律师的资格准入制度，逐步建立起我国的社区矫正官制度。具体而言，可以通过公务员考试面向全社会招收具有相关专业知识背景和工作经验的人员。而这些人员只有在通过了相关的考试，并且完成了统一的有关社区矫正工作的入职培训后，才能获得从事社区矫正工作的基本资格，成为社区矫正工作人员。从长远来看，只有建立社区矫正官制度，才能从根本上提高社区矫正工作人员的素质，实现社区矫正队伍的专职化。

3. 应当加大吸纳专业型人才的力度

社区矫正工作是一项复杂的系统工程，其涉及的学科知识也非常繁杂，包括犯罪学、心理学、管理学、社会学、教育学等。因此，社区矫正工作需要各类具有相关专业知识的专业型人才运用自己的专业知识，教育、改造和帮助社区矫正人员。然而，这些专业型人才又很难通过招募的形式吸收到社区矫正队伍中。因此，我们可以借鉴律师协会的义务咨询模式，规定一些从事特定职业的人员，每年必须参与一定时间的社区矫正工作，以此来提高社区矫正工作的专业性。此外，笔者强烈建议为那些已经通过国家司法考试的人员开设“绿色通道”，大量吸收这类人员充实我国的社区矫正队伍。因为，这些人员不仅具有高学历和高素质，而且还往往具有较高的法学理论水平，大量吸收这类人员充实我国的社区矫正队伍十分有利于缓解当前我国社区矫正队伍中稀缺专业型高端法律人才的问题。

4. 加强对社会工作人才的培养

社会工作人才的多少直接关系到社会工作力量的强弱，加强社会工作人才培育是提升社区矫正社会工作介入效果的根本途径。首先要通过多种形式的人才发展机制，如扶持、孵化专业社会工作组织，加大社会工作人才专项招聘等留住各高校培养的专业社会工作人才。其次要在法律层面上建立起社区矫正社会工作者制度，规范社区矫正社会工作者的工作性质、准入条件、身份和晋升机制。社区矫正工作者应成为与法官、检察官、律师一样的司法系统的职业之一。社会工作者可以通过政府购买服务方式实现，通过参加社会工作者资格考试，持证上岗，有编制，有职称，有专业技术职称晋升制度，使得社会工作者有正规的职业定位、发展空间和职业吸引力。

5. 加强社区矫正人员的技能素质培训

由于社区矫正工作的主要内容不仅包括监督、管理社区矫正服刑人员，还包括要对社区矫正服刑人员进行教育、帮扶、心理辅导等。这就要求社区矫正工作人员不仅要有较强的协调能力和沟通能力，而且还要具有相当高的综合素质和专业水平。因此，社区矫正工作人员就必须具备丰富的综合知识、扎实的专业技能以及较强的协调能力和沟通能力。然而，我国现今的社区矫正队伍里面的工作人员中相当一部分人员是不满足上述条件的，特别是一些刚刚离开校门就加入社区矫正队伍的工作人员，因为他们缺少社会工作经验，所以就需要通过一系列的培训来提升业务能力。此外，具有丰富经验的社区矫正工作人员也可以通过培训继续补充自己的专业文化素养，从而全方面提升自己的工作能力。

首先，要进行岗前培训。在社区矫正工作人员正式进行矫正工作之前，社区矫正机构必须安排他们接受至少 3 个月的岗前培训，以及至少 6 个月的工作实习，只有通过对培训内容的测试、考评，以及对实习情况的综合考评合格后，这些人员才能正式上岗。此外，我们要吸取过去的失败教训，不能把岗前培训作为“走过场”。我们要保证接受培训后的社区矫正工作人员，能在社区矫正工作中将培训的内容真正转化为自身的工作能力，熟练掌握社区矫正工作的内容和程序。其次，要进行在职培训。随着社区矫正制度在我国全面开展，新的法律法规和规章制度逐步出台，新的挑战和新的问题不断涌现，这使得社区矫正工作人员很难凭借岗前培训的知识和技能来适应不断变化的社区矫正工作的需要，所以还需要开展在职培训。在职培训既可以通过定期组织社区矫正工作人员学习的方式，让他们进一步增强专业工作技能；也可以通过组织社区矫正工人员到外地学习、交流工作方法等方式，帮助他们拓展思路、开拓视野，从而保证社区矫正工作人员能够凭借在职培训的新知识和新技能，来适应新形势下的新问题和新挑战，创新工作方法，提高业务能力，以促进我国社区矫正工作的长远发展。最后，要进行不定期培训。由于社区矫正工作会因为社区矫正服刑人员的思想变化周期、群体行为倾向、个别疑难重点等各类突发情况衍生出新的工作程序和业务技能，因此要对社区矫正工作人员进行适时性、临时性的随机培训。随机培训要有针对性、时效性，培训内容必须根据实践中反馈回来的信息设计。同时，组织培训的部门要对随机培训的效果进行跟踪调查，了解随机培训的成果能否及时转化为实际的社区矫正工作质量。①

（二）营造落实社会力量参与社区矫正的环境

社区矫正工作是一项非常复杂系统的刑罚执行活动，对社区矫正服刑人员的教育和改造需要涉及法学、犯罪学、心理学、社会学、管理学、教育学和社会工作等多个学科的知识。但是，我国专职的社区矫正工作人员无论从数量，还是专业性都显然难以完全胜任。因此，鼓励社会力量多元化参与到社区矫正工作之中，有助于缓解我国目前社区矫正工作人员数量不足、任务繁重、专业性不强等问题。

1. 提供社会力量参与社区矫正的路径

一方面，要鼓励民间团体、非营利性社会机构等非政府组织参与到社区矫正工作中。这方面可以借鉴上海的经验，由政府牵头社区矫正机构与一些非政府组织签订合同，购买社区矫正服务，让这些非政府组织在社区承担指定的服务项目，为社区矫正服刑人员提供有针对性的、专业化的社区矫正服务，如法制教育、心理咨询、职业技能培训等。同时，政府的社区矫正机构还要定期对这些非政府组织进行工作评估，运用经济杠杆对这些组织进行调节。②

---

① 张可："我国社区矫正执行主体制度的完善"，吉林大学 2014 年硕士学位论文。

② 马纾："市民社会、社区与社区矫正"，载《犯罪研究》2007 年第 2 期。

另一方面，要鼓励社会志愿者参与到社区矫正工作中。社区矫正工作中的社会志愿者可以主要包括具有相关专业背景的专家、学者、社区工作人员、大专院校的老师和学生以及社区矫正服刑人员的近亲属和同事等。[①] 鼓励这些志愿者参与到社区矫正工作中来，不仅能够在很大程度上缓解现今社区矫正工作人员数量不足，专业化程度不高等问题，而且还能从实质上提升我国社区矫正工作的效率和质量，推动我国社区矫正工作的全面开展。

除此以外，为了能鼓励更多的具有较强事业心和责任心的社会志愿者积极参与到我国社区矫正工作中，还需做到以下几点：第一，应创造多种渠道和形式，让社会志愿者能够更方便地参与社区矫正工作；第二，要对社会志愿者在社区矫正工作中的资格、待遇以及权利义务等内容加以明确，并在一定程度上补贴他们在实施教育矫治过程中的费用，如车费、电话费、材料费等；第三，加强对社会志愿者的专业培训，提高他们开展社区矫正工作的工作能力，确保社区矫正工作的顺利开展。

2. 界定社会力量参与社区矫正的具体内容

身处社区接受矫正的罪犯，面临着比一般弱势群体更加无力的困境，存在“心理适应”“就业适应”和“人际适应”三大问题。故社区矫正工作的任务，除了加强对社区服刑人员的管理、监督及行为矫正外，还“包括在犯人和社区之间建立或重新建立牢固的联系，使罪犯重归社会生活中去，恢复家庭联系，获得职业的教育。就广泛的意义而言，即在于为犯人在社会政治生活中获得一席之地提供帮助”。[②] 社会力量参与社区矫正需要微观而具体的行动。从微观角度着眼，社会力量可以参与的社区矫正工作内容。

(1) 社区服刑人员的行为规训。对社区服刑人员的越轨行为进行矫正是社区矫正的重要内容之一。与监禁矫正不同的是，在相对自由的社区环境中对服刑罪犯的行为控制与督导，更需要社会力量的广泛参与和有效配

① 刘强：《社区矫正制度研究》，法律出版社 2007 年版，第 329 页。
② 周湘斌：“社会工作充权视角下的释犯社区矫正政策分析”，载《北京科技大学学报》2005 年第 21 期。

合。因为，监禁矫正是通过将大量的罪犯集中置于经过精密设计的封闭建筑内进行监管，由于这种建筑互相隔离且便于看守观察，因而只需少数狱警就可胜任监管任务。社区矫正则不然，大部分社区矫正项目是将罪犯分散到各自居住的社区之中，罪犯具有较大的自由度。居住地的分散和人身的自由，给罪犯的监管造成了很大的难度，如果仅靠社区矫正机构的专职工作人员的监督，容易留下监管的空当。社区矫正的"非监禁性"特征，为社会力量介入社区矫正提供了用武之地。在群众"雪亮的眼睛"面前，在多方面的"关系和帮助"下，犯罪人的一举一动都处在关注之中。[①] 这种规训方式，就像是英国功利主义大师边沁所设想的全景敞视建筑在社会中的投影，使社区服刑人员始终处在由社会公众构筑的"一个个精巧的铁笼"中，达到监视"无处不在、无所不在"的效果。

(2) 心理矫治。社区矫正工作的重要一环是对社区服刑人员进行"心理矫正"，因为处在社区矫正中的罪犯普遍存在自卑心理，心态较为脆弱，情绪低落甚至抑郁，对未来感到迷茫，对生活失去信心。这种消极的情绪和心态，十分不利于罪犯的矫正和改造，亟须心理医师对其进行心理辅导，帮助他们重塑生活的信心。从我国开展社区矫正的试点地区来看，已经普遍开展了对社区服刑人员的心理矫治。但从试点地区传来的信息表明：目前社区矫正遇到的最突出的困难就是缺乏富有经验的心理专家，因而作为矫正工作中非常重要的"心理矫正"工作开展艰难。因此，我国各地高校、科研院所以及医疗机构的心理学教师、科研人员以及心理医师，应当积极介入对社区服刑人员的心理矫治，帮助他们维持良好的心理状态和情绪体验，以巩固矫正的效果。

(3) 就业接纳。"乐业"才能"安居"。一份正当稳定的工作对于身处社区接受矫正的罪犯来说是至关重要的。对于社区服刑人员来说，如果无业或无稳定的职业，生活就会无着落，很容易诱发犯罪。故而，要防止他们重

---

① 葛磊："社区矫正性质的初步考察"，载陈兴良：《刑事法评论》第 18 卷，法律出版社 2006 年版，第 620 页。

新犯罪，就要使他们有业可就，有一个安身立命之所。但在当前，就业接纳是一个十分艰巨的任务，原因在于：一方面是社会对罪犯的就业排斥，在劳务市场，几乎所有招聘单位，无论出于歧视还是真正出于自身安全考虑，都会提出不接受“有前科”的人员应聘的要求，尤其是国有企事业单位。[①] 另一方面，也是最深层的原因，是我国的就业形势十分严峻。从国外的情况看，在政府无力解决社区服刑人员的就业问题时，非营利组织来填补这个空当。他们通过兴办各种实业，同时也作为培训学校，自我经营，雇用社区矫正的服刑人员工作。[②] 他山之石，可以攻玉。国外的做法值得我国借鉴，我国众多的民间组织应当在社区服刑人员的就业接纳方面有所作为。

(4) 社会支持网络构建。“一个犯人的一生中，再没有一个时期，比他刚从监狱被假释或释放出来的一刹那时，更殷切地需要朋友。”美国本雪尔文尼亚监狱会的宣言中的这段话，说明了释犯社会地位的脆弱。除假释犯外，身处社区接受矫正的其他罪犯也面临同样的困境。由于社会资源占有多寡的不同和社会不公的客观存在，社区服刑人员往往处于消极状态当中，即社会交往单一、经济收入低下、社会地位低微，他们很难融入社会主流而成为事实上的弱势群体。[③] 因此，构建完善的社会支持网络对进入社区矫治的罪犯是尤为必要的。社会力量在社区服刑人员社会关系支持网络中应当扮演三种角色：一是维权者，即帮助社区服刑人员维护自身的合法权益和应得福利，从而增加自身能量及对外获取资源的能力；二是经纪人，即担当社区服刑人员与资源的媒介，从而有利于网络中的资源更合理地流动；三是调停者，即帮助社区服刑人员调解与他人或组织等外界的矛盾与纠纷。[④] 通过担当上述三种角色，社会力量就可以为社区服刑人员搭建和谐顺畅的社会支

① 周湘斌：“社会工作充权视角下的释犯社区矫正政策分析”，载《北京科技大学学报》2005 年第 21 期。

② 姜涛：“非营利性组织介入罪犯改造的理论解释及路径选择”，载《江苏警官学院学报》2007 年第 22 期。

③ 周沛：“社区工作中的社会支持网络构建及其意义”，载《社会科学研究》2003 年第 6 期。

④ 姬莉平：“社区社区服刑人员的社会关系支持网络分析——以上海市某三个街道为例”，载《晋阳学刊》2007 年第 4 期。

持网络，从而有助于缓解社区服刑人员的对立情绪，消除犯罪心理结构，修正行为模式，直至融入正常的社会生活。

3. 社会力量参与社区矫正的组织化策略

(1) 非营利社会组织：社会力量参与社区矫正的载体。从行政学的角度看，社会力量参与公共事务的模式可分为原子化参与与团体式参与两种。前者是单个公民凭借自身拥有的资源，采取单独行动参与公共事务；后者则以团体的方式参与公共决策活动，由于团体式参与集合了大量个体公民的资源，因而更具影响力。[①] 具体到社会力量参与社区矫正的运作方式，尽管国家鼓励公民个体参与对罪犯的矫正活动，但毕竟力量分散，很难形成合力，且组织协调大量个体公民的成本也很高，因此，适合我国国情的社会力量参与社区矫正的方式应当是团体式参与模式，即政府通过在社区组建社区矫正团体，承担部分矫正罪犯的工作。

团体式参与模式涉及政府与社区矫正团体的关系问题。从理论上分析，这种关系大体上有三种类型：即纯政府性团体、政府与民间二重性团体、纯民间性团体。[②] 从国外社会力量参与社区矫正的实践来看，矫正社会工作机构可分为民办型、官办型和准官办型三种。[③] 立足于我国当下的具体国情，纯政府性团体（官办型）的技术路线是由政府在社区设置矫正机构，其结果可能导致社区矫正政府化、行政化，推行社区矫正意味着政府职能和机构的扩张，这种形式的罪犯矫正徒有“社区矫正”的虚名，甚至可能异化为转换空间的监狱矫正。因此，纯政府性团体建构既有违政社分离的改革宗旨，也不符合社区矫正的本来面目。纯民间性团体（民办型）是由私人或民间团体出于对罪犯或刑释人员的怜悯之心创办的矫正社会工作机构。尽管研究者指出中国的社会团体应然的发展方向是纯民间性团体，但考虑到目前我国还处在社会结构转型期，政府力量还十分强大，民间力量还处在弱势，完全

① 刘勇智：“公共政策制定中的公民参与”，载《兰州学刊》2004 年第 3 期。
② 张昱、费梅苹：“社区矫正制度的社会学视野”，载《广东社会科学》2005 年第 2 期。
③ 狄小华：“试论矫正社会工作”，载《犯罪与改造研究》2000 年第 9 期。

由民间机构来承担社区矫正的任务恐难有所作为。大量研究表明，比较适合中国国情的社会团体主要是政府与民间二重性团体。在这类社会团体中，政府与之联结的途径有两种，一是由政府直接给社会团体编制和经费，这实际上是把社会团体的工作人员视为自己的事业单位成员，在一般意义上，这类社会团体的政府性较浓。二是政府并不给社会团体编制，也不直接给社会团体拨付经费，社会团体工作人员完全属于社会团体聘任的工作人员，而社会团体经费的获取则采取政府购买社会团体服务的方式进行。相对而言，这种社会团体尽管由政府主导组建，但其民间特性则更浓一些。由于后一类关系模式更符合社会发展的方向，且更有利于社会团体自主地开展矫正工作，因此这种关系模式成为社区矫正社会团体组建的必然选择。①

上述选择已经为北京、上海等试点地区的社区矫正实践所证实。北京市在社区矫正试点中推行的是“政府主导，社团运作”模式，即在政府主导下建立社区矫正服务中心，以此作为组织社会力量参与社区矫正的机构。上海市在2002年社区矫正试点初期就提出培育社团，社会团体聘任矫正社会工作者开展矫正工作，政府购买社会团体的服务这样一种运作思路。尽管“北京模式”与“上海模式”都采用社团运作的模式，但“北京模式”的“政府主导”色彩较为浓厚，表现在社区矫正服务中心的主任或者中心的其他主要管理人员是司法行政部门的在职公务员，具有政府编制，社会力量参与社区矫正工作的经费由政府提供支持。“上海模式”凸显民间自治特性，新航社区服务总站及下属的各分站的工作人员都是向社会招聘的，不具有公务员编制，政府也不提供经费，该组织完全按照市场化理念在运作。

改革开放以来，我国经济和政治的改革与发展引起了权力的转移和社会结构的变迁。随着经济和社会领域权力的逐渐生长，社会机构大量涌现，成为介于政府与企业之间的“第三部门”。但由于我国的社会机构缺乏生存发展的制度环境，现阶段社会机构还处在弱势，表现在：① 以前大多数社会

① 张昱、费梅苹：“社区矫正制度的社会学视野”，载《广东社会科学》2005年第2期。

机构的建立必须挂靠一定级别的政府机构，“官办”色彩浓厚，政府主导和“官民双重性”是其显著特点；② 社会机构对国家和社会事务的参与还停留在政治性不强的领域，如社会福利、环保、教育、扶贫开发等领域，对于国家权力控制较强的领域，如犯罪治理和罪犯矫正，还鲜见社会机构的身影。[①] 为此，政府应当按照政社分工与合作的理念加强社会机构的培育，为社会力量参与社区矫正提供一个言说的平台和活动的空间；与此同时，社会机构也要通过自觉的团体建构与整合，壮大自身的力量，采取多种途径与方式，积极而稳妥地介入罪犯的社区矫正。

（2）民间志愿者：社会力量是参与社区矫正的中坚。对于在社区矫正的罪犯来说，志愿者是一个很有潜力的社会支持源。他们不仅成为罪犯倾诉和交往的对象，而且来自不同职业和阶层的多元的信息，可以帮助被社区服刑人员在就业、升学等重要问题上作出最佳选择。将志愿者引入社区矫正符合国际惯例，大多数国家的社区矫正都得到志愿者的支持。从我国社区矫正试点地区的实践看，各试点单位都很重视志愿者资源的挖掘与利用，将志愿者作为社区矫正队伍中的一部分。但是，总体而言，“我国的志愿服务尚处于发展的初级阶段，制约发展的各种因素和矛盾还普遍存在，如相对于我国庞大的人口基数，参与志愿服务的总体人数较少、参与程度低，组织化、规范化和专业化水平不高，激励机制不健全，缺乏资金保障和政策引导扶持等”。[②] 随着社区矫正试点省份的进一步推开直至将来在全国的普及，我国应当建立一套征聘、培训、使用民间志愿者的制度，充分发挥民间志愿者在社区矫正中不可或缺的作用。

首先是注重提高民间志愿者的素养。社区矫正是一项涉及罪犯监管、帮教和服务的专业性工作，这就要求民间志愿者具备较高的素养：一是精神素养。在社区矫正志愿工作中，志愿者除了要具备一般志愿者应当具备的志愿精神外，还要拥有一颗宽容之心，要平等对待、宽容接纳服刑罪犯，以

---

① 周国强：《社区矫正制度研究》，中国检察出版社 2006 年版，第 270 页。
② 徐楠：“民间力量是可以信赖的”，载《南方周末》2008 年 6 月 19 日。

"助人自助"的理念感化服刑罪犯，帮助他们度过人生的低谷期，重新扬起生活的风帆。二是知识素养。在知识储备上，民间志愿者应当具有一定的法学、社会学、心理学、行为科学等相关的专业知识，能正确解答社区服刑人员的咨询，针对他们的行为和心理问题提出切实有效的对策。三是工作素养。民间志愿者应当"具有敏锐感知服刑人员病态行为"，并"通过劝说方式对犯罪人进行外部控制的能力"[①]；协调服刑人员与家庭、所在社区以及矫正机构之间的关系，增进服刑人员与环境的融合。

其次是注重民间志愿者的选拔。结合我国的国情，可以考虑从以下三类人员中进行选拔：一是在校大学生。青年大学生富有知识和热情，是我国志愿者队伍中的一支生力军。可以选择一些具有人文社会科学知识背景、热心社会公益事业的大学生充当社区矫正志愿者，负责帮教在社区服刑的未成年罪犯。二是退休和下岗人员。这部分人员有较为充裕的时间，可以聘请他们担任专职志愿者，给予他们必要的补贴和报销合理支出的费用。三是刑释人员。使用刑释人员参与矫正的现象始于 20 世纪 60 年代的美国。根据美国的经验，多数犯罪者或多或少地有一定程度的精神疾患或心理问题，因此，这些罪犯对于一般人具有较强的戒备心理。利用犯过罪的人对服刑罪犯进行帮助，通过具有相同的人生挫折或体验的人的现身说法，或许更有效果。[②] 我国也可以积极探索这一做法，发挥刑满释放人员在社区矫正中的独特作用。

最后是注重对志愿者的培训。社区矫正是一项专业性很强的刑事执法活动，它不仅需要专业的知识，而且必须具有一定的个案调查和心理治疗的技术和经验。为此，必须对志愿者进行必要的培训，以便他们能够迅速了解和掌握社区矫正的基本规则和流程，提升工作的技能和效率，从而更好地帮助矫正对象。[③]

---

① 郭建安、郑霞泽：《社区矫正通论》，法律出版社 2004 年版，第 110 页。
② 鲁兰：《中日矫正理念与实务比较研究》，北京大学出版社 2005 年版，第 223 页。
③ 周国强："社区矫正中的社会力量参与"，载《江苏大学学报(社会科学版)》2009 年第 4 期。

附录1　社区矫正人员家庭增能社工服务示范项目介绍

社区矫正人员家庭增能社工服务示范项目，是徐州市鹏程社会工作服务中心于2015年度获得中央财政支持社会组织参与社会服务项目资助的项目，属C类项目。同时也是江苏省内为数不多的三个受中央财政资助的C类项目之一。

一、项目基本介绍

（一）项目内容

社区矫正人员家庭增能社工服务示范项目以社区矫正人员家庭为服务对象，通过个案、小组、社区等专业社会工作方法，对社区矫正人员家庭开展需求评估，分类服务，重点在于对社区矫正人员家庭的社会支持性网络的构建。“授人以鱼，不如授人以渔”，通过挖掘服务对象的家庭潜能，对其家庭环境、社会支持网络的恢复和重建，助力社区矫正人员家庭增能。

（二）项目服务对象

本项目的主要服务对象为社区矫正人员及其家庭成员。实施地为徐州市6区2县3市，区域广阔，人员较多。

（三）项目服务内容

1. 对社区矫正人员家庭进行需求评估，并设计针对性的服务方案；

2. 对社区矫正人员家庭开展社工服务，重点开展困难性、支持性、发展性的社工服务；

3. 针对社区矫正人员家庭子女开展社工服务，促进其身心健康发展。

（四）项目意义

社区矫正人员家庭增能社工服务项目具有理论和现实的双重意义。理论意义上，本项目推行以家庭增能为目的的服务，有助于社区矫正人员再社会化进程，更有助于家庭功能的恢复，对于社会发展也能起到积极的推动作用；在现实意义方面，本项目的开展，从某种程度上弥补了对社区矫正人员家庭的关注不足，有助于社会的和谐与稳定，也是对于社会主义核心价值观中和谐部分的相应与诠释。

（五）项目解决的问题与社会效益

1. 社区矫正人员家庭需求评估数据的收集，这是助力社区矫正人员家庭增能的基础；

2. 针对生活困难的社区矫正人员，开展挖掘潜能式的社会工作服务；

3. 改善家庭不良沟通模式，开展有针对性的心理疏导服务，开展预防性、治疗性、发展性主题社工服务活动；

4. 创新“三社联动”的社区矫正服务模式，整合司法人员、社区人员、社会组织，开展联动模式，助力社区矫正人员家庭增能。

二、需求评估

（一）调研过程及成果

2015年1月至4月，项目组成员对社区矫正人员家庭调查问卷进行设计，规划调研区域的人员分配，并组织人员对志愿者进行社区矫正人员家庭调研方法和内容方面培训。后根据培训指导及具体区域分配对区域司法所内社区矫正人员进行调研。调查工作后期，项目组成员对收集到的问卷、调研报告进行建档整理。

在赴徐州市铜山区、云龙区、贾汪区、鼓楼区、沛县、睢宁县、邳州7个区域近百个基层司法所开展实地调查中，项目组收集到深入而丰富的信息，并通过SPSS17.0对回收的2 000余份社区矫正人员调查问卷进行科学的数据生成与分析，形成徐州市社区矫正人员调查分析报告，客观科学地反映出社区矫正人员的基本信息、社会支持状况和需求等方面情况。

（二）服务对象需求

据项目组调查及数据处理分析，徐州市参与调查的2 000余名社区矫正人员的需求集中体现在经济问题、就业问题、家庭问题、心理问题四个方面。

1. 经济问题

从调查结果来看，社区矫正人员面临的经济困难在一定程度上直接导致他们陷入生活困境，在最基本的生存需要得不到满足的需要下，他们极有可能选择重新犯罪。据调查，这些困难主要包括如下三个方面：

一是犯罪前后都很贫困。一些社区矫正人员在犯罪之前就已经陷入经济困境，在接受社区矫正期间依然无力负担基本生活费用。

二是因犯罪陷入贫困。一些长期在监狱服刑的假释犯与社会脱节，到社区服刑后难以找到工作而陷入经济困难。

三是遭遇意外陷入贫困。一些社区矫正人员由于遇到了意外生活变故，如疾病、车祸等问题而陷入经济困境。

2. 就业问题

社区矫正人员在重新就业过程中面临许多问题。在项目组调查过程中了解到，这些问题主要体现以下两点。

一是个人能力不足。有的社区矫正人员刚进入社区服刑时文化程度较低、缺乏劳动技能，这些劣势导致他们难以就业。

二是就业观念有偏差。部分社区矫正人员相较于在沛县本地工作，更倾向于外出务工。而根据相关规定社区矫正人员在矫期间不可随意离开户籍所在地并要定期参与司法所组织的思想汇报和义务劳动，限制了社区矫正人员外出务工，导致社区矫正人员就业问题搁置。

3. 家庭问题

据调查了解，社区矫正人员在执行矫正期间可能会遭遇家庭关系紧张甚至破裂等问题。社区矫正人员面临的家庭关系主要有四个方面。

一是家人态度的冷漠。有的社区矫正人员回到家中生活，家人觉得他丢了家庭的脸，对其非常冷漠。

二是家人不接纳。有的社区矫正人员从监狱中假释出狱后，家庭不再接纳他，他无法回到家中生活。

三是婚姻关系破裂。有的社区矫正人员被判刑后，妻子与其离婚，导致家庭破裂，甚至引发两个家族之间的矛盾。

四是亲子关系出现隔阂。有的社区矫正人员因曾经犯罪受到子女的责怪与疏远，甚至进一步导致子女心理出现问题，为子女心理健康带来一定影响。

4. 心理问题

社区矫正人员目前主要面临着三个方面的心理问题。

一是自卑孤僻。有的社区矫正人员在矫正初期因自己身份遭到歧视而不愿与他人交往，他们性格孤僻，逃避现实，自卑自闭心理增强。

二是容易被激惹。有的社区矫正人员在就业或与他人交往的过程中受到歧视后容易愤怒，动辄与他人争吵甚至斗殴。

三是仇视社会。还有的社区矫正人员认为社会对其不公平，容易产生投射思维，非常仇视社会。社区矫正人员的心理问题会造成重大心理危机甚至心理疾病，继而严重影响其回归社会。

三、实务活动开展

（一）“社工与您同行”服务活动

在社工实务中的专业个案工作方面，项目组积极开展“社工与您同行”

服务活动。2015 年 2 月至 6 月，项目组对调研过程中遇到的困难家庭进行筛选、核实，根据所遇困难类型帮助链接相关资源，陪伴困难家庭一起跨越难关，解决问题。

除此之外，在精神层面，社工致力于帮助困难家庭培养“自助”的意识，树立“不畏艰难、自强不息”的意识，从心理层面改善其因为家庭困苦而带来的巨大心理负担以及逃避现实的态度，助力社区矫正人员家庭发展。

（二）听到你的声音家庭工作坊

为保障项目的顺利进行，项目组采用区域负责制，各区域安排一名负责人，负责策划并带领开展活动，对社区矫正人员家庭提供陪伴服务，鼓励和帮助其再次构建社会支持网络。在项目总负责的带领下，各区域有序且规模宏大地开展了针对社区矫正人员家庭的“听到你的声音”家庭工作坊，以小组活动、主题讲座、社区活动等多种形式为其带来专业社工服务。

1. 小组活动

项目组采用专业社会工作方法，开设了“心灵双约”“温暖与快乐同行”“认识自我”等不同主题小组活动，旨在以人际间的依存互动关系为基础，通过专业的小组活动过程来恢复和增强个人的、团体的社会功能，进而实现项目期望的目标。

2. 主题讲座

根据不同区域服务对象的主要需求，项目组多主题、多角度地开展了不同类型的活动与讲座，在提升社区矫正人员个人知识水平的同时，通过对家庭关系处理、人际交往技巧等课程的开设，间接改善社区矫正人员与其家庭成员的沟通模式，促进其家庭关系和缓，并进一步帮助其构建社会支持网络。

3. 社区活动

除开展个案、小组等小规模实务活动之外，项目组秉承“人在情境中”的专业理念，积极链接社区资源，帮助受益对象感受社区、社会对其的支持与帮助，鼓励其更好地融入社会环境之中。

（三）护翼行动——社区矫正人员子女服务

2015年7月至8月，项目组依托鹏程社工“雏鹏展翅”这一公益品牌的经验与号召力，通过运用小组和主题活动方式对社区矫正人员家庭中的未成年子女所面临的教育、安全、心理、社交等多方面的问题进行提升与帮助。

短短两个月的时间，项目组在鼓楼区和云龙区两地累计开展10余次活动，为孩子们带去温暖、快乐与希望。

（四）社工及志愿者的督导与培训

由于整个项目进展过程受益对象较多，在开展家庭需求评估时，需要大量志愿者们的积极参与；对矫正人员子女开展专项服务活动需要各位外聘专家的督导与技术支持，为社区矫正人员家庭开展社工服务需要以各位社会工作师及助理社会工作师为主要力量。因此，为提升项目质量，除已有项目执行组之外，鹏程社工还集合多方力量，建立项目专家指导组和项目志愿者团队，并每月定期对参与项目活动的社工和志愿者进行督导与培训。

截至2015年9月，项目组督导会议和社工、志愿者培训活动各开展10余次。虽然项目已近尾声，但鹏程社工也还在不断积极链接相关专家资源，以期能够更大的提升社工志愿者专业素养，并让全体工作人员在项目实施过程中更多的学习和积累经验。

附录2　访 谈 提 纲

一、社区服刑人员访谈提纲

（一）调查对象的基本情况

姓名、性别、年龄、婚姻状况、户口所在地、本地居住年限、家庭成员、家庭经济状况。

（二）获刑前的情况

1. 犯罪前的生活状况（包括经济状况、人际关系、职业等）。

2. 获刑状况（获刑时间、因何而获刑，犯罪性质、刑罚期限、定刑类型）。

3. 犯罪时的具体情境及心理状态。

4. 犯罪前的法律意识、价值观念。

（三）进入矫正社区后的情况

1. 您是何时进入该社区进行矫正？

2. 目前您每天需要做哪些事情？每天的生活如何安排？

3. 您有哪些权利和义务？

4. 目前您主要的经济来源是什么?(低保、补助、工作……)有没有困难?若有困难如何解决,找谁求助?

5. 目前您的精神状态如何?(一般、开心……)当前的心理及情绪状况?

6. 生活、思想上有没有什么困难和困扰?若有,具体是什么,您是如何解决的?向谁求助?有无效果?

7. 获刑之初您与父母、邻居以及朋友之间的关系如何?父母、邻居、朋友是如何对待您的?现在呢,有没有变化?您认为是什么影响了他们?

8. 与本社区内的其他社区矫正人员有无日常交往?若有,交往是否频繁?在一起都聊些什么?做些什么?如何评价这种关系?对您有何影响?

9. 您是否感到在升学、就业、职业选择、人格尊重、终身发展方面具有压力,或是存在歧视?您认为压力和歧视产生的原因是什么?(压力和歧视分开问)

10. 您觉得自己目前在人身自由、申诉权利、宗教信仰自由等方面的权利是否具有保障?

11. 工作人员采取了哪些措施来管理和帮助您?(包括教育、奖惩、监护、心理辅导、技能培训、特困者、请销假)(需非常详细地问工作人员的工作方法,包括工作手法、管理制度、工作频率等)

12. 您如何评价矫正工作人员的工作呢?

13. 经过一段时间的社区矫正后,您觉得您自身有哪些变化?技能、素质等有所提高吗?是通过哪些途径?若没有,需要创造一些什么条件?

14. 在该社区中,社区群众对您的看法、态度如何?

15. 现在回想起当初自己的行为,您认为……?

(四)认知状况

1. 相对于监狱服刑,您对“社区矫正”这种新形式有何看法?您是否愿意接受社区矫正这种矫正形式和矫正中应用的工作方法?工作措施和工作方法是否恰当,若不恰当,该如何改进?

2. 您了解关于社区矫正的相关法律和政策吗?您怎么看待目前徐州市

实施的社区服刑人员的各项矫正政策？您认为在实施过程中有哪些好的方面？有哪些不足？应该如何改进？

3. 如果请您用十分制为自己当前的境遇情况打分，那么您给自己打多少分？

4. 您的矫正期何时结束？对今后的发展有什么打算？有哪些需求？需要哪些部门或是人给您提供哪些帮助？

二、社区矫正工作人员访谈提纲

（一）工作人员基本情况

姓名、性别、年龄、工作、教育背景、从事该工作的时间。

（二）社区的矫正工作概况

1. 开展矫正工作的社区概况。

2. 社区服刑人员的概况。

3. 工作人员结构（数量、性别、年龄、文化层次、专业素质、归属单位或部门、人员分工等）。

4. 专业人员配备情况（司法人员、社会工作者、心理咨询师等）。

5. 社区矫正的管理运作机制（对工作人员的管理监督机制、岗位培训、岗位职责、工作制度、与其他部门的配合机制，是否有志愿者，如何挑选管理志愿者等）。

6. 一个社区服刑人员的成本（每年）是多少？

7. 资金的来源渠道、标准是什么？由谁监管？具体去向是什么？（包括参与主体和社区服刑人员的费用）

8. 社区服刑人员拥有的权益有哪些？（比如低保、医疗保险等）

9. 社区服刑人员解除服刑的标准是什么？

（三）矫正工作情况

1. 作为社区矫正工作人员，您在开展社区矫正方面承担的主要工作是什么？

2. 您是如何开展工作的？您是否能够给我们描述一下您日常的工作安排？

3. 在矫正工作中，您采用了哪些工作方法？（重点）

（1）工作方法及种类简介。

（2）每种工作方法适用的对象。

（3）每种工作方法的工作效果及困难所在。

4. 您在开展社区矫正方面遇到的困难有哪些？您是如何解决这些困难的？

5. 对突发事件有什么应急措施吗？比如"交叉感染""再次犯罪"等。（软件、硬件方面）

6. 对矫正效果有没有进行过评估？是如何评估的？

7. 您认为在社区矫正中对服刑人员起到最大作用的是谁（社会工作人员、居民、司法人员、心理咨询师、志愿者等）？

8. 与中国以前的犯罪矫正工作的实践形式（社会帮教、工读教育、劳动教养、社会处遇）相比，您认为目前的社区矫正有中哪些改进和创新？

（四）认知状况

1. 您认为一个合格的社区矫正社会工作者应具备怎样的素质和专业要求。（结合高校社会工作教育和中国国情来谈）

2. 您认为社区矫正对服刑人员产生了哪些影响，他们有哪些方面的转变，导致这些转变的因素是什么呢？

3. 社区服刑人员对社区居民会有影响吗？社区居民对此的看法以及态度是什么？

4. 作为社区工作人员（社会志愿者），您感觉目前徐州市的社区矫正工作开展得如何？成绩和问题是什么？

5. 您认为徐州市目前关于社区服刑人员的各项政策如何？对进一步完善徐州市的社区矫正政策您有什么建议？

6. 您认为社区矫正所起的作用如何？有哪些方面的作用？特别是在改

善罪犯的人权状况，解决我国在罪犯人权状况等方面。

7. 您认为社会对社区矫正的社会认同度如何？

三、社区居民访谈提纲

（一）对社区矫正的认识

1. 您了解社区矫正吗？您对社区矫正有什么样的看法？

2. 和传统监禁的行刑方式相比较，您认为社区矫正的优劣各是什么？

3. 您认为社区矫正的实行对降低司法系统行刑成本起到切实的作用吗？

4. 您知道您所在社区在开展社区矫正工作吗？就您所了解，他们都开展了一些什么样的工作？您认为他们做得怎么样？哪些方面做得较好，哪些方面需要改进？

（二）对社区服刑人员的认识

1. 您知不知道本社区有社区服刑人员？是否觉得有不安全感？

2. 您与他们有无日常交往？

3. 社区服刑人员在社区内的表现如何？

4. 您看到工作人员做了哪些工作？

5. 社区的居民对社区的服刑人员有没有歧视？您是怎么看的？

6. 您常见得社区矫正这种工作方式对社区服刑人员的作用是否显著？您看到社区服刑人员有哪些变化？

7. 如果条件允许，您是否愿意帮助社区的服刑人员？

四、社区服刑人员的亲友

1. 作为亲友，您是否愿意跟我们谈谈您的亲友接受社区矫正以前及接受社区矫正以来的基本情况？（您与该亲友的关系、该亲友目前的情绪状况、住房情况、户口情况、就业情况、升学情况、家庭关系、婚姻关系、朋友关系等各方面的情况）

2. 作为亲友，您感到您在帮助社区服刑人员接受社区矫正方面遇到的最主要的困难和问题是什么？

3. 您认为徐州市目前关于社区服刑人员的各项社区矫正政策有哪些好的或不足的方面？

4. 社区服刑人员有哪些方面的转变？

5. 对进一步完善徐州市的社区矫正政策您有什么建议和要求？

附录3 徐州市社区服刑人员调查问卷

亲爱的朋友：

您好。我们是社区矫正管理服务中心的工作人员，我们目前正在开展社区矫正的相关研究调查，目的是为了向有关部门提供政策建议，促进社区矫正地发展。您是被选中的调查对象之一，感谢您的支持和配合，我们保证您所填答的信息只做分析之用，请您放心填写。

1. 您的性别：____

A. 男　　B. 女

2. 您的年龄：____周岁

3. 您目前的教育程度：____

A. 初中及以下　　B. 高中　　C. 专科　　D. 本科

E. 硕士及以上

4. 您的婚姻状况：____

A. 已婚　　B. 未婚

5. 请选择四个词来评价您的妻子/丈夫____(请已婚者回答)

A. 贤惠　B. 粗鲁　C. 孝顺　D. 自私　E. 温柔

F. 懦弱　G. 体贴　H. 野蛮

6. 您是否有子女：____

A. 是　B. 否

7. 您与子女的关系为：____(请有子女者回答)

A. 非常好　B. 比较好　C. 一般　D. 不太好

E. 很不好

8. 请选择四个词来评价您的子女：____(请有子女者回答)

A. 顽皮　B. 乖巧　C. 内向　D. 活泼　E. 坚强

F. 软弱　G. 懒散　H. 勤奋

9. 您和您的子女经常进行交流：____(请有子女者回答)

A. 是　B. 否

10. 您是否需要赡养老人：____

A. 是　B. 否

11. 您是否有工作：____

A. 是　B. 否(转第13题)

12. 您的工作是________岗位。(请有工作者回答)

13. 您认为现在的收入能不能维持您的生活开销：____

A. 能　B. 不能

14. 您觉得您现在的工作____

A. 很满意,充分体现了自我价值,工作时感到很开心

B. 比较满意,符合自己的要求

C. 一般满意,基本能满足生活所需

D. 不太满意,和自己的想象有很大差距

E. 很不满意,觉得自己在浪费时间　F. 无所谓

15. 您觉得您现在生活的社区如何？____

A. 很不错　　B. 还可以　　C. 一般　　D. 不太好

E. 很不好

16. 您对现在所在的社区哪些方面不满意____

A. 基础设施差　　B. 小区自然环境差　　C. 邻里关系淡漠

D. 经常受到不公平待遇　　E. 社区工作人员工作态度很差

F. 其他

17. 您是否感到有来源于多个方面的威胁？____(如有，请回答18题)

A. 经常有　　B. 有时有　　C. 偶尔有　　D. 没有

18. 主要是什么方面的威胁________

19. 您觉得您的生活压力____

A. 很大，无法承受　　B. 比较大，但还可以承受

C. 一般，没什么太大的压力　　D. 很少有压力　　E. 没有压力

20. 您目前的交往对象有____(可多选)

A. 家人和亲戚　　B. 同事或同学　　C. 自己的朋友

D. 街坊邻居　　E. 社区工作人员　　F. 其他____

21. 若目前您突然遇到困难，您会采取的处理措施有____(可多选)

A. 靠自己的能力去解决　　B. 向家人求助

C. 向亲戚朋友求助　　D. 向邻居求助

E. 寻求专业人员的帮助　　F. 不求助，顺其自然

22. 您在家的主要活动有____(可多选)

A. 做家务　　B. 和家人进行交流

C. 照顾老人或为孩子辅导功课　　D. 读书、看报等学习活动

E. 上网、下棋等娱乐游戏　　F. 其他________

23. 您积极参与集体活动并乐于在大家面前发表自己的观点看法____

A. 总是　　B. 有时　　C. 偶尔　　D. 几乎没有

附录 4　部分以江苏省社区矫正实施为研究对象的研究成果梳理

[1] 江苏省全面推进社区矫正工作标准化[J]. 中国司法,2017(2):96.

[2] 张全连. 江苏社区矫正引入循证矫正成效初显[N]. 江苏法制报,2016-05-19(1).(收录在刘强、姜爱东:《社区矫正研究评论(第三卷)》,中国人民公安大学出版社,2013(以下简称第几卷).

[3] 张全连. 江苏打造“互联网+社区矫正”升级版[N]. 江苏法制报,2016-04-15(1).

[4] 张全连,王伟.《江苏社区矫正精细化管理的探索与实践》[N]. 法制日报,2016.(第三卷)

[5]《“社区矫正工作”的江苏样本》[N]. 法制日报,2016.(第三卷)

[6] 江苏省积极组织引导社会力量参与社区矫正工作[J]. 中国司法,2015(3):95-96.

[7] 江苏省六部门推动社会力量参与社区矫正工作[J]. 人民调解,2015

(11)：4.

[8] 以规范引领社会力量参与社区矫正工作[J]. 人民调解，2014(11)：36－38.

[9] 丁国锋. 江苏社区矫正工作十年实践成效与启示[N]. 法制日报，2014－07－08(12).

[10] 杨学农. 江苏社区矫正的实践探索与创新发展[A]. 江苏省第八届学术大会学会专场论文哲学社会类论文汇编[C]，2014：4.

[11] 杨学农. 社区矫正的“江苏路径”[J]. 唯实，2014(8)：56－59.

[12] 丁国锋. 十年试点，社区矫正“江苏经验”渐成[N]. 法制日报，2014－01－06(1).

[13] 李小敏在江苏省社区矫正工作会议上要求　建立健全监督矫正帮扶一体制度[J]. 人民调解，2014(8)：5.

[14] 蒋杰敏，吴辉. 社会力量参与社区矫正工作实现全覆盖[J]. 人民调解，2014(9)：42－43.（第一卷）

[15]《江苏省社区矫正工作条例》，2014.（第三卷）

[16] 吴爱英. 认真做好社区矫正工作健全社区矫正制度[J]. 中国司法，2014(7)：6－10.（第五卷）

[17] 陈志海. 我国社区矫正场所建设问题研究[J]. 中国司法，2014(3)：62－66.（第五卷）

[18] 本刊. 江苏省出台全国首部《社区矫正工作条例》[J]. 人民调解，2014(3)：4.

[19] 江苏省社区矫正工作条例[N]. 新华日报，2014－01－28(8).

[20] 王岩，沈群慧，刘勇. 基层社区矫正检察监督之现状分析——以江苏沛县为例[J]. 中国司法，2013(10)：93－94.

[21] 陆红，姚思慧. 江苏农村社区矫正模式探析[J]. 中国司法，2013(5)：73－77.

[22] 姜娇鞠. 江苏出台社区矫正工作流程[N]. 法制日报，2013－04－25

(2).

[23] 桑先军.社区矫正地方立法中的几项重点问题——基于《江苏省社区矫正工作条例》的立法实践[J].江苏警官学院学报,2013(4):61-65.

[24] 江苏省人大开展社区矫正地方立法调研[J].人民调解,2013(5):4.

[25] 李晓梅.徐州开发区 社区矫正新机制从“心”出发[N].人民法院报,2013-01-06(6).

[26] 许岳华.破解社区矫正交付执行三顽症[N].检察日报,2013-01-09(11).(第四卷)

[27] 彭卫城.四大平台推进社区矫正“监管信息化”[J].人民调解,2013(10):39-40.(第五卷)

[28] 黄国权,高汝成,路慧倩.江苏社区矫正“宜兴模式”探究[J].河北公安警察职业学院学报,2012,12(4):26-29.

[29] 曹建礼.从“心”开始 江苏常熟社区矫正凸显教育效应[N].中国信息,2012-09-24(6).

[30] 王建忠,宋安宙.浅议江苏省宜兴市社区矫正工作队伍建设[J].人民调解,2011(2):26-27.

[31] 许晓峰,孙金荣,沙维伟,顾小扬,刘苏明,程兵.江苏省扬州市社区矫正人员心理健康状况调查[J].实用临床医药杂志,2012(13):137-139.

[32] 桑先军,岳桂军,郭怀广.关于社区矫正执行问题的思考——以江苏省的调查分析为切入点[J].中国司法,2012(9):74-77.(第一卷)

[33] 王建忠,宋安宙.浅议江苏省宜兴市社区矫正工作队伍建设[J].人民调解,2012(2):26-27.(第一卷)

[34] 刘海,陈月飞.我省社区服刑人员重新犯罪率全国最低[J].新华报业网,2012.(第三卷)

[35] 王应举,曲美慧.社区矫正工作点滴谈[J].人民调解,2012(4):35-36.(第三卷)

[36] 王建忠，黄萍．心理矫治：社区服刑人员矫正的一剂良药——心理矫治技术在社区矫正工作中的运用与成效[J]．人民调解，2012(1)：31－35.（第三卷）

[37] 黄国权，高汝成，路慧倩．江苏社区矫正“宜兴模式”探究[J]．河北公安警察职业学院学报，2012(4)：26－29.（第四卷）

[38] 许晓峰，孙金荣，沙维伟，顾小扬，刘苏明，程兵．江苏省扬州市社区矫正人员心理健康状况调查[J]．实用临床医药杂志，2012(13)：137－139.（第四卷）

[39] 桑先军，岳桂军，郭怀广．关于社区矫正执行问题的思考——以江苏省的调查分析为切入点[J]．中国司法，2012(9)：74－77.（第四卷）

[40] 吴红萱．江苏社区矫正工作勇当“排头兵”[N]．中国财经报，2011－07－28(2).

[41] 江苏省无锡市司法局．江苏宜兴方圆帮教中心构建社区矫正新模式[N]．法制日报，2011－02－16(8).

[42] 孙小和．江苏移动推出“社区矫正系统”[N]．人民邮电，2011－01－01(1).

[43] 张峰山．江苏宿迁提升社区矫正审前调查质量[N]．中国信息报，2011－05－18(8).

[44] 周祥．江苏沭阳：构建四大平台　提升社区矫正水平[N]．中国信息报，2011－10－26(6).

[45] 张峰山．江苏宿迁因人施教　打造社区矫正一线实战平台[N]．中国信息报，2011－05－03(6).

[46] 江苏省赣榆县深入推进社区矫正“阳光执法”活动[J]．人民调解，2011(5)：47.

[47] 王建忠，吴辉．“方圆帮教中心”——回归社会的中途驿站[J]．人民调解，2011(10)：25－27.（第一卷）

[48] 郝赤勇．按照社会管理创新要求推动社区矫正工作深入发展[J]．

中国司法，2011(2)：10－14.(第一卷)

[49] 葛立刚. 南京市社区矫正“鼓楼做法”介评[J]. 广东青年干部院学报，2011(4)：30－34.(第一卷)

[50] 江苏省社区矫正工作办公室. 江苏省社区矫正管理教育服务中心的探索实践[M]，北京：中国法制出版社，2011：163－170.(第二卷)

[51] 葛立刚. 南京市社区矫正“鼓楼做法”介评[J]. 广东青年干部院学报，2011(4)：30－34.(第一卷)

[52] 李如齐，葛祥龄，董厚坤. 试析社区矫正心理矫治工作的理论基源[J]. 前沿，2011(23)：178－182.(第四卷)

[53] 孙小和，吴强. 推动社区矫正有效运行的引擎——中国移动江苏公司南京分公司“智慧司法”项目实践[J]. 中国电信业，2010(10)：27－29.

[54] 朱凤达. 全国社区矫正研讨会推广江苏经验[N]. 新华日报，2010－12－30(1).

[55] 不信东风唤不回——江苏省张家港市积极探索社区矫正工作[J]. 人民调解，2010(4)：20－21.

[56] 葛立刚. 论我国社区矫正制度的理性构建——基于对南京盘城街道社区的调研[J]. 安徽警官职业学院学报，2010(5)：48－54.(第一卷)

[57] 陈广念. 突出审前调查作用　提升社区矫正质量[J]. 人民调解，2010(11)：21－22.(第二卷)

[58] 骆晓青. 江苏电信“司法 e 通”助人性化社区矫正[N]. 人民邮电，2009－04－29(2).

[59] 马培文. 宜兴探路“失足者”社区矫正[N]. 中国商报，2009－10－13(7).

[60] 高斌. 江苏省宝应县司法局奖励社区矫正工作先进集体和个人[J]. 人民调解，2009(6)：48.

[61] 江苏省南京市建立社区矫正专职工作者队伍[J]. 人民调解，2009(11)：46.

[62] 王圆圆. 柔情化坚冰——记江苏省连云港市女子社区矫正志愿者[J]. 人民调解,2009(5):33-34.

[63] 岳颂华,经纬,屈春芳. 心理咨询技术在社区矫正中的应用——以罪错青少年的矫正为例[J]. 南京工程学院学报(社会科学版),2009(2):8-11.(第四卷)

[64] 崔刚. 江苏在全辖区推开社区矫正工作[N]. 法制日报,2008-11-14(6).

[65] 王骏勇. 江苏出台首部"社区矫正工作办法"[N]. 中国社会报,2008-03-13(2).

[66] 郑弋. 彰显社区矫正的江苏特色[N]. 江苏法制报,2008-05-12(1).

[67] 尹凤斌. 江苏省灌南县司法局组织"关爱团"共同做好社区矫正工作[J]. 人民调解,2008(8):47.

[68] 张晓东. 江苏联通建成社区矫正信息化管理平台[N]. 人民邮电,2007-06-07(2).

[69] 蒋德. 江苏构建社区矫正五大体系[N]. 法制日报,2006-11-12(1).

[70] 沈思新,思基. 江苏全面开展社区矫正试点[N]. 法制日报,2006-02-28(8).

[71] 江苏省连云港市五部门共同规范社区矫正工作[J]. 人民调解,2006(5):23.

[72] 崔业俊. 江苏省东台市落实社区矫正联络员五项工作[J]. 人民调解,2006(9):47.

[73] 江苏省司法厅　财政厅联合印发通知　要求做好社区矫正经费保障工作[J]. 人民调解,2006(9):23.

[74] 江苏省委、省政府全面部署社区矫正扩大试点工作[J]. 人民调解,2005(7):23.

[75] 沈思新，沈峥嵘. 依法探索江苏特色社区矫正之路[N]. 新华日报，2005－02－26.

[76] 记者 柏苏民 通讯员 顾嘉骏 记者 鲍丕勇. 全市社区矫正工作开始[N]. 徐州日报，2005－06－29(2).

[77] 沈利，郁习顶. 江苏省法院参与社区矫正工作之若干经验总结[J]. 法律适用，2005(10)：12－13.(第一卷)

[78] 齐学锦. 春华秋实——来自江苏省社区矫正试点工作的调查[J]. 人民调解，2005(1)：15－16.

[79]《司法部在江苏南京市召开全国社区矫正理论研讨会》(第一卷).

[80]《江苏在全省范围内公开招募社区矫正志愿者》(第一卷).

[81]《江苏省社区矫正工作者职责》(第二卷).

[82]《盐城市社区矫正对象分时分类分级管理办法》(第二卷).

[83]《江苏省社区矫正工作条例》(第三卷).

[84]《江苏省社区矫正教育工作规定》(第三卷).

[85]《江苏省社区矫正工作流程》(第六卷).

[86]《江苏省社区服刑人员监督管理办法》(第六卷).

[87]《江苏省人民检察院关于建立社区矫正法律监督一体化工作机制的暂行规定》(第六卷).

附录 5　与社区矫正相关的法规、政策

一、国家级社区矫正政策法规目录

1. 2003 年 7 月 10 日，最高人民法院、最高人民检察院、公安部、司法部《关于开展社区矫正试点工作的通知》(司发〔2003〕12 号).

2. 2004 年 5 月 9 日，司法部《关于印发〈司法行政机关社区矫正工作暂行办法〉的通知》(司发通〔2004〕88 号).

3. 2005 年 1 月 20 日，最高人民法院、最高人民检察院、公安部、司法部《关于扩大社区矫正试点范围的通知》(司发〔2005〕3 号).

4. 2009 年 9 月 2 日，最高人民法院、最高人民检察院、公安部、司法部《关于在全国试行社区矫正工作的意见》(司发通〔2009〕169 号).

5. 2011 年 5 月 23 日，司法部《关于贯彻最高人民法院、最高人民检察院、公安部、司法部〈关于对判处管制宣告缓刑的犯罪分子适用禁止令有关问题的规定(试行)〉做好禁止令执行工作的通知》(司发通〔2011〕98 号).

6. 2012 年 1 月 10 日，最高人民法院、最高人民检察院、公安部、司法部《关于印发〈社区矫正实施办法〉的通知》(司发通〔2012〕12 号).

7. 2012 年 2 月 15 日，司法部《关于认真贯彻落实最高人民法院、最高人民检察院、公安部、司法部〈社区矫正实施办法〉进一步做好社区矫正工作的通知》(司发通〔2012〕33 号).

8. 2012 年 5 月 30 日，司法部《关于印发和使用〈社区矫正执法文书格式〉的通知》(司发通〔2012〕126 号).

9. 2013 年 5 月 9 日，司法部《关于进一步加强社区矫正执法工作的通知》(司发通〔2013〕95 号).

10. 2014 年 8 月 27 日，最高人民法院、最高人民检察院、公安部、司法部《关于全面推进社区矫正工作的意见》(司发〔2014〕13 号).

11. 2014 年 11 月 14 日，司法部、中央综治办、教育部、民政部、财政部、人力资源和社会保障部《关于组织社会力量参与社区矫正工作的意见》(司发〔2014〕14 号).

12. 2016 年 8 月 30 号，最高人民法院，最高人民检察院，公安部，司法部《最高人民法院　最高人民检察院　公安部　司法部关于进一步加强社区矫正工作衔接配合管理的意见》(司发通〔2016〕88 号).

二、江苏省社区矫正政策法规目录

1. 2004 年 1 月 15 日，江苏省社区矫正工作领导小组《江苏省社区矫正试点工作实施意见》(苏社矫〔2004〕1 号).

2. 2006 年 1 月 25 日，江苏省财政厅、江苏省司法厅《江苏省财政厅、江苏省司法厅关于做好社区矫正经费保障工作的通知》(苏财行〔2006〕3 号).

3. 2008 年 1 月 9 日，江苏省高级人民法院　江苏省人民检察院　江苏省司法厅等《关于印发〈江苏省社区矫正工作办法〉的通知》(苏司通〔2008〕9 号).

4. 2008 年 8 月 21 日，江苏省财政厅、江苏省司法厅《江苏省财政厅、江苏省司法厅关于印发〈江苏省省级社区矫正专项资金管理办法〉的通知》(苏财行〔2008〕31号).

5. 2009年7月1日,江苏省社区矫正工作领导小组《江苏省社区矫正工作领导小组关于印发〈江苏省社区矫正工作流程(试行)〉的通知》(苏社矫〔2004〕2号)

6. 2009年7月14日,江苏省司法厅《关于进一步推进县(市、区)社区矫正教育矫正中心(基地)建设的意见》(苏司通〔2009〕90号).

7. 2010年3月5日,江苏司法厅《关于印发〈江苏省省级社区矫正工作示范区建设标准(试行)〉的通知》(苏社矫办〔2010〕2号).

8. 2014年7月20日,《江苏省司法厅关于印发〈江苏省社区服刑人员教育矫正办法〉的通知》(苏司通〔2012〕145号).

9. 2014年1月6日,江苏省人民代表大会常务委员会《江苏省社区矫正工作条例》(江苏省人大常委会公告第7号).

10. 2015年6月19日,江苏省司法厅《关于组织社会力量参与社区矫正工作的实施意见》(苏司通〔2015〕64号).

后　记

10 多年前我曾在《中国社会报》上以“社会工作的教、学、做——用生命影响生命的过程”为题(2007 年 7 月 12 日第三版面)发文,“用生命影响生命的过程”这个论断是我从心理教育转入社会工作教育工作的第二年,回想当时的情景能够有如此的见识也算是我对社会工作的初心。之后的 10 多年,这个初心一直在被加强。作为社会工作系主任和社会工作专业负责人,我和我的师生团队没有丝毫松懈,对留守、空巢、高龄、残疾等老人;对流浪、流动、留守、残疾、处遇困境等不利环境中的孩子以及孤儿,坚持做生命影响生命的事业。我们行走在民政、妇联、团委、残联等部门,利用课程教学见习、教育实习和大学生社会实践等平台,在政府部门寻找社会工作嵌入环节和合作机制的探索。伴随着社会工作教育的飞速发展及党和国家对社会建设的日益重视,社会工作的发展被提上了议事日程,相关部门工作人员队伍的社会工作专业化的呼声也越来越高。这样的宏观环境促使我们把社会工作理念、理论、方法推向更宽广的领域,社区矫正就是我们中国矿业大学社会工作专业师生实践的一个新的领域。

正如本书前言中所述，对社区矫正领域的浸入或者嵌入源于一门课程的见习需要，我们最初只是想去验证一下社区矫正这个概念，至于要不要与社区服刑人员直接接触，不是我们师生没有底气，就是司法机构工作人员也持坚决反对态度。因为“罪犯”的标签就是血腥、暴力、变态、无常；罪该万死、蹲监狱、严厉惩罚、不能给予自由要对犯罪人绳之以法。我们最初对犯罪人的认识与普通百姓没有多少差别。尽管有“社区矫正”理论，但没有得到实践检验的理论是与实际情况相差甚远。更何况，我们国家的所谓社区矫正理论很多是舶来品，既没有经过实践检验，也没有太多的本土化过程验证。所以，我们主动对这个领域的嵌入是一种专业的使命精神、助人自助的理念和用生命影响生命的初心。我们就是以这样的大无畏精神把社会工作的理念、理论、方法主动引入社区矫正领域之中。时间的脚步可以见证社区矫正领域的社会工作嵌入经历：由对服刑人员的无知、担心忧虑到坦然面对；由对社区矫正实际工作运作的一知半解到了然于心甚至如数家珍；由对社区矫正工作力量、管理机制、运作模式的模模糊糊到思路清晰并能概括总结提炼；由对社会工作力量介入的必要性、可行性等的存疑到亲力亲为并大声地呼吁社会力量介入社区矫正尤其是对社区服刑人员的矫正是必须；由疑虑主管社区矫正工作的司法机构会不会接纳我们到强烈感觉社区矫正的专业化趋势就应该是社会工作职业化，社区矫正机构不是接纳不接纳而是需要社会工作和专业的社会组织；由笨拙地使用个案、小组、社区等方法服务社区服刑人员到个案方法的常态化使用，小组工作成为同质问题服刑人员矫正的有效手段；社区工作成为向家庭、社会、学校、政府部门、事业单位宣传社区矫正政策和鼓励社会力量对社区服刑人员正确认识及帮扶的最佳平台和工作方法；由小心翼翼地对服刑人员家庭实施家庭社会工作干预到摸索出阶段性服务社区服刑人员家庭、分类服务和对其子女隐性关爱策略；以及尝试对社区矫正社工做专业能力的提升训练，发现小组工作方式是个一举多得的手段。纵观社会工作对社区矫正的嵌入过程，尽管过程很艰辛，但是进步很明显；由于经历所以我们有了经验，因为这样的直接经验难能可贵，所以我们倍加珍惜。以本著作向社会呈现我们努力和研究成果的方式，是一个社会工作教育者的义务和责任，是对社会工作理论和实务的拓展，是社会工作理论在社区矫正工作领域的实践。我们知道这部专著很稚嫩，可能不能进入学界大佬们的法眼，甚至于社区矫正实际工作者也会有异议。但是，不忘社会工作者“用生命影响生命”助人自助的初心，我们会欣然接受来自任何方面的批评、指导，因为这些会让我们更加成熟完善。

本书的意义正如我在2016年出版的《社会救助服务研究》的后记中所写的那样，是中国矿业大学社会工作专业价值和社会工作发挥服务社会功能及职能的体现。中国矿业大学顺应时代发展的需要，2001年向上级主管部门提出用社会工作专业置换思想政治教育专业，从此社会工作专业在中国矿业大学的专业目录中生长了16年，直至2017年暑期送走最后一届毕业生，其间我们总共完成了10届学生的培养。作为规模最小的专业，一直备受各种关注，特别是大类招生、师生比等政策的不断发力，这个专业的生存越来越困难，于是，学院毅然决然，更好似壮士断腕，在2015年停止了这个专业的招生工作。被终结的专业值得回味。第一个进入中央编办工作；第一个保研到北京大学读书；第一个放弃保研而考进清华大学的自信学子；第一个成功申请到香港大学社会工作专业深造；社工小伙成为第一个最年轻的北京现代汽车销售区域代理……是社会工作专业赋予了这些学生做人的素养、做事的踏实态度，服务意识及研究素质成了他们成就的条件，他们是中国矿大社会工作专业教师们永远的骄傲。中国矿业大学社会工作虽小但很精致，我们是一家人，在课堂上寓教于乐，课下其乐融融，社会实践中我们是战斗研究的团队。无论是《社会救助服务研究》还是这本著作都是我们团队智慧的结晶，我和于海平老师作为主笔人，对这种智慧进行了加工处理。对此要对我们全体社会专业的学生表示感谢，尤其是2009级的殷瑜、郑婷；2010级的相华文、胡卫斌、杜京帅；2011级全体和2013级全体，其中2011级的纪静、徐伽、马雪杨等做了很多实务和数据搜集工作，特别是2013级的王娜、王晶鑫、李斯为等参与了研究设计、数据收集和初步的文字整理工作。

在文献梳理和文字整理工作阶段，还有我的研究生任德华、谢静、尹皓、裴新翔、渠淑珍、王胜男、魏芳、卞梅霜、闫方圆、赵媛媛也投入的大量的精力。可以说，正是源于我们师生在平日学习、实践中的点滴积累才有了出版本书的基础，也正是我们的教、学、做合一的理念奠定了社会工作学生的研究素养和能力，社会工作毕业生的EQ高和问题意识强、服务态度真诚、执行能力优秀是他们的看家本领，我曾不止一次自信地扬言，社会工作学生战无不胜，我们在任何一个领域都可以做得很优秀。

本书是一个基于徐州市社区矫正实际工作相关数据的研究，在相关数据的提取过程中，原徐州市司法局社区矫正负责人孙保华先生给予了热情而强有力的配合和人文关怀，因为他对社区矫正工作本质的深刻认识和开放的工作情怀，他一直支持中国矿业大学社会工作嵌入徐州市社区矫正工作，同时还给我们师生分享了很多具有前瞻性的社区矫正工作思想，为此，我们对孙保华先生表示深深的感谢。除此之外，铜山区司法局社区矫正科邵青科长不仅在组织环节给予配合，而且给予了社会工作者创新的空间，比如对服刑人员的入矫环节引入微电影放映、社会工作者角色扮演等，使得入矫仪式的教育性大大提高；关于社区矫正社工能力小组方法提升计划实施也是在邵科长的直接组织领导下进行的，很多进入乡镇做实务工作中交通工具的提供等的协助，都让我们很感动。还要特别感谢的是贾汪区司法局的钟声先生、遂宁司法局矫正科的唐琛、沛县司法局的张威、周沛武，鼓楼司法局的王彬、云龙区子房司法所陆立新等管理和工作人员，我们要向所有给予协助的部门单位和人员致以最诚挚的谢意，感谢你们为本书作出的贡献，特别是对徐州市社区矫正社会工作专业化所做的努力。

最后要感谢的是在社区矫正和社区矫正社会工作领域研究的大家学者们，本书的研究是因为你们的研究给予了学术支撑。书中尽管有注释，但还有很多可能不是注释所能表达的。对所有研究者的研究对本书给予的启迪价值，我们表达诚挚而永远的感谢！